中国名村志文化工程
Culture Project of Local Records of China's Famous Villages

魁胆村志

LOCAL RECORDS OF KUIDAN

贵州省锦屏县平秋镇魁胆村志编纂委员会　编

方志出版社
Publishing House of Local Records

图书在版编目（CIP）数据

魁胆村志 / 贵州省锦屏县平秋镇魁胆村志
编纂委员会编．-- 北京：方志出版社，2017.12
（中国名村志丛书）
ISBN 978-7-5144-2740-0

Ⅰ.①魁… Ⅱ.①贵… Ⅲ.①村史—锦屏县
Ⅳ.① K297.35

中国版本图书馆 CIP 数据核字（2017）第 291093 号

·中国名村志丛书·

魁胆村志

编　　者：贵州省锦屏县平秋镇魁胆村志编纂委员会
责任编辑：丛　珺

出 版 人：冀祥德
出 版 者：方志出版社
　　地址　北京市朝阳区潘家园东里 9 号（国家方志馆 4 层）
　　邮编　100021
　　网址　http://www.fzph.org
发　　行：方志出版社图书经销中心
　　电话　（010）67110500
经　　销：各地新华书店
排　　版：北京纺印图文设计制作有限公司
印　　刷：北京中科印刷有限公司

开　　本：787 × 1092　1/16
印　　张：20.25
字　　数：366 千字
版　　次：2017 年 12 月第 1 版　2017 年 12 月第 1 次印刷

ISBN 978-7-5144-2740-0　　定价：149.00 元

◉ 序一

连绵不断地编修地方志是中国独有的优秀文化传统，承担着赓续文明、传承文化的重任。保存至今的 8000 余种、10 万余卷历代方志，蕴含着传统文化基因和海量文化信息，既是中华优秀传统文化的重要组成部分，又是传承、彰显中华优秀传统文化的重要载体。

在各种类型的地方志编纂中，村志编纂古已有之，但从未进入国家层面的地方志编纂序列。新中国成立以来，党中央、国务院高度重视包括村志编纂在内的地方志工作，出台了重要文件。中央领导发表了重要讲话、作出了重要批示。习近平总书记高度重视包括村志编纂在内的地方志工作。2004 年 10 月，他在担任浙江省委书记时到江山市凤林镇白沙村考察，看到村民编纂的《白沙村志》，鼓励村民把村志继续编纂下去。2014 年 4 月，刘延东副总理在与第五次全国地方志工作会议部分会议代表座谈时指出："要结合发展的新形势，加强对地方志包括部门志、行业志、专题志、乡镇村志编纂的业务指导和服务。"2015 年 8 月，国务院办公厅印发的《全国地方志事业发展规划纲要（2015—2020 年）》，正式将中国名村志文化工程列为主要任务之一。2017 年 5 月，中共中央办公厅、国务院办公厅印发的《国家"十三五"时期文化发展改革规划纲要》指出："完成省、市、县三级地方志书出版工作。开展旧志整理和部分有条件的镇志、村志编纂。"可以说，村志编纂迎来了历史上的最好时期。

农业、农村、农民"三农"问题，是数千年来影响中国社会发展最核心的问题。中共中央高度重视"三农"工作，从 2004 年起，连续 13 年，每年的中央 1 号文件都聚焦"三农"。中共十九大报告更是提出"农业农村农民问题是关系国计民生的根本性问题，必须始终把解决好'三农'问题作为全党工作重中之重"，特别是提出了"乡村振兴战略"，这是中国共产党在中国特色社会主义进入新时代后，对农村发展问题所做出的准确把握和与时俱进的战略应对，是建设中国特色社会主义强国战略的重要组成部分。改革开放近40年来，在党中央、国务院高度重视社会主义新农村建设的新形势下，各地涌现出一大批历史文化名村、经济强村、新农村建设示范（试点）村、美丽乡村和特色村，成为先进生产力和先进文化的代表。客观记录中国农村全面建成小康社会的进程，向后人展示在中国共产党领导下农村千年未有的巨变，是地方志工作者肩负的光荣而重大的历史使命。编纂中国名村志丛书，是记载当代中国农村发展变革的重要途径。

文化寻根，寻的是其发展的源头和根基。村落是中国传统文化的根基所在。农村的生产生活方式、社会规范、宗族文化、宗教文化、民风习俗、传统节日、民间艺术等，无不镌刻着中国人独特的民族性格，这就是家国情怀、文脉绵延、精神归属。在快速城镇化进程的冲击和开发性破坏下，大量传统村落面临消亡的危机，村落蕴含的历史文化信息也流失殆尽，抢救性保护刻不容缓。编纂中国名村志丛书，是保存村落历史文化信息，抢救、保护村落文化最好的方式。

一方水土养一方人。家乡的山水草木、村间小巷、乡俗民情会在每个人心头留下深刻的烙印，这就是故土情结。而村落的形成与发展离不开人的活动。编纂中国名村志丛书，通过记述村落建筑、名门望族来追溯村落的历史；通过记述村落规模、布局、人口、物产等反映人口来源、宗族兴衰、生活习惯、文化背景、宗教信仰、经济发展等，体现环境与人相互影响、相互作用、相互发展的既矛盾又统一的关系；通过记述戏剧、音乐、舞蹈、美术、文学、手工技艺等文化形式，展示百姓在长期的生产生活实践中摸索和总结出的智慧结晶，强化人们沟通感情的纽带。编纂中国名村志丛书，是传承乡俗、诉说乡音、记住乡愁、纾解乡思，激活历史传统、唤起共同文化记忆、塑造共同心灵认同的重要文化工程。

中国名村志文化工程以践行文化自信、传承中华文脉、彰显时代发展为己任，以打造全国地方志系统的重要品牌为目标，在体裁运用、篇目设置、资料选择等方面进行大量的创新，突出“名”和“特”，拣选各个名村中最值得记述、最具有代表性的人、事、物，予以浓墨重彩的描画，从而形成系列的、高质量的、可读性强、雅俗共赏的地方志读本，让地方志紧接地气、贴近百姓，让地方志成果进入寻常百姓家，让人民群众共享地方志成果，让越来越多的人从地方志中感知传统、历史和记忆，成为传统村落和传统文化的守护者，成为中华优秀文化的传承者。

是为序。

中国社会科学院院长
中国地方志指导小组组长　王伟光
2017年11月

◉ 序二

习近平总书记指出：“让居民望得见山，看得见水，记得住乡愁。”这句富有诗意的重要论述不仅唤醒了中国人城镇化建设过程中对于人和自然关系、人和历史关系的思考，同时也引发了学界对“乡愁”进一步进行文化意义解读的兴趣。从本质上看，乡愁是一种源自主体体验的情感，隐含了一种人们带着乡愁追寻自我生存与生命意义、追寻诗意栖居的精神家园的美学思辨。同时，这种追寻自我生存的主体逐渐转向大众群体，乡愁也由传统单一的“文化乡愁”“爱国情怀”演变为对于“理想家园”的精神追求。

中国有近 60 万个村庄，约有 5000 个古村落，被住房城乡建设部和国家文物局界定的传统村落就有 1561 个。随着中国城镇化步伐的加快，乡村的版图日渐凋敝，大批农村青壮年劳动力走进城镇，融入了新的生活。然而，每逢传统佳节，那种挥之不去的离愁别绪挟裹着亿万农民工，又融入了返乡的滚滚洪流。这是乡愁的情愫牵动着他们，是故乡的山、故乡的水、故乡的老屋、故乡的小吃在牵动着他们，是故乡家家户户的楹联和口口相传的故事，以及只有在隆重的传统佳节才有的古老的民风习俗在牵动着他们。

文化可以体现一个民族、一个国家、一个社会的重量与体温，这是文化的力量之所在，而村落是传统中国的根脉所系，乡土社会是最能够体现中国传统文化特征的地方。梁漱溟曾指出：“中国文化是以乡村为本，以乡村为重，所以中国文化的根就是乡村。”我曾在《建设社会主义新农村的理论与实践》一书中指出，在新农村建设的过程中，必须“保护和发展有地方和民族特色的优秀传统文化，创新农村文化生活的载体和手段，满足农民群众多层次、多方面的精神文化需求”，而编纂村志尤其是实施中国名村志文化工程就是一个重要举措。实施中国名村志文化工程，编纂中国名村志丛书，以最基层的村落为研究对象，寻根传统村落的历史，梳理村落的发展脉络，以唤起人们的归属感和认同感，探索新型城镇化和社会主义新农村建设过程中，如何留住乡音、乡风、乡思，继承传统文化精华，挖掘丰富历史智慧，是贯彻落实中央城镇化工作会议精神和中共十九大提出的“乡村振兴战略”的重要举措，是当前和今后一个时期全国地方志工作者的重要工作。

虽然村落文化正在日益远离当下生活，但我们可以抓住诸如基本村情、文物胜迹、古村保护、特色文化、旅游名胜、村域经济、风土民情、村民生活、新农村建设、艺文杂记、名人与名村等关键内容，通过志书的手法来诠释乡村文化的精华。我们如实记录着村落里的人和事，以及青山绿水、小河大树、袅袅炊烟，力争以最完整、最原真的方式呈现村落的前世今生。我们要为“迷失”的人留住乡村文化的根脉，让人们难以割舍的乡愁得以慰藉和释放。

中国名村志文化工程将触角伸向那些极具代表性的村落，它们有的历史悠久、名人辈出，有的经济腾飞、重获新生，有的风景秀丽、景观独特，有的地处边陲、神秘莫测……我们挖掘中国不同类型村落的发展之路，为探索新型城镇化和社会主义新农村建设的发展经验、发展模式、前进道路提供历史智慧和现实借鉴。因此，打造以重在表现乡村嬗变为主旨的中国名村志丛书十分必要和迫切，这是一项功在当代、利在千秋的文化工程。

近年来，随着中国经济社会的发展和国际地位的提高，越来越多的人想要认识中国、了解中国、研究中国。在这样的形势下，乡村是不可或缺的一环，我们要集中讲好发生在乡村的故事，向世界呈现一个多元的、立体的中国。乡村历经岁月变迁的风雨，见证着改革开放的步伐，寄托着数代中国人的情感。发生在乡村的故事无疑是血肉丰满的、震撼人心的、引起共鸣的。我们应该有这个自信能够讲好乡村故事，讲好中国故事，描绘出中国的底色，“让每一个中国人都能在地方志中找到自己的位置”。

可喜的是，越来越多的有识之士认识到了这一点，加入到保护、传承、发展村落文化的队伍中来。仅就编纂中国名村志丛书来看，第一批的申报范围就涵盖包括香港特别行政区在内的 32 个地区，申报数量高达 70 余部。“直笔著信史，彰善引风气，为当代提供资政辅治之参考，为后世留下堪存堪鉴之记述”，这是我们的初心和使命。希望中国名村志文化工程的实施，能够带动更多的人关注中国乡村文化，为社会主义文化强国建设作出更大的贡献。也希望越来越多的名村都来融入继承中华文化传统、颂扬中华传统文化的活动中，让正能量更多地润泽温暖人们的心灵，让更多的人“记得住乡愁”！

是为序。

中国社会科学院副院长
中国地方志指导小组常务副组长 李培林
2017 年 11 月

◉ 中国名村志文化工程专家委员会

◉ 中国名村志文化工程学术委员会

◉ 贵州省锦屏县平秋镇魁胆村志编纂委员会

主　　任　刘明波

副 主 任　范烈梅

成　　员　王宗勋　杨秀廷　刘荣慧　文才权
　　　　　黄平贵　林世彬　王必玖　龙登林
　　　　　王宗演　陆思才

主　　编　王宗勋

图　　片　王宗勋　彭泽良　杨胜屏　单洪根
　　　　　杨秀廷　姜绍明　王宗安　王远涛
　　　　　王昌海等

侗乡笑迎天下客（2011 年）　　彭泽良　摄

◉ 中国名村志丛书凡例

一、以马克思列宁主义、毛泽东思想、邓小平理论、“三个代表”重要思想、科学发展观、习近平新时代中国特色社会主义思想为指导，坚持辩证唯物主义和历史唯物主义的立场、观点和方法，存真求实，全面、客观、系统记述我国村落发展变化进程和改革开放成果，传承和抢救乡土历史文化，激发爱国爱乡情怀，为探索中国特色新型城镇化建设、社会主义新农村建设的发展经验、发展模式、前进道路提供历史智慧和现实借鉴。

二、为全面反映入志事物发展脉络，各志上限尽量追溯至事物发端；下限一般断至各村志启动编修年份，个别重大事项可延至搁笔。

三、记述地域范围以下限年份的行政辖区为主。为体现名村在更大区域内的意义，可以从更开阔的区域视野记述与该村相关的内容。

四、统一采用纲目体，设类目、分目、条目三个层次。横排门类，纵述史实。除《中国名村志丛书基本篇目》要求的必设类目外，其余类目根据各村实际，依照突出时代特色、地方特色的原则自行安排。

五、综合运用述、记、志、传、图、表、录等各种体裁，以志体为主。

六、除引用文字和附录文献资料外，统一使用规范汉字及现代语体文记述体。记事坚持秉笔直书、述而不作，只记事实，不作评论，寓观点于材料之中。行文力求朴实、严谨、简洁、流畅、优美，具有较强可读性。

七、人物部类遵循“生不立传”原则，人物传主按生年排序，只选录对本村发展有重大影响的人物，不面面俱到。

八、所需数据一般采用政府统计部门数据，无政府统计部门数据时选用主管部门正式提供的数据。

九、数字用法、标点符号、计量单位分别执行国家标准《出版物上数字用法》（GB/T 15835—2011）、《标点符号用法》（GB/T 15834—2011）、《国际单位制及其应用》（GB 3100—1993）和《有关量、单位、符号的一般原则》（GB 3101—1993）。历史上使用的计量单位，如斗、石、里、尺、磅、华氏度等，在引文时可照录。考虑到社会使用习惯，全书中亩不统一换算，1 公顷＝ 15 亩。

十、自中华民国成立后的纪年，均使用公元纪年。志中所称“解放前（后）”，以当地解放日为界；“新中国成立前（后）”，以中华人民共和国成立日 1949 年 10 月 1 日为界；“改革开放前（后）”，以中共十一届三中全会召开的 1978 年 12 月为界。本志“×× 年代”，凡未加世纪者，均指 20 世纪的年代。

十一、为节省篇幅，避免重复，本志采用条目互见法。参见条目的表示形式为：参见本志“×× 类目 · ×× 分目 · ×× 条目”。

十二、对旧志、古籍中的繁体字、冷僻字一般用简化字或通用字替换，易引起误解的则保留。

十三、记述各个历史时期的党派、机构、职务、地名等，均以当时的名称为准。对频繁使用的名称，首次用全称，其后用简称。

十四、各村志需要单独说明的事项，均在各自编纂始末中记述。

魁胆村在中国的位置

审图号：GS（2017）3697 号

魁胆村在贵州省的位置

审图号：GS（2017）3697号

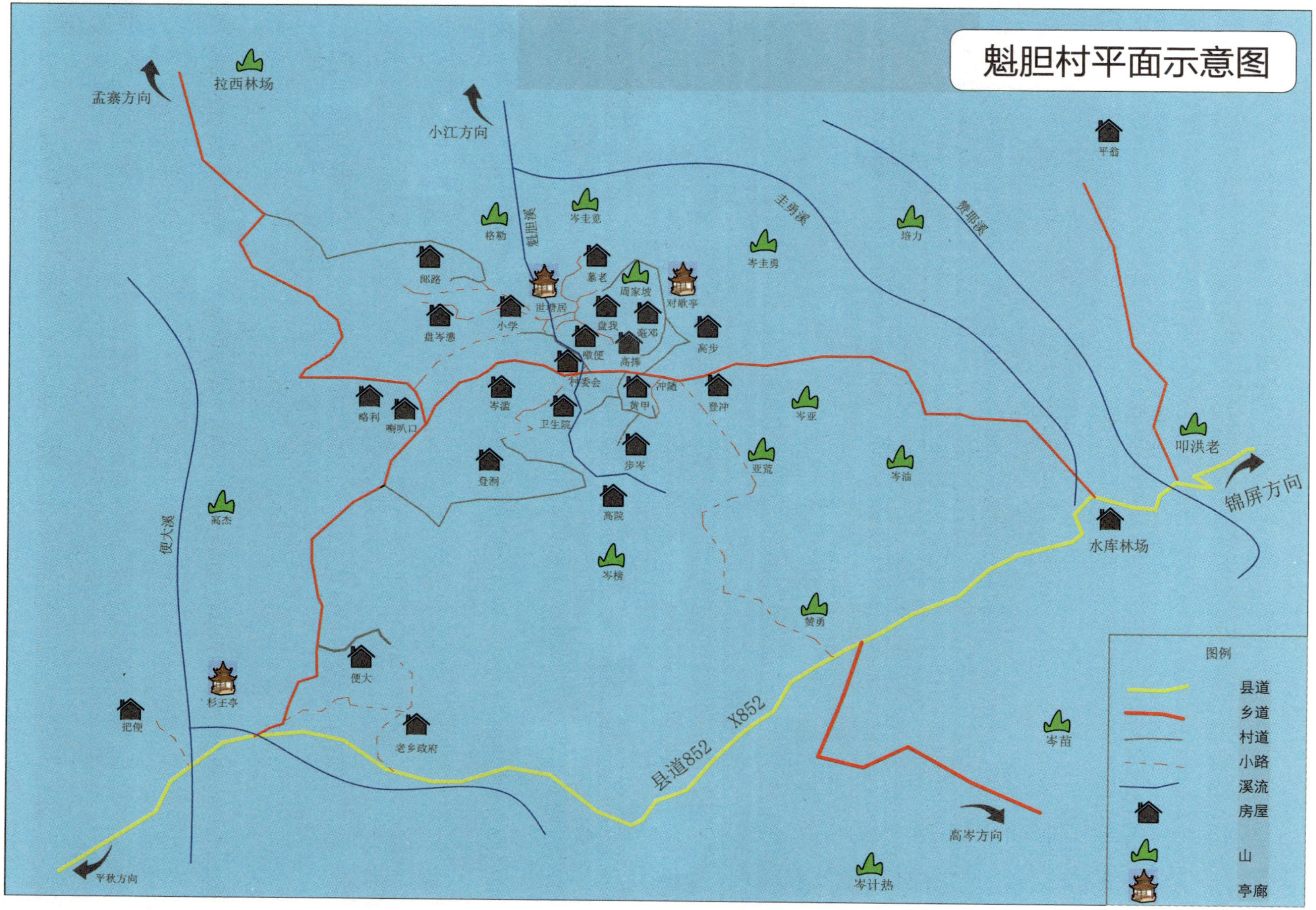

魁胆村平面示意图
孟寨方向
拉西林场
小江方向
锦屏方向
水库林场
叩洪老
高岑方向
平秋方向
县道852 X852
图例
县道
乡道
村道
小路
溪流
房屋
山
亭廊

魁胆村全景图（2017 年）

彭泽良　摄

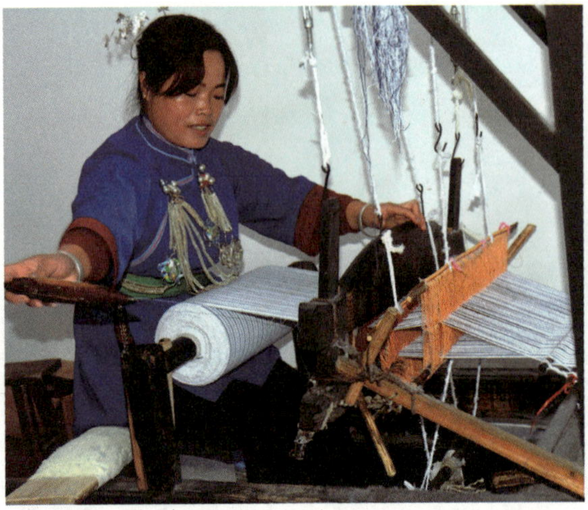

织侗布（2017 年）　王宗勋　摄

侗布（2010 年）　王宗勋　摄

晒侗布（2010 年）　王宗勋　摄

传统青年妇女便装（1985 年）　王朝根　摄

少女盛装（2017 年）　彭泽良　摄

女子踏春（2009 年）　王宗勋　摄

魁胆田园风光（下坝）（2016年）

王宗勋　摄

杉王

◉ 目录

林海明珠，魅力侗寨

魁胆村有着700多年的历史。在这700多年里，魁胆人世世代代用勤劳和勇敢与贫穷、苦难做斗争，生活一天天变美好。

一

魁胆是侗族村寨，如一颗璀璨的明珠，镶嵌在贵州省东部边缘苍翠的群山之间。

魁胆村属贵州省锦屏县平秋镇，位于锦屏县西北部，距县城16千米，距平秋镇政府驻地7.5千米。东邻高岑和平翁村及三江镇皇封村，南邻晓岸村，西邻桥问和更我村，北邻孟寨村和三江镇瓮寨村。魁胆地处海拔约750米的山间盆坝，整个地势南高北低，东、南、西三面皆有高山依靠，一条溪水自南而北穿过村寨从寨脚水口流出。寨头和寨脚均有溪水落差而形成的瀑布，春夏水发，水石相搏，声若闷雷，蔚为壮观。村寨的五个出口皆蓄有古风景林木，高大参天。登上寨北边周家坡顶，可眺望数十里外天柱县高酿镇境内连绵的山峦和隐约其间的村寨。

魁胆村辖魁胆、便大两个自然寨。2016年年底，全村有10个村民小组，272户，1175人。除外地嫁进来的个别妇女外，所有人口均为侗族，操侗语。周姓人于元代前期进入开寨，而后杨、龙、王、黄等姓先后迁入居住。自明代中期至清代末年，魁胆村还居住有吴、刘、潘、邹、涂、万等姓氏。然至

杉乡林海（2008 年） 杨胜屏 摄

清末，只剩王、龙两姓，其他诸姓因外迁或改从王姓而消失。2016年，魁胆村有王、龙、陆、彭 4 姓。其中，王姓约占总人口 92%。

魁胆，旧称“板览”或“扁”，旧文献以其音译为“卑胆”或“鄙胆”，清乾隆前期改为今名。魁胆是北部侗族[①]传统村落，为古九寨[②]之一。古九寨系分布在今锦屏县西北部、清水江北岸一条东西走向山岭上的 9 个古老侗寨，具体包括今县城王寨、三江镇小江（瓮寨）和平秋镇魁胆、平秋、石引、高坝、皮所以及彦洞乡黄门、瑶白。魁胆位于九寨山岭下半部，旧时与小江、王寨被称为“下九寨”。清雍正前期，魁胆与平秋等九寨各寨始向黎平府“输粮附籍”，随后被划归至黎平府，正式进入封建王朝统治体系。民国初

① 自 20 世纪 80 年代以来，民族学研究者习惯以清水江为界，将侗族地区划分为南北两部分，清水江以南为南部侗族，清水江以北为北部侗族。

② 九寨，古代指今贵州省锦屏县西部清水江北岸的王寨、瓮寨、魁胆、平秋、石引、黄门、瑶白、高坝、皮所九个古老侗寨。1914 年锦屏县成立，将县城从铜鼓迁至已成为木材贸易中心和经济重镇的王寨。王寨成为县城后，遂从古九寨款组织中脱离出来。中华民国建立后，废除土司制度，位于九寨上部的侗寨彦洞遂从中林验洞长官司体系中脱离出来，填补王寨脱离后出现的空缺，组成新的九寨。款系侗族古老的自治组织。

年被划归至新建的锦屏县，属三江九寨团防总局下的小江团防分局。民国中期，划归至平秋乡。至民国末期，先后属九寨联保和九寨乡。1951 年人民政权建立后，仍属九寨乡。1953 年“民主建政”时改属高岑乡，1958 年高岑乡改为高岑公社。1984 年，高岑公社改称魁胆乡。1992 年年初，撤销魁胆乡，其地并入平秋镇，魁胆村遂改属平秋镇。

◉ 二

锦屏县是中国南方重点人工林区，因以杉木为主的森林资源丰富、人工造林业绩突出而被誉为“中国林业皇冠上的明珠”。魁胆村是锦屏县的骄傲——“杉木王”、全国劳动模范王佑求的故里，“中国林业皇冠上的明珠”锦屏的核心所在。在 1964—1995 年的 30 多年中，魁胆村人在林业上创造出斐然的业绩，成为贵州林业战线上的一面旗帜，受到包括国务院在内的各级政府及部门的高度赞誉。

魁胆村貌（2005 年）

2016年，魁胆全村土地面积16991亩，其中有林地14296.5亩、耕地410亩、旱地150亩，属典型的林业村寨。自古以来，魁胆人“靠山吃山，吃山养山”。清代中期清水江木材贸易发展、人工造林兴起后，魁胆人积极投身林业生产之中，一方面栽杉造林，另一方面从事木材采伐运输，有的还从事木材贸易。然而在1950年以前，魁胆村林业规模小，发展慢，村民受益不大。1956年，魁胆人积极响应国家“农业合作化”的号召，将山林土地交由集体经营管理，1957年即开始集体造林。1964年春，魁胆大队派王佑求率领王田乐等21位林农到拉西坡创建贵州省第一个大队集体林场。当年，林场造林数百亩，并在幼林间实施林粮间作，收获杂粮数千千克。魁胆大队创办集体林场并大力实施林粮间作，有效地解决了在林业合作化以后一直困惑国家林业部门的林粮矛盾问题，成功探索出一条林区发展林业和解决粮食困难并举的途径，引起县、州、省领

王宗勋 摄

导和《贵州日报》《人民日报》等新闻媒体的关注。1965 年 9 月，贵州省委书记、省长李立到拉西林场蹲点调研，总结魁胆大队创办集体林场发展林业的经验。12 月 12 日，《贵州日报》以所有版面刊载魁胆的林业先进事迹，并配发社论，号召全省人民向魁胆人民学习。拉西林场场长王佑求和老林农王田乐、王光谋、王必选、龙延厚、王锡标、王锡焕、王清福、王清禄、王先朵被称为“十大杉木王”。随之，贵州省委提出“农业学大寨，林业学魁胆”口号，魁胆大队于是声名远播。此后的 20 余年，王佑求率领场员造林不辍，先后转战扣文、平云、圭勇办场造林，并总结出一年三季栽杉、两季育苗的经验。1979 年，王佑求被国务院授予“全国劳动模范”称号，赴北京出席表彰大会，受到国家领导人接见。1987 年王佑求去世后，魁胆人弘扬其精神，继续大规模造林，1993—1995 年完成造林 4000 多亩，在全县率先消灭荒山。1995 年 3 月，魁胆村被全国绿化委员会授予“全国造林绿化千佳村”称号。而今，在魁胆村境内，举目所及，但见一派令人心旷神怡的翠绿，宛若一幅出自绘画大师之手的精美画卷。

魁胆山多田少，且因地处高寒，农田产量甚低，田间所产历来不能自给，多数人家唯有补以杂粮、餐食稀饭，以致有“烂饭寨”之名。1956 年农业集体化以后，特别是 20 世纪 60 年代中期至 70 年代中期的 10 年中，在“农业学大寨”的号召下，魁胆人自力更生，艰苦奋斗，发挥集体的力量致力农田基本建设，新建了一批农田和水利灌溉设施，使粮食产量相应增加，粮食不足问题得以缓解。但是，真正解决粮食困难问题是 1980 年以后。1980 年，实行农田承包到户经营政策，极大地调动了村民的生产积极性，农业产量因而得到了很大提高。与此同时，中共锦屏县委开始探索林业改革途径，用木材与江苏兴化等产粮缺木地区换取大批粮食，以补助造林形式返还林区。在此政策的鼓励下，魁胆村以“杉木王”王佑求所在的水库林场为基础，积极创办集体林场，大力植造杉林，换回了大量粮食。于是，家家有余粮，户户有存款，千百年来困扰魁胆人的粮食问题得到了彻底解决，魁胆人真正实现了祖祖辈辈梦寐以求的温饱目标。

粮食问题解决后，魁胆人又在探索如何增收致富的问题。1979 年以后，国家的农、林等政策不断放开。于是，魁胆人以林业为依托，积极发展副业，努力增加家庭收入。20 世纪 90 年代中期以后，国家林业政策逐渐调整，传统林业不再成为魁胆人的经济支柱产业。此时，全国性的“打工潮”兴起，魁胆的青壮年也随“潮”外出至广东、浙江等东南沿海一带务工。此后，外出务工日益成为魁胆人谋求发展的道路，务工收入成为村里主要的经济来源。至 2016 年，魁胆全村常年在外务工人数约占全村总人口 40%，收入则占全村经济总收入的 70%。

进入 2000 年以后，国家逐渐加大对农村基础设施建设的投入，魁胆村的道路、人畜饮水等基础设施逐渐得到完善。同时，外出务工的村民也逐渐用新观念对传统居屋进行更新改造。而今的魁胆村，别墅式洋房占一半以上，所有道路全部实现硬化，村貌亮丽，村容整洁，村民的生活水平和质量都得到了明显提高。

◉ 三

魁胆人历来崇文重教。早在明代中期，人们便开始追求和学习汉文化。至清乾隆前期，魁胆已出现一批能娴熟书写契约和诉讼文书的文化人。王通化、王正学在清嘉庆时期考中秀才，最早获取功名。

清乾隆以后，随着汉文化的进一步传播，魁胆人更加重视文化教育。人们售田卖山兴办学校，省吃俭用供子弟读书。咸丰、同治年间（1851—1874），为抵御自外而来的兵乱，魁胆人被迫参与了黎平府组织的自卫性军事行动，有一批青壮年还被派去防卫黎平府城。这是魁胆人第一次大规模与外界的接触，魁胆人开始看到山外的世界。清后期至民国前期，魁胆出现了王通咸、王品相、王凤昌、王世杰、王世宏、王世忠、王彦福等一批文化人。虽然魁胆人掌握了一些文化知识，但整体上文化基础仍十分薄弱。中华人民共和国建立以后，魁胆人的命运才彻底得到改变。

1951 年以后，魁胆人在积极“树木”、创造林业辉煌的同时，也积极“树人”。1964 年起，魁胆在全县率先走“以木材换人才”的道路，多次采伐集体木材建设学校，使魁胆的学校成为九寨地区最好的学校之一，并在村里培养形成一股勤奋好学之良风。1965—1969 年，魁胆还创办了锦屏县唯一的村级林业学校，培养林业后继人才。1977 年国家恢复高考以后，魁胆寨人才蔚起，几乎每年都有学生考上大中专院校，被誉为“林区人才村”。截至 2016 年，魁胆村先后有 178 人考上大中专学校，清华、复旦、南京大学等国家著名学府也有魁胆学子的席位。全村计有国家工作人员 110 人。这些走出大山的魁胆人，秉承先辈的朴实、耐劳、敬业品质，筚路蓝缕，力争上游，在各自的工作岗位上都取得骄人的业绩，如王远森 1989 年留学西欧，王有来成为全国铝业界的知名专家，等等。

◉ 四

在清雍正时期被“接纳”进封建王朝统治体系以前，魁胆人都在传统款规款约的管束之下艰苦地生存。进入封建王朝统治体系后，汉族文化和国家法律不断地传播进来，魁胆人于是自觉地接受汉文化，并将自己置于国家法律的约束之中。但因所在偏僻，交通不便，官府往往鞭长莫及，以致在村寨的管理上，魁胆人常将传统款规款约和国家法律以及宗族族规混合运用，从而收到特殊功效。1925 年，魁胆村人王彦科奉锦屏地方强人龙青云之命在村里苛征契税，激起民愤，后被以“勾外烂里”罪名，按“见家一块柴”的古款规将其处死。此后，魁胆村民更加循规蹈矩，再未出现此类行为。在 1959—2016 年的 58 年间，村里未出现治安刑事案件。2004 年，魁胆村被贵州省公安厅授予“群防群治”先进单位。至今，村规民约等传统“习惯法”在村里发挥着重要作用，以其特有的形式规范人们的行为。在法律、族规和“习惯法”的综合作用下，魁胆村里各姓氏、房族之间和睦相处，邻里之间团结互助，整个村寨一派和谐。因此，魁胆被誉为“善地”，成为吸引专家学者深入探究的“神秘”村寨。

◉ 五

魁胆村里，至今仍保持浓郁的北部侗族风俗。在这里，20 世纪 60—80 年代曾经引起国内林学界高度关注的林粮间作等人工造林技术依然沿用；婚嫁丧葬，以及房屋建筑等依然保持着古老的规仪；以小米酒、油茶为主要代表的副食品，充分体现魁胆作为山区传统林业村寨的特色；以追忆祖先迁徙之苦为主要内涵、反映稻作民族早期生产生活状况的六月尝新节，是一年中最大和最富特色的节日；仍然顽强保持的侗族古老纺织技艺和以白银为主要装饰的服饰，是清水江木商文化与侗族古文明完美结合的“活化石”；无处不在的侗歌，尤其是情意缠绵的玩山歌和如泣如诉的花歌，以及跌宕起伏、令人如痴如醉的大歌，都记录着魁胆侗家人的喜怒哀乐和酸甜苦辣；依然盛行的祭桥、祭树、祭神明等活动，是远古时期人们心灵寄托方式的延续，是人们敬畏、崇拜、道法自然的表现，等等。所有这些，都是魁胆侗寨古老的精神文明和精神财富。因而，2016 年魁胆入选贵州省“魅力侗寨”。在日益重视传统文化的当下，魁胆村所保持的这些传统风习是极为珍贵的非物质文化遗产，是造福子孙的财富。

魁胆自元代前期开辟至今已有700年历史。纵观这700年，魁胆人世世代代用勤劳和勇敢与贫穷、苦难做斗争，艰辛的汗水不知把这块土地浸润了多少遍，但在很长时间里，却一直过着卑微、抬不起头的“卑胆”生活。1951年人民政权建立以后，魁胆村换了天地，魁胆人开始抬起自己的头，秉持先人的勤劳俭朴品质，怀着“感恩”的心情和“穷则思变”的理念，紧跟共产党和人民政府，与贫穷落后作艰苦斗争，逐渐“魁”起“胆”来，并形成一种力争上游、不甘人后的新群体性格。60多年来，魁胆人用勤劳和汗水，创造出了一系列骄人的业绩，村民的生活一代比一代美好幸福！

侗家少女（2017年）　　彭泽良　摄

花背带——国家非物质文化遗产名录“盘轴滚边绣”作品（2017 年）　　王宗勋　摄

村情寨貌

魁胆侗寨位于贵州省东部清水江下游锦屏县西北部，坐落在海拔750米的山间盆坝里。2016年12月底，有魁胆、便大2个自然寨，10个村民小组，272户，1175人。均为侗族，操侗语；有王、龙、彭、陆4个姓氏，其中王姓占总人口92%。全村土地面积16991亩，其中有林地14500亩，耕地550亩。盛产杉木。

魁胆系古老侗寨。清雍正以前仍处于侗族款组织“自治”状态中，雍正初年始被纳入封建王朝统治体系。乾隆时期，官府以其所有烟户编组十六甲作为基层管理组织，十六甲之间以血缘关系互相维持。此后至今，魁胆一直是由原十六甲衍成的平翁、孟寨、高岑等周边村寨的血缘关系中心和行政中心。

◉ 历史沿革

魁胆侗款 清雍正以前，魁胆等九寨地区处于完全的款规款约管理状态中。魁胆与今锦屏县城王寨、三江镇小江（瓮寨）和平秋镇平秋、石引、高坝、皮所及彦洞乡属黄门、瑶白 8 个侗寨共同组成九寨大款。每个寨均为一小款，各款之间互不统属。魁胆因地处九寨山岭的下半部，故与王寨、小江被称为“下九寨”。清道光《黔南职方纪略》载：“清水江边之三江、九寨皆不归土司管辖。山高岭峻，高坡苗聚族而居。”雍正前期，九寨联合到黎平府申请“输粮附籍”，被划属黎平府经历司管辖。

九寨中的每个寨（即小款）均有特定的疆域。据民间口碑和遗存的文献资料可推断，古魁胆款地域大抵为：东面从今三江镇皇封村东约 1.5 千米处的小江右岸南翁溪口（即金鑫电站水库大坝下约 400 米），往东南翻山岭至平炭，横过圭料至清水江边，然后向西上菜园村和平略镇留纪，至晓岸村石桥冲与平秋款地域相接，继而翻岭往西北下桥问田坝，再沿溪而下至圭威溪，又沿圭威溪北上至天柱县属孟碑与小江（此段称“大步河”）交汇，然后沿江右岸而下，与天柱县圭治寨地界连杂，沿江下至圭览溪口与小江寨

魁胆村景（2014 年） 王宗勋 摄

（即瓮寨）地界连接，再往东上叩沃坳、岿倒[①]溪口沿溪而上至平翁寨内，一直延至皇封寨后坡直至皇封溪口与小江寨地界连杂。同时，对小江凸寨脚孟龙塘下至圭求溪口圭求塘 3 千米、三江镇甘寨村脚转水残美带下至皇封村下边南翁溪口两江段拥有管辖权。至民国中期，凡在此江段“毒鱼”须经魁胆人同意。

清雍正前期，魁胆等九寨各款集体向黎平府“输粮附籍”，正式进入封建国家统治体系。随后，魁胆等原始团款约制度逐渐被冲击和改变。入清以后，以茅坪、王寨、卦治为中心，以杉木为主要对象的清水江木材贸易逐渐发展，人工栽杉造林成为重要谋生手段，吸引大量来自湖南、江西等地的汉族移民。诸移民多借栖于清水江和小江两岸，于是魁胆款靠近清水江和小江边的原始所有山场土地逐渐被外来移民以租佃或“借”“讨”等形式开垦栽杉，有些山场土地甚至不经过魁胆“主人”，为移民们自行耕

① 岿，锦屏方言读“biá”音，侗语意为天然大石块或悬崖。“岿倒”，意为势欲倾倒的悬崖。

种栽杉。诸山场在移民们经营下，大多成为其业。为不使边远山场继续丢失，乾隆八年（1743），魁胆款首召集各姓氏、房族头人会议，决定以拈阄形式分派人口到四周守管山场：王劳团房族分出三支，王老乔分守今凸寨一带、王朝文分守圭览溪塘洞、王朝亮分守今平翁村西北1.5千米处岑榜，吴姓和杨姓（杨再林、杨再禄兄弟）分守平翁，高捧王堂桥房族分王乔应一支守北边的今孟寨一带，王裕宗房族分一支守南面的大他一带，从洪抗迁进来住登冲的王万寿房族分一支守今高岑村各龙一带，周姓分一支守今高岑村锦丰（破鼎罐）一带，黄姓分一支守今高岑一带。拈阄后，被派出去的各支不许再居魁胆老寨，均举家迁至阄落的山场间扎棚居住，开垦山场，凸寨、孟寨、各龙、破鼎罐、高岑后来皆衍成村落，而阄落大他的一支因该山场所在高寒，条件恶劣，无法居住，后移至今晓岸村石桥冲；阄落塘洞一支初时居住在倒溪边，后亦因该处条件恶劣，乾隆后期迁上平翁；分落守岑榜的王朝亮一支，不久即将所守山场转给在此借山垦食的龙姓亲戚。

乾隆中期以后，魁胆人按古款组织模糊地权观念管理边远山场土地的传统习惯逐渐被国家法律制度冲击，离村寨较远的清水江、小江边的山场土地逐渐被在该地事实耕种者占有。乾隆四十二年（1777），魁胆人王先赞等因忿于明初从魁胆迁至清水江边下料寨借地居住的龙姓人长期占种魁胆款属山场，强行在下料寨后山场砍伐一批木材，被下料村民龙起德等阻止。魁胆王先赞等恃寨大势众，又强行将木材运下王寨等“三江”[①] 木材市场上出售，下料龙起德等遂以“劫木凶横”罪名向黎平府控告王先赞等人，黎平府官员不认可魁胆人继续按旧款地域观念对下料山场享有管辖权，遂判王先赞等败诉，责令赔偿强行放下“三江”出售的56根木材款白银20两，并写认错甘结。

另外，乾隆中期，魁胆人因不满今皇封寨人借买田而占其田后魁胆款属公山，赴黎平府告状。后府官判皇封人退出所占山场，其房屋悉数移下所买农田中。

① 三江，指位于清水江边的茅坪、王寨、卦治三个木材贸易市场。清代初期，清水江下游木材贸易兴起，茅坪、王寨、卦治三个苗、侗族村寨利用地处清水江边和本身既是苗、侗族（茅坪、卦治系苗族，王寨系侗族，且与魁胆、小江等同属九寨侗款），又熟悉汉语言文字之优势，充当下游汉族木商（俗称“水客”）和上游苗、侗族山贩（俗称“山客”）之间的贸易媒介，并从交易总额中提取4%作为佣酬。接待买卖木商，主持木材贸易，时称“当江”，茅坪、王寨、卦治三寨遂被称为“三江”。

附 1：魁胆王先赞等甘结书 [①]

具遵结民鄗胆寨王先赞、先朝、周老海等。今遵到太爷台前：为因下料寨龙起德等具控蚁等“劫木横凶”一案，蒙府大老爷差提，批仰天星审断，将已砍伐在山木植并在毛坪三十四株、王寨二十二株俱凭发卖，断令蚁将贰十两价银赔偿下料。所有未砍伐嫩木山场恁凭下料养蓢管业，其有蚁田产祖坟系蚁管业拜扫。蚁等自愿遵，不敢多事。所具遵结是实。

乾隆四十三年二月　日遵

魁胆十六甲　清乾隆前期，官府要求各村寨建立保甲组织。按照烟户情况，魁胆寨编为 16 个甲。此后随着民户不断往周边守护山场而形成聚落，十六甲地域遂包括平翁、孟寨、凸寨、高岑、破鼎罐、各龙、马号冲、三德、石桥冲等村落。

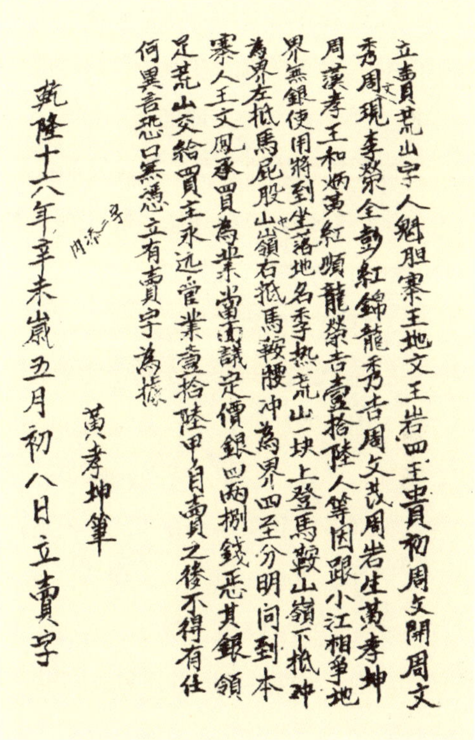
立賣荒山字人魁胆寨王地文王岩四王貴初周文開周文
秀周現李榮全彭紅錦龍秀乃吉周文成周岩生黄孝坤
周漢孝王和炳黄紅顺龍榮吉壹拾陸人等因跟小江相爭地
界無銀使用將到坐落地名季熱荒山一块上登馬鞍山嶺下抵冲
為界左抵馬屁股山嶺右抵馬鞍腰冲為界四至分明问到本
寨人王文鳳承買為業當面議定價銀四兩捌錢正其銀領
足荒山交給買主永远管業壹拾陸甲自賣之後不得有任
何異言恐口無憑立有賣字為據
黄孝坤筆
乾隆十六年辛未歲五月初八日立賣字
内添二字

十六甲出卖公有土地文书　　王宗勋　摄

魁胆十六甲是建立在传统地域和血缘关系基础上的官府设立的基层组织，承袭古魁胆款遗下的公共山场土地所有权。乾隆中期以后，为筹款应付官府所派的各色夫役和饷费，十六甲渐将公有山场土地出卖给十六甲内私人。至清末，十六甲公共山场主要有 6 处，面积数千亩。诸公山大多系分布在村寨交界处或十六甲边缘地带的原始箐山。十六甲 6 处公山分别在：今魁胆、高岑和晓岸（平岑）3 村交界的歌场坳、计热坡周边和大他一带；魁胆与桥问村交界的寨荒、高杰一带；孟寨村凸寨寨脚与

① 本志收录的所有契约文书均原文摘录自张应强、王宗勋主编《清水江文书（第二辑）》，未做改动，后文不再说明。

天柱县属冷水、摆洞诸寨交界的叩横、美能坡等一带和与更豆等寨交界的拉勒、他耀坡一带；魁胆、孟寨与瓮寨交杂的圭览溪下游一带；皇封溪冲两岸；圭横溪一带。

1914年，新建锦屏县，并将县城从铜鼓移至古九寨之一的王寨。随后，县下相继实行团防自治制度和乡保制度。清代中期以血缘为纽带建立起来的基层行政组织魁胆十六甲，遂为新的乡保组织取代。

魁胆乡 民国初年，锦屏县下实行团防自治制度，设三江九寨团防总局（亦称第一团防总局），魁胆十六甲片区属小江团防分局，分局设在瓮寨，分局下设闾，闾下设邻。1926年，第一团防总局改为第一区，团防分局改为乡，九寨地区设平秋、石引、黄门、瑶白、高坝5个乡，乡下改闾邻为保甲。原魁胆十六甲合设为一保，改属平秋乡。1935年，平秋等九寨地区5个小乡合并建九寨联保，原魁胆十六甲仍为一保（第二保）。1942年，九寨联保改为九寨乡，第二保分析成三、四两个保，魁胆为第三保。

1950年1月下旬，锦屏和平解放，县人民政权建立，仍沿民国时期设的九寨乡。3月，国民党锦屏县地方残余武装发动叛乱，县人民政权机构撤出锦屏，九寨地区陷于国民党叛匪的管控之下。年底，解放军平息叛乱。1951年1月，初恢复县人民政权组织。2月，魁胆改保为村，仍属九寨乡。

1953年春，实行“民主建政”，撤销九寨乡，将其地分设平秋、高岑、高坝、黄门、彦洞5个乡，属第一区（驻县城王寨），魁胆属高岑乡。高岑乡驻地设在今平秋镇高岑寨（因高岑地处九寨与县城王寨上下联系的交通要道上，乡治所遂设于此），辖魁胆、高岑、平翁、孟寨、桥问、晓岸6个行政村，计有魁胆、便大、孟寨、凸寨、平翁、岭隆、上高岑、下高岑、破鼎罐、各龙、马号冲、三德、圭开、桥问、略威、晓岸、岩有、石桥冲、便冷、镇马、大坝、平岑22个自然寨。除原十六甲地域外，还包括原平秋款所属的桥问、略威、晓岸、岩有、便冷、镇马、大坝、平岑8个自然寨。1955年，为便于管理，三德被划归卦治乡菜园村。

1958年人民公社化运动时，高岑乡改为高岑人民公社，行政村改为生产大队，村民组改为生产小队。1959年年初，为适应“大跃进”形势，撤销高岑公社改建高岑管理区，原魁胆大队改为魁胆工区，生产队改为工组。同时，将管理区驻地从高岑村迁至位于中心地带的魁胆村便大自然寨。1961年8月，撤销高岑管理区、魁胆工区，恢复高岑人民公社、魁胆生产大队。同时从第一区（亦称“三江区”）分出平略、九寨两个片区10个公社（平略、偶里、寨早、彰化、平鳌、平秋、高岑、黄门、彦洞、高坝）建立九寨区，区治地设平略。同年秋，高岑公社驻地由便大迁入魁胆寨内。高岑公社迁入魁胆寨时，公社办公地址设在魁胆寨黄甲坡塆上。1976 年，黄甲片发生火灾，公社办公楼房被烧毁。次年，改在岑滥坡上建公社办公楼。1981 年，平略片从九寨区分出设平略区，九寨区治地移至平秋。同年，高岑公社更名为魁胆公社。1984 年，魁胆公社改为魁胆乡，乡办公地点从魁胆寨岑滥迁至便大锦彦公路北侧，在此修建成 3 层砖混结构楼房。1992 年春，撤销九寨区，魁胆乡并入平秋镇，魁胆村随之归平秋镇管辖，便大原乡政府办公楼遂荒弃。

原魁胆乡地跨北纬 26° 38′ 12″ ~ 26° 43′ 36″ ，东经 109° 03′~ 109° 08′ 48″ 。土地面积 54 平方千米。1991 年年底，管辖魁胆、平翁、孟寨、高岑、晓岸、桥问 6 个行政村和魁胆、便大、平翁、培力、岭隆、孟寨、凸寨、上高岑、下高岑、锦丰（破鼎罐）、各龙、马号冲、圭开、桥问、略威、晓岸、岩有、平岑、大坝、石桥冲、便冷、镇马 22 个自然寨，计 43 个村民小组，1018 户，4885 人。

原魁胆乡政府办公楼（2017 年）　　王宗勋　摄

魁胆村

保组织 清代中期以前的情况不详。清乾隆时期，设保甲为基层政权组织，魁胆、平翁、孟寨、凸寨、高岑、破鼎罐、各龙、三德、石桥冲等十六甲村寨联设一保，保设乡正一名，乡正也称“总理”。十六甲总理多由魁胆寨人担任，王通化、王通谟、王再礼、王永臣、王凤章等人曾担任总理。

民国前期，魁胆属三江九寨团防总局小江团防分局，负责人称“总理”或“团首”，村人王永文、王和元、王世杰等先后担任。

1926 年，设平秋乡，乡下设闾，闾下设邻。魁胆为闾，改属平秋乡，设闾长。村人王邦林出任副乡长。1935 年，并乡镇建联保，联保下设保，魁胆与孟寨、平翁、高岑等十六甲合编为九寨联保第二保，保办公处设在魁胆。1942 年，改九寨联保为九寨乡。原第二保析分为第三、第四两保，魁胆与孟寨、凸寨为第三保，计有 15 甲（魁胆寨 11 甲，孟寨、凸寨各 2 甲），保办公处设在魁胆；平翁、高岑、锦冠（破鼎罐）、三德、各龙、马号冲为第四保，计有 12 甲，保办公处设在上高岑。

魁胆传统民居（2003 年） 王宗勋 摄

村民委员会　1951 年 2 月，县人民政权废除保甲制，建立村组制，魁胆保改为九寨乡第三村，村下设村民组。村设村民委员会，设村主任 1 名、委员 4 名。同年 4 月，建立村农民协会，设主席 1 名、副主席 1 名、委员 4 名。农民协会负责人由村里的贫下中农积极分子担任，负责领导村里的“清匪反霸”、土地改革等重大事务，实际上取代了村民委员会的权力，管理村里的一切事务。1952 年秋土地改革结束后，农民协会完成其使命，恢复为村民委员会负责制。1955 年春，村民王必柱等在魁胆村组建第一区第一个初级农业生产合作社。1956 年春，以村里 3 个初级社为基础，建立魁胆高级农业生产合作社，设社长 1 名、副社长 1 名，其职责是领导村民开展农业合作化运动。1958 年秋实行“人民公社化”，撤销村民委员会，建立生产大队，设大队长 1 名、副大队长 1 名。大队下设 11 名小队长，负责组织领导全大队 11 个生产小队开展生产活动。1959 年年初，为适应“大跃进”形势，生产大队改为生产工区，设工区长 1 名、副工区长 1 名。1961 年秋，恢复生产大队和生产小队，仍设大队长和小队长。1968 年，设大队革命委员会，为村里的领导机构，设主任 1 名、副主任 1 名。1980 年，大队革命委员会改为大队管理委员会。1984 年，撤销大队管理委员会，建立村民委员会。村民委员会设主任 1 名、副主任 1 名、委员 3 名，均由村民投票选举产生。村民委员会下设调解委员会、团支部、妇女代表大会、民兵连、计划生育小组、综治办公室、文教卫生办公室。2013 年年初，平翁、孟寨两村并入，建立魁胆中心村，设主任 1 名、副主任 2 名、委员 4 名。村民委员会主任、副主任、委员在魁胆、平翁、孟寨 3 片均有分布。2016 年 12 月，村民委员会主任由平翁人担任，副主任分别由魁胆、孟寨人担任，委员则 3 个片均有分布。

村党支部　1953 年，中共锦屏县委在魁胆村发展党员，村里青年积极分子王世藩、龙世朵、王佑求 3 人加入党组织，同时成立魁胆村党支部，王世藩任首任书记。此后，党支部一直是村事务管理的领导组织。2012 年年底，魁胆全村有党员 26 名。2013 年年初，撤销魁胆、孟寨、平翁 3 个村党支部，合并建立魁胆中心村党支部。2016 年，魁胆中心村有党员 58 人，其中魁胆有 27 人，平翁有 17 人，孟寨有 14 人（凸寨 10 人、孟寨 4 人）。中心村党支部设书记、副书记各 1 人，支部委员 7 人（其中魁胆片 3 人，孟寨、平翁两片各 2 人）。

村民小组　1951 年年初，甲改为村民小组。1952 年土地改革时，全村分为 11 个村民小组，每小组设组长 1 人。1958 年改称为生产小队，设小队长和会计、出纳各 1 人。因社员大多系同一房族的叔伯兄弟，出现意见分歧不便解决，1975 年，经高岑公社党委批准，将第四生产小队拆散，其农户被分插到其他小队中，全大队的小队减少为 10 个。

1984年改生产小队为村民小组。2016年全村有10个村民小组。第一组主要居住在步岑，第二组主要居住在黄甲，第三组主要居住在登冲、冲随，第四组主要居住在高步、高叩、高捧，第五组主要居住在高捧，第六组主要居住在故亚，第七组主要居住在岑滥，第八组主要居住在嗷便、岑滥，第九组主要居住在盘我，第十组主要居住在便大。

◉ 居住环境

自然概况

地理区位　魁胆村位于贵州省锦屏县平秋镇东北部，北纬26° 40′55.04″，东经109° 05′ 16.31″，距县城16千米，距平秋镇政府驻地7.5千米。锦屏至彦洞公路（以下简称“锦彦公路”）从村境南部通过、自锦彦公路14千米+300米处（即圭勇水库）至孟寨村的林区公路从魁胆寨间穿过，寨西边有公路至便大与锦彦公路相连。

地貌　魁胆村境属低山山区，最高点南面4千米处计热坡顶海拔1008米，最低处北面6.5千米处圭览溪盘把寿海拔约360米，高差648米。村寨所处为山间盆坝，村寨中心（村民委员会驻处）海拔约750米。

气候土壤　村境内气候温和，四季分明，年平均气温15℃，最热8月均温23℃，最冷2月均温3℃；年均降水量约1200毫米；土壤以适宜杉木等植物生长的黄壤为主，有少量经人工培育的水稻土。

自然物产　魁胆村自然物产主要指植物和动物两大类。

植物　村境内植物大致可分为树木、草两大类。

树木类。主要有杉、松、油茶、油桐、木姜、青冈、麻栗、枫香、香樟、五倍子、楠竹等。珍稀名贵树种有红豆杉、香楠、榉木、黄檀、银杏等。野果类有杨梅、柿、李、梨、板栗、猴栗、米栗、樱桃、青果、酸桃等。

草类。主要有巴茅、白茅、细柄草、黄背茅、狗尾草、知风草、雀稗、荩草、葛藤、紫云英、野青茅、画眉草、早熟禾、蜈蚣草、牛筋草、兰草等。

在村境内的植物中，可用为药材的有白芨、麦冬、金银花、牛膝、艾、菖、钩藤、黄草、独脚莲、四块瓦、大血藤、杜仲、绞股蓝、车前草、刺五加、水杨柳等上百种。

动物　村内野生动物，兽类主要有野猪、野兔、野羊、野猫、穿山甲、竹鼠、黄鼠狼、山老鼠等。1955年以前，村境内时常有老虎活动，至今仍有许多与老虎相关的地名和与老虎有关的故事传说。1955 年以后，老虎绝迹。1962 年以后至 1980 年，因开荒种地和山林过度砍伐，野猪、野兔等一度稀少。2000 年以后，随着国家天然林保护政策实施和村民大多外出务工，加上瓶装液化气的使用，薪柴砍伐减少，森林植被逐渐恢复，野猪、野兔等野生动物又渐增多。最近几年，野猪几成灾患，靠近大山的田地庄稼有种无收。2016 年 6 月上旬，一村民开车在魁胆至水库公路上撞伤一头重 140 千克野猪。

村境内爬行类动物主要为蛇，蛇种类主要有眼镜蛇、菜花蛇、乌梢蛇、五步蛇等。1980 年以后，常有湖南人入村境捕蛇，蛇数量较此前有所减少。

村境内野生禽类主要有燕子、喜鹊、乌鸦、猫头鹰、野鸡、竹鸡、斑鸠、画眉、山麻雀等。1985 年以前，村里麻雀为患，早熟田块需有人看守吼撵，否则庄稼会被其食尽。而 1986 年以后，麻雀突然绝迹。当年有人在圭览溪口发现有大量麻雀打斗死亡，尸体成堆。1980 年以前，喜鹊、乌鸦数量很多，时常害及庄稼。至今，喜鹊、乌鸦数量已大为减少。

村境内水产种类不多，常年积水田多泥鳅，也有鲤鱼、七星鱼、黄鳝、田螺、禾蚌等。圭览溪、圭威溪中有石蛙等以及从小江溯游上来的黄刺牯等小型鱼类。1980 年以前夏秋农闲、水枯时节，村人常用劲冈藤、茶油枯在溪里毒鱼（侗语称“闹雅”）。有人则在盛夏闷热夜晚执松槁或手电筒至深涧间捕石蛙。

此外，村境西部圭威溪一带有金矿（沙金），民国时期村民曾聚集开采。

山水形态　1941 年，魁胆王万寿族裔王彦卿在所纂的族谱中对魁胆寨形势作如下贴切描述：

> 旋魁胆之胜，势若月圆，堂局宽阔，周匝崇山峻岭，古树参差。是基也，金龙正干，从东闪下一枝，腾绕起伏，顿起一峰，节节开帐，帐下露脉，屈曲而下。及至平地，祠立正中，后住人烟稠密。东隅登冲通王寨，南丘铜锣坡，西填琉璃界，老坟数百塚，路达平秋。局内两畔田畴，溪水中流，于西北左右砂环聚处，其间建立桥亭，锁住水口。步洲（周家坡）北枕，山顶平旷，值天贶节，群贤毕至，少长咸集，列坐其次。虽无管弦之盛，一觞一咏，亦足以畅叙幽情。盖九寨之胜境，作百世之铭形也。

山势　魁胆整体地势南高北低，山脉呈南北走向。村寨主山脉从村南境 4 千米处计热坡发脉，向东北延经架列坡、岑孩后，折向北面，越过赞勇坳，上岑娃艾（花街岭）隆起成村寨后龙山。由此支分三脉：正脉起伏绵延约 1 千米直下铜锣坡、黄甲，俯临寨中田坝；左延一山脉上岑榜、高苑，包过岑滥、盘岑懑至西耀坡结成内堂局，另延一小支外绕略利、步绪、郎路、格勒结为外堂局；右延一山脉过岑亚、高步、周家坡下世塘居锁内水口，此脉从周家坡再延一小支脉绕过嗷邓至按颇岭锁外水口。另外，由岑榜左发一脉往西延至便大结成一小堂局。

水流　村境地形呈南高北低之势，诸水皆由南向北而流。村境内主要溪流有圭览溪、圭勇溪、便大溪、残耶溪 4 条。

圭览溪。今多写作魁胆溪，有圭寨和圭勇两源。圭寨溪因从魁胆寨流出而名，源于魁胆寨南边亚荒、过斜田冲，汇泉成溪，泻下两级高约百米的登洞岩冲流入寨内上田坝，穿过寨间，再稍往中田坝北边弯曲（20 世纪 50 年代改弯为直，呈今状），在寨脚周家井下纳接从西南边冲马流下的溪沟，往下从世塘居水口跌下 40 余米崖壁落下田坝，形成三瀑两塘相叠景观，再从下田坝北侧直流，在田坝脚从相峙而立的两山间直穿而过，从格勒坡脚水口跌下高 100 余米的格勒崖洞，经按祥溪涧流至岑圭览坡脚与东南流来的圭勇溪汇合，流长约 4 千米。圭勇溪源于村东南赞勇冲头，北向流下逼仄的圭勇冲，至岑圭览坡脚汇入圭览溪，流长约 3.5 千米。两溪汇合后，缓缓向北流入小江。自两岔溪口至小江，总长约 3 千米。整条溪流水质清澈，两侧雄峰对峙，树林茂密，蛙鸣鸟啼，景色迷人。

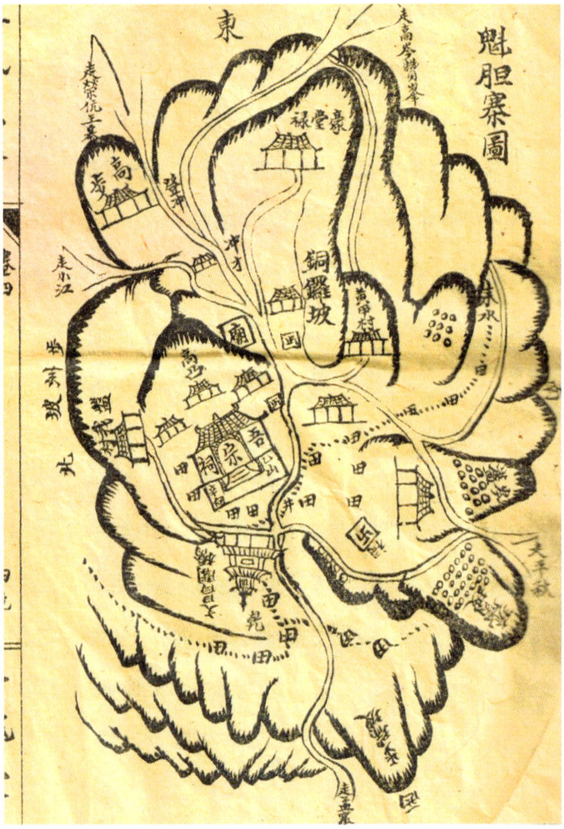

1941 年魁胆寨图　　王远涛　摄

便大溪。在魁胆村西面，有两源。一源发自村南面计热坡和赞勇两处，另一源发自南面圭翠、强纠坡头一带，两源在便大汇成一溪向西北流下高杰，接纳从魁胆寨西面极壬、盘老雄一带流来的圭横溪，往下再接纳从桥问村流来的溪流汇成圭威溪，再往北流汇入小江，全长约 7 千米。

残耶溪。在村北面，有两源。一

为村东水库下边小溪，一为高岑流下小溪，在洪抗公路桥下汇合成洪抗溪往西北流下，至平翁寨脚接纳从平翁流下的冲杀溪。在龙尾汇入圭览溪再流下小江，总长约 5 千米。

风景名胜

周家坡 魁胆侗语称“岗步柱”，位于村寨北边，其山形如巨象，为村寨屏藩。从山脚到山顶高约 90 米，从西边象头至东边象尾约 500 米。山顶状如象背，平均宽约 20 米，最宽处约 40 米。顶部平坦，面积约 4000 平方米。坡顶部长满贴地而生的马鞭草，柔软如绵，适宜休闲娱乐。站在坡顶，往南可俯视魁胆寨之全貌，向北则可远眺邻村平翁、孟寨乃至数十里外的天柱县境地良、悠洞一带绵延起伏群山。在古时，此坡为青年男女行歌坐月之所。晚清禁夜晚行歌坐月后，即为魁胆寨人公共娱乐之地（1956 年曾在坡顶西北端辟建斗牛场），四时有人游玩。外客到魁胆，均要到此坡一游。

周家坡西北边坳颈处有一条人工挖成的长 50 余米，深、宽各 2 米的槽道，传说系古时朝廷在魁胆“斩龙脉”所遗留。

另据旧文献资料记载，村寨东边高步堖亦称周家坡。相传周姓人先住在高步堖上，稍后才移至现周家坡南边居住。

周家坡顶（2017 年） 王宗勋 摄

世塘居 据魁胆侗语音译，意为鬼煞聚居之深塘，位于魁胆寨脚水口处。其东为周家坡，西为希耀坡，两山坡如狮象际会，共同守护水口，是有“狮象把水口”之名。寨脚水口古树参天，溪水从此处泻出寨脚，形成三级瀑布、两眼深塘，魁胆人称两深塘为“龙塘”，塘水四季清幽碧绿。每至春夏溪水泛涨，激水搏石，声如雷吼，蔚为壮观。20世纪80年代以前，因塘幽深可怖，妇女、小孩夜晚不敢经过，常有人请巫师到塘边为受到惊吓的小孩“收魂”。

清乾隆中期，村民集资在此修建文昌阁，以作佑启村寨人文之设施。嘉庆九年（1804），村人集资修青石板路从此经过。稍后，在上龙塘上建一座跨溪石拱桥，以求回澜聚气。1963年，魁胆大队在此处办铁具加工坊。20世纪90年代，退休教师王昌海等人义务在“狮首”“象鼻”上栽植楠竹，今已蔚然成林。2009年，魁胆村民集资在此修建风雨桥。2016年12月，得锦屏县革命老区转移支付资金项目支持，在东侧“象鼻”古树下增修览秀亭。

坐在风雨桥上或览秀亭间，透过树枝竹林，上可赏品魁胆侗寨韵味，下可观览山村田园景色，春季鸟语花香，夏季一派翠绿，秋季稻香盈鼻，冬季银装素裹，一年四季，皆有新景。而今，世塘居已成魁胆寨之至景。

益祥坳 位于魁胆寨北边，周家坡东麓，旧时为魁胆北出小江之隘口。坳上，枫香、红豆杉、猴栗、米栗，诸色古树参天而立。夏季，坳上凉风习习，令人流连忘返。冬季，此坳则是青少年滑雪娱乐之场地。1974年，第二生产小队将此坳挖断成渠，引水灌溉坳南豪邓的几丘农田，引起寨老非议。20世纪80年代中期，村人又将此沟渠填平。2016年冬，得锦屏县革命老区转移支付资金项目支持，在坳外修建一座长25米的南部侗族风格廊亭——魁胆歌廊，将坳口篱护，使此坳更加壮观，成为魁胆一新景致。

高勇坳 位于魁胆寨东边，为村人东走平翁村和县城之出口。坳东侧为岑亚坡，西侧为高步垴，两侧古树参天。坳西侧古树下有一土地祠，每逢年节，合村人咸至此祭祀。20世纪60年代中期，村人为将赞勇水引至寨背岭言一带灌溉新开之农田，架高长木质水槽从坳上越过，如一道寨门。80年代初，从圭勇水库至魁胆的公路由此处入寨。2005年，此木槽改建成钢筋水泥渡槽。近十年来，此坳成为魁胆村迎送贵宾之场所。

铜锣坡 位于魁胆寨东南面，为一突兀山垴，海拔800余米。登临山顶，可俯视整个村寨和远眺数十里外的天柱县高酿、石洞地界。其山顶部为一数十平方米的圆坪。相传，古时朝廷为镇压魁胆寨的“反王”，在山顶上埋下一面铜锣，此山遂得名“铜锣坡”。

高勇坳古枫树（2015 年）　　王宗勋　摄

槽亚荒 位于魁胆寨东南边，铜锣坡背后，为一条长 300 余米、宽约 2 米、深 2 米的人工槽道，从亚荒坳口直下至坡脚高勇坳，将亚荒坳颈部挖断。相传，古时朝廷镇压了魁胆“反王”后，为防止魁胆再出能人，遂派兵挖掘此槽，以破坏魁胆寨后龙脉。1980 年以前，此槽被充作村人外出生产之通道。20 世纪 80 年代后渐废，至今已不能通行。

格勒洞 位于魁胆寨西北边 1.5 千米处，系一座高七八十米的崖壁，崖下即为从圭览溪流泻而形成的深壑。崖间树木参差，崖下水声铿訇。古时寨里处置严重破坏款规的人时，将其手脚捆绑从此崖顶推下。

叩沃坳古树群（2017 年） 王宗勋 摄

边界与面积

边界 魁胆村东邻平翁村和三江镇皇封村，南界高岑、晓岸村，西抵桥问、更我村，北抵孟寨和三江镇小江（瓮寨）村。村域东起皇封溪岑美尧，西至与桥问村交界的寨荒坡，东西距约 6 千米；南起计热坡，北至叩沃坳，南北距约 7 千米。按东—南—西—北顺序，其边界依次为：

东面从叩洪老（距魁胆村约 3.5 千米）往东下皇封冲约 1.5 千米至半溪，溪左边（面向冲口）圭仙、圭喜虐至锦彦公路下边直达烂木桥，上至叩洪老上边土地祠与平翁村交杂；溪右边从豪邓托、冲门上至岑美尧、棉花地、鸡冠岭再上至叩洪老，上部与高岑村土地交杂。叩洪老往西面，左边过两岔溪（锦彦公路石拱桥处）右边溪上至猴形魁胆老祖坟处，再上岑包鸠半坡沿西上至长冲坡头与高岑村土地交杂；右边横过叩木学下至洪抗溪，然后沿溪而下至叩类，溪对面为平翁村土地，从洪抗溪沿古路上坡、盘过盘亚马至培力一带之下边，魁胆村与平翁村土地交杂。

南面从长冲坡头、冲亚控上至岗西腊，再往南面至架列岭、盘杀难，再翻岭横过岑苗坳与高岑村接界，东南面属高岑村界；从岑苗坳、圭开冲头沿老路横盘至冷冼饶至闷钱，横过圭翠溪，再过美龚（音“jióng”，侗语意为弯木）、亚独道、岑亚、圭轮，沿溪而下跨锦彦公路往西至寨荒，再往北折向高杰、洞碰，北面和东面为魁胆村地界，南面为晓岸村，西面为桥问村地界。

西及西北面从寨荒沿圭轮溪下高杰、洞碰至圭横溪口，顺圭威溪而下，溪北边依次有岀王、岜马、西腊、岑洪、岑更、老甲、他耀、拉勒、叩横（凸寨人称“干圭横”）一线，西隔圭威溪与更我村更我、兰托两寨相望，叩横与天柱县冷水寨山场相望，往上边与凸寨土地混杂。

北面从叩林下尧祥至王怒、豪美绞、残亚老、岗圭览、大圭愁、小圭愁、盘把寿与孟寨接界（自尧祥下王怒直至盘把寿，山上半部为孟寨地界，下半部为魁胆地界），从盘把寿往东，在叩沃大坳与三江镇瓮寨村交界，往东南折下至王求标老屋基，沿岀倒溪（从平翁村内流下）左（顺溪）上鹅杀懑（即杀虎坳）、坪老、岭棚、岀把、冲杀、塘洞至平翁寨脚；自圭览溪和残耶溪之间龙尾岭上塘嗷、圭闷，至培力往东折向叩类、洪抗抵叩洪老，与平翁村土地相杂。

土地面积 1996 年，锦屏县国土部门进行全县面积详查时，核定魁胆全村土地面积为 16991 亩。2006 年，县林业部门实施森林资源调查，魁胆村有林地面积测定为

14296.5 亩。因与周边村寨相交杂的面积均未包括在内，故两数据与实际面积存在较大出入。2009 年 4 月，锦屏县政府将魁胆村列为“林改”试点村之一，由黔东南苗族侗族自治州林业局抽调全州各县林业局技术力量协助锦屏县林业部门突击完成，派黎平县林业技术人员入村勘界制图，因经验不足兼时间过紧，未深入边远林地踏察，结果遗漏残耶、塘洞、杀虎坳、盘亚马、皇封溪、坪老、亚荒、冲架、岑苗、高杰、洞碰、岑洪、盘美多、基瓦、格勒、王怒、叩沃等 23 处无权属纠纷山场 5000 多亩未登记。鉴此，魁胆村民委员会于 2012 年 9 月向平秋镇人民政府和锦屏县林业局书面报告反映，请求更正，但无果。

四邻村寨

周边与魁胆村关系较密切的村寨有孟寨、平翁、高岑、晓岸、桥问及更我等。

孟寨村　位于魁胆村西北面，相距约 5 千米。分孟寨、凸寨两个自然寨，两寨相距约 1.5 千米。孟寨，侗语称为“懈孟”，意为“寨子那边”或“寨子背面”；凸（音“bòng”）寨，因古时此处盛产一种侗语称作“bòng”、可充作饥粮的野菜，故得此名。

孟寨系魁胆之子寨。清乾隆八年（1743），魁胆王劳团支王老乔迁至凸寨居住看守和经营山场，后衍成村落。乾隆十七年，魁胆高捧王堂桥支王乔应迁至孟寨居住看守和经营山场，后衍成孟寨。两支王姓迁至凸寨、孟寨后，将周边较平缓之地开垦成农田和旱土，较陡山坡则栽杉木。最初数十年，与母寨魁胆族人共同管理山场，分享山间收益。后母寨魁胆人嫌距离遥远，大多将此一带山场土地以买卖等方式转给两寨人。1952 年土地改革以后，山林土地禁止买卖，以致越过凸、孟两寨与摆洞和更豆等村相杂的叩横、拉勒一带山场仍有部分属魁胆寨所有。

1953 年“民主建政”时，孟、凸两寨从魁胆析出联合成立行政村，各有 2 个村民小组，一、二组在孟寨，三、四组在凸寨。2013 年，撤孟寨行政村，两寨复并入魁胆中心村。2016 年，孟寨有 72 户，321 人；凸寨有 75 户，341 人。有王、龙两个姓氏。其中，王姓有 136 户，龙姓有 11 户。

孟、凸两寨与魁胆村关系历来密切，视魁胆为母寨，称魁胆为“教懈”，侗语意为“我们的寨”。孟寨大多与魁胆高捧等王堂桥支王姓同宗，凸寨王姓大多与魁胆黄甲、冲随王劳团支王姓共族。两村寨之间，非同一宗族者，互结亲戚。因宗族加姻亲，两寨与魁胆之间互视为一村，田地多有交杂，难以畛分。偶有山林土地权属等纠纷，均能自行协商解决。

平翁村 位于魁胆村东偏北部，相隔一岭两溪，遥相对应，距离约5千米。平翁，系开寨老翁居住一坪子而得名。今平翁地为古魁胆款与小江款交界地带，其村境大多为小江新寨、瓮寨等寨所有，清康熙时在此垦山讨食者始聚成稀散小村落。因嫌距离遥远，民国以后小江人渐将山场田地卖给平翁人。民国中期，平翁由小江划归魁胆保管辖。1942年，与高岑等村寨从魁胆保分出，组成九寨乡第四保。1953年单独建立行政村，2013年并入魁胆中心村。

平翁村辖有平翁、培力、岭隆3个自然村。2016年有7个村民小组，239户，998人。有龙、彭、吴、王4姓，以龙姓为多，彭姓次之，其中龙（平翁大寨）、王、吴3姓均与魁胆有渊源关系。

平翁语言及习俗与瓮寨、新寨等小江沿岸村寨相似。该村与魁胆关系历来密切，是最主要的联姻村寨。1990年前后，两个村寨约50%家庭在对方有亲戚。

高岑村 位于魁胆村东偏南面，距离约6千米。辖上高岑、下高岑、破鼎罐、各龙、马号冲、圭开6个自然村，村委会驻上高岑。高岑因地处海拔900米左右的山巅上而得名，侗语意为高山上。“岑”，魁胆人读为“勤”音，不送气。

高岑村所属的高岑、破鼎罐、各龙、马号冲、圭开以及三江镇菜园村所属的三德自然村均为清乾隆时期由魁胆寨分人来守管山场而形成，清代均属魁胆十六甲。1942年，高岑与平翁、破鼎罐、各龙、马号冲、三德从魁胆保分出合编为一保（九寨乡第四保），1953年单独立村，称高岑村。1953年高岑乡建立时，驻于此。1955年，三德划归菜园村。1959年，高岑乡（时称管理区）驻地迁至魁胆。1992年撤魁胆乡后，高岑划归入平秋镇，2014年与晓岸、桥问合成桥问中心村。

2016年，高岑村有7个村民小组，192户，787人。有周、黄、王、龙、陆5姓，周姓人口较多，次为王姓。龙、王、周、黄4姓均从魁胆村迁来，龙姓最早迁入。至今，老年人仍称魁胆为“本寨”或“我们寨”。高岑村各寨的语言和风习均与魁胆相同。

高岑村在东面和南面的皇封冲、岗西腊、盘架列、计热坡一带与魁胆村土地交杂，在洪抗（也写作“红杠”）桥头一带山场存有权属纠纷，2003年曾对簿法庭。

桥问村 位于魁胆村西面，距魁胆寨约4千米。桥问，侗语称“基问”，地处桥问田坝西缘山坳间，南、西两面有高山作屏，东面为田坝，翻西南边山坳下抵三板溪电站水库。桥问旧为平秋属寨，1953年划属魁胆乡，1992年后属平秋镇。

桥问村辖桥问、略威2个自然村，有7个村民小组，178户，758人。住有刘、龙、吴、龚、唐、陆、汤、潘8姓。传说杨、蔡二姓最先居住于此，后不知所往。清雍正时期，吴姓由天柱县远口迁至此时，但见屋基和田间长有合抱大树。

桥问田坝是九寨地区最大的田坝，田坝东半部之田多为魁胆和晓岸村所有，桥问村占坝之西半部。该村西边与平秋、更我两村交界的十二盘、金厂溪、冲格一带盛出黄金，清代即有人开采。1990—2000年出金甚旺，常年聚集数千人淘采。魁胆村有人参与其中，亦沾金利。

旧时魁胆与桥问青年男女互相邀约“玩山”，两寨大部分人在对方有亲戚。两村在高杰一带存在山林土地权属纠纷。

晓岸村 位于魁胆村南部，距离约5.5千米，为魁胆南面屏藩。该村坐落在一条东西走向、海拔约900米的山脊上，是锦屏县海拔较高的行政村。晓岸，侗语称“懈岸”，因盛产麻而得名（“懈”，侗语指村寨；“岸”，侗语指麻苎）。过去，除石桥冲外，所有村寨皆为平秋属寨。1953年划属高岑乡，后属魁胆乡，1992年改属平秋镇，2014年与高岑、桥问合并成桥问中心村。

晓岸村辖晓岸、平岑、大坝、岩有、便冷、石桥冲、镇马7个自然寨，各寨间相隔1~2千米不等。2016年，有8个村民小组，261户，1093人。有刘、赵、龙、王、吴、杨、唐、潘、彭、陆10姓，龙姓人口较多。该村在大他、强纠坡一带有土地与魁胆村相间杂。

晓岸村至今沿袭平秋等上部九寨的风习，与魁胆十六甲村寨稍异。晓岸亦是魁胆村的重要联姻村寨，旧时两村男女青年常以“玩山”形式互相交往和恋爱。

更我村 位于魁胆村西偏北面，与魁胆村隔圭威溪相望，转经平秋公路距离约11千米。辖有更我、盘寨银、莲花脚、螃蟹脚、豪邓、冲敏、扣柱、更豆、拦托9个自然寨。2016年，有9个村民小组，278户，1188人。现有刘、吴、龙、罗、黄、林、杨、曾8姓。吴姓与魁胆有渊源。更我村风习均属平秋体系，过去亦是魁胆重要的联姻村寨，至今大部分人在对方有亲戚关系。

更我村更豆寨在圭威溪右边拉勒坡与魁胆、凸寨土地互相连杂，历史上出现多起权属纠纷，1974年和1988年曾发生群体事件。

小江 位于魁胆村北面，距离约8千米。系瓮寨、新寨、江西街等小江沿岸村寨的总称，因地处小江河畔而得名。小江系古代九寨大款组成寨之一，因距木材贸易市场王寨较近，其民较早从事木材贸易，受木商文化影响较早较深。

古小江在圭览溪下游上至今平翁村地域内与魁胆寨土地连杂。1950年以前，小江各

小江景色（2007 年） 王宗勋 摄

寨（尤其瓮寨）与魁胆关系密切，互相联姻，魁胆人多到圭览溪和平翁寨脚一带佃种小江各寨山场造林。小江各寨旧俗好舞龙，每年正月均到魁胆访问。受其影响，魁胆亦有舞龙之风，常到小江回访。

其他村寨 除上述邻寨，魁胆还与平秋、菜园等部分不邻边村寨有特殊关系。

平秋村 在魁胆西面 7.5 千米，系古九寨之中心。清代后期，平秋设场市，成为九寨地区经济中心。民国中期后，平秋成为九寨之行政中心。然魁胆因距王寨等清水江木材贸易市场较近，多到王寨、小江从事商贸活动，对平秋依赖不大。

旧时，称位于上半部的平秋、石引、黄门、瑶白、高坝、皮所为“上九寨”，位于下部的魁胆、瓮寨、王寨为“下九寨”。上下九寨之间的风俗习惯和语言稍有不同，平秋等上九寨俗好斗牛，每年六月尝新、九月重阳节均要举行斗牛活动（称“安瓦”），而魁胆、小江等下九寨则对斗牛较平淡。相传古时，平秋寨派人挑牛腿肉、吹芦笙将下一轮“吃牯脏”[①]的信物送交魁胆。当队伍来到桥问田坝中间时，牛腿肉突然消失（一说牛肉发臭生蛆，遂丢在田边，该田至今仍称“牛腿田”），人们只吹芦笙送到魁胆。此后，下九寨魁胆、小江、王寨三寨遂不参与“吃牯脏”。过尝新等节只组织跳舞吹笙，不举行斗牛。魁胆与平秋亦有联姻关系。

菜园村　位于魁胆村东南部，清水江北岸，距县城 9 千米，距魁胆村约 12 千米。在卦治为“江铺”（木材贸易市场）时，此处人多开园种蔬菜供应卦治木行，因而得名。下辖有菜园、上料、下料、大圭料、小圭料、便团、三德等 14 个自然寨。村民有王、龙、周、刘、陈、孙等 16 姓，多为侗族。三德毗邻高岑村，原为魁胆十六甲属寨，1955 年从高岑村划归菜园村。下料的龙姓，三德的王、周两姓均与魁胆有渊源。龙姓迁自明朝洪武初年，先是到破鼎罐，后再迁于此；王姓与魁胆冲随一支和各龙王姓同族，周姓则与破鼎罐周姓共宗，均系清代中期从魁胆迁来。1955 年以前，三德与魁胆关系较密切。自划归卦治后，渐疏远。至今除每年清明的宗族活动外，几无往来。

圭皎　圭皎为平略镇高朗村之自然寨，位于清水江北岸。2016 年有 50 余户，有龙、黄、周等姓居住，龙姓有 31 户。龙姓人每年农历十月初一过“小年”。届时，家家购“年货”、打糍粑、杀鸡。吃“年饭”时，全家老少披蓑衣、戴斗笠，身边摆锄头、镰刀等农具，蹲着吃饭喝酒，所煮蔬菜不掐根。龙姓先祖始在魁胆居住，明代初期因纠纷被魁胆人驱逐，逃至现高岑村破鼎罐地方，亦为对方不容。四兄弟遂提前于十月初一“过年”，然后从破鼎罐分开迁徙，其中有一人迁至圭皎定居。

除上述村寨外，魁胆历史上还在凸寨寨脚叩横（凸寨称“干圭横”）、岑美凉、岑美能、撮箕坡一带与天柱县石洞镇摆洞、冷水等村存在山林土地权属纠纷。此一带山场古时属魁胆款和十六甲公山，因距离较远，经管较疏，逐渐为附近天柱县属村寨人垦占。

---

① 吃牯脏，古代九寨大款的会盟活动。每年举行一次，款内各大村寨轮流做东，各寨均组织民众和斗牛参加。先是举行 3 天的斗牛，然后将参与打斗的牛全部宰杀，以牛的心脏祭祀祖先。活动结束后，主办村寨将一副水牯牛角作信物，挑两腿牛肉，吹奏芦笙送到下年主办的村寨。因每举办“吃牯脏”活动均要宰杀大批耕牛，造成民众沉重负担。民国中期，县政府明令禁止。

◉ 地名考释

村寨地名 魁胆，魁胆及周边孟寨、平翁、高岑、桥问等村称“坂览”（侗文“banx lanx”），小江等村寨称为“普览”（侗文“bux lanx”），平秋等上九寨称为“扁”；清代乾隆以后的文献根据侗语谐音，写为“卑胆”或“鄙胆”。

“坂览”和“扁”，均因魁胆寨开基者所居住地之形态而得。开寨的周姓人居住在周家坡南侧陡坡上，魁胆侗语形容较陡的坡为“坂”，较缓而下的坡为“览”，“坂览”一名因此而得。

“扁”，古侗语对“田坝”之称谓，系因居住在田坝边而得。

“魁胆”一名系从“卑胆”或“鄙胆”的谐音而来。清雍正时期，魁胆人掌握一定汉文化后，认为“卑胆”或“鄙胆”均带有贬义，遂因顺其音，改成“魁胆”。“魁胆”一名在乾隆时期产生的契约等文书中已大量使用，但“卑胆”或“鄙胆”亦在使用。因嫌“魁”字笔画多，有人也以先前的“鄙胆”而简写成“丕胆”；又因魁胆人读“魁”字不送气，故往往被外人误写成“圭胆”或“归胆”。

居住团地名

2016 年，魁胆村内有 23 个相对独立的居住团，其地名大多为侗语。

高步 侗文为“gaos boul”，在魁胆寨东边，因所在一山垴上而得名。“高”，侗语意为“上头”“顶端”；“步”（读“bòu”音），侗语指山垴。传说开寨的周姓人先在此处居住。

高叩 侗文为“gaos euk”，在魁胆寨东偏北边，为一山坳，坳北面为一大斜坡。坳顶缘存有一排开寨先人栽植用以篱护村寨的米粟、枫香等古树，古树里侧曾有一眼半亩左右深水塘，1973 年村人将之填平开成农田。

高捧 侗文为“gaos bongt”，在魁胆寨东北面，为一面南的山坡。此处明代即有人居住。“捧”（读音不送气），侗语指凸起的山垴。

毫邓 侗文为“haop daeml”，在魁胆寨东北角，高捧之后，益祥坳南边，因旧时开有数眼蓄水塘而得名。“邓”，侗语指寨间蓄水塘，其用途一是养鱼，二是蓄水防火。

坂步柱 侗文为“bant boul xul”，意为周姓人居住的陡坡，在魁胆寨北边，周家坡南侧。“坂”，侗语意指陡坡；“柱”，侗文读“xul”，指“周”字。

故亚 侗文为“oul yav”，在高捧坡下半部，下边即是田坝，故得名。“故”，侗语意为上边；“亚”，侗语指水田。

登冲 侗文为“dens xongp”，在魁胆寨东面，因位于冲头而得名。“登”，魁胆侗语多指山冲的“上部”或“冲头”。

冲随 侗文为“xongp seic”，村人也谐音写作“仲才”，在寨东部、登冲下边，明代即有人居住。传说远古时村里有停棺待葬习俗，此处即为寨民停置棺椁之处。“随”，古侗语指“棺材”。

黄甲 侗文为“wangt ac”，在魁胆寨东南边，与登冲隔一小岭。因黄姓人在此居住而得名。因魁胆夹侗汉语读“黄”字为“王”音，故也写为“王甲”。

步岑 侗文为“boul jinc”，在魁胆寨南偏东面，与黄甲隔一小田冲。因初时为一开垦为旱土的山包而得名。“岑”，有两意，一为开垦多年的坡地旱土，一为山坡或高山，此处指旱土坡。

嗷便 侗文为“aox bianv”，在魁胆寨中部、田坝边，侗语意为“田坝中间”。此处清代始有人居住。

盘我 侗文为“banc ngogx”，在魁胆寨北偏西角，周家坡下边，靠近四塘居。“盘”，侗语指有路横过之山坡；“我”，侗语指数字“五”。“盘我”，因最初时有五兄弟居住而得名。

侗寨人家（2014 年） 王宗勋 摄

岑滥 侗文为“jins lanl”，在魁胆南边。“滥”，侗语意为对面，如对面山、对面冲等。“岑滥”，意为对面山坡。其坡头为魁胆寨主要公共坟山。清代有人居住在靠近田坝的坡脚，1980 年以后上半部（坟山脚）逐渐有人居住。

登洞 侗文为“dens dongt”，在魁胆寨南面，因位于田坝（上坝）上边有一山崖而得名。“洞”，侗语指山崖。此处 1976 年以后始有人居住。

高苑 侗文为“gaos lianv”，在魁胆寨南偏东面，距寨中心约 1 千米，因在上田坝上头而得名。此处为一坡榜梯田，周边地势较破碎陡峭，20 世纪 70 年代后黄甲有数户移居此地，成为居住团。“苑”，侗语意为田坝。

郎路 侗文为“langt lut”，在魁胆寨西北边坡冲，与魁胆小学校间隔田坝，因旧时有豺狼活动而得名。20 世纪 80 年代始有人居住。

墓老 侗文为“mot laox”，在魁胆寨西北面，周家坡西面外边，因此处有魁胆开寨先祖坟墓而得名。古时称“凤尾坡”，明代龙姓人曾在此居住。清初龙姓人迁进寨后，此处即成荒墟，1980 年前后复有人居住。

希耀 侗文为“xis yaok”，在魁胆寨西北边，中田坝坝脚，为一山垴，魁胆小学校即建在山垴上。

盘岑懑 侗文为“banc jinc maemx”，在魁胆寨西面，意为有老虎活动的盘坡。“懑”，侗语指老虎。20 世纪 80 年代中期始有人居住。

毫老 侗文为“haop laox”，在魁胆寨西边，距离寨中心约 700 米，因处在一大冲边而得名。此冲脚 20 世纪 80 年代中期始有人居住。“毫老”，侗语意为大冲。

喇叭口 在魁胆寨正西面，因地形里小外大，状若喇叭而得名。其西边为略利（侗语称“lioc lil”，旧时写作“琉璃”）坡，系魁胆、孟寨两寨的主要公共坟山。1980 年以前，此坡脚为焚化“凶死”（即非正常死亡）人之处。1983 年自此处接修公路通孟寨村，随后有村民迁至略利坡上居住，形成聚落。

便大 侗文为“eenl dav”，在魁胆寨西南边 2 千米处，锦彦公路从此经过。“便大”，系魁胆侗语“按大”之谐音写成。“按大”，魁胆侗语有两意，一为“寨子的隔壁”；二为原有一丘大田，破分为三块，中间一块称为“按大”。民国中期始有村人从魁胆大寨迁居此处，2016 年有 34 户。

水库 侗文为“suix gul”，在魁胆寨东边 2 千米处，1976 年在此修建水库后得名。魁胆东面进村公路由此接入，系魁胆村东大门。1979 年王佑求率众在此建林场，1985

年县林业部门在此建木材检查站。2000 年以后，有村人在此建工棚、厂房和居屋，进而形成聚落。

山场地名

魁胆村山场地名基本为侗语，其名称来源，或因其形势，或因有特殊物，或发生重大事件而得。按东—南—西—北顺序，全村 100 处主要山场地名列释于下：

叩洪老 侗文为“euk hongc laox”，在魁胆寨东面 3.5 千米处，为一大山坳，锦彦公路从坳上通过，旧时开有一条大槽道，供魁胆、平翁、高岑村人从坳头往下边皇封溪溜放木材然后运至小江边，故得名。“叩”，侗语指山坳；“洪”，也称洪路，锦屏地区专指从山上往下溜放木材的槽道。“洪老”，意为大槽道。因从此坳往东下皇封溪半冲为皇封村地界，往北上坡为平翁村域，往南上坡为高岑村地，往西则是魁胆村，故平翁、高岑等村又名其为“鹅拉镇”（侗语意为“分村坳”）。今魁胆村仍有数百亩林地在坳下皇封溪两边。

圭喜虐 侗文为“guis xip ngoc”，在叩洪老下皇封溪半冲左边（下冲方向）、锦彦公路下边，在一小溪两侧，与平翁村土地相杂。因此处多蜘蛛，故得名。“喜虐”，侗语指蜘蛛。

岑美瑶 侗文为“jinc meix yaop”，在皇封溪半冲右边，靠高岑。因岭上多枫树而得名。“美瑶”，侗语指枫香树。

豪邓夺 侗文为“haop dinl doc”，在皇封溪右，岑美瑶下边，与皇封、高岑村山场混杂。因地形如牛蹄，故名。“邓”，侗语意为脚；“夺”，侗语指牛。

洪抗 也写作“红杠”，侗文为“hongc angv”，在魁胆寨东面约 3 千米处，往东为叩洪老，因地势高凸挡风，溜放木材的槽道经常结冰而得名。“抗”，侗语意为冰凌。此处土地与平翁、高岑村相掺杂。

长冲 侗文为“sangp xongk”，在洪抗及锦彦公路南侧，为一狭长田冲，故名。旧时此田冲为魁胆所有，民国时期多卖给平翁村。

盘亚马 侗文为“banc yav max”，在魁胆寨东边约 3 千米处，叩洪老沿老路往魁胆方向约 1 千米，因有一丘大田而得名。旧时为魁胆往王寨之必经路。“亚”，侗语指农田；“马”，侗语意为大。“亚马”，侗语指大田。

平云 侗文为“bingc linc”，在魁胆寨东面约 2.5 千米处，系洪抗、盘亚马、平笨一带山场之顶部，因顶部平旷而得名。1976 年，王佑求率队在此办林场。

平笨 侗文为“bingc benl”，在平云下边、培力上部，为一大片缓坡，因原多毛竹而得名。1958 年，魁胆大队组织社员在此大量开垦农田和旱土。“笨”，侗语指竹子。

培力 侗文为“biis lic”，在魁胆寨东边约 1.8 千米处，在平笨下边，为一大山场，面向平翁一面为数十亩梯田。此片农田过去为魁胆所有，民国中期因受火灾而多卖给平翁村。1977 年平翁村岑美班发生火灾，有几户彭姓人家迁至此居住，形成村落。

叩类 侗文为“euk leil”，在魁胆寨东偏北方约 2.5 千米处，下边为残耶溪，溪对面上坡即为平翁村岑美班。此处系一山坳，因过去多猴子而得名。此处魁胆、平翁两村山场田土互相错杂。“类”，侗语指猴子。

圭勇 侗文为“guis yongt”，指从水库流下的小溪，泛指圭勇溪两边的山场。“圭”，侗语指溪；“勇”，指水流湍急。

水库 侗文为“suix gul”，在魁胆寨东面 2 千米处。此处指水库周边山场。

叩架轮 侗文为“euk av lenc”，在魁胆寨东面 1.5 千米处，为一小山坳，在水库与他送之间。因村人架引水木槽从坳上越过而得名。“架”，侗语意为架设；“轮”，侗语指引水灌溉用之木槽。

岑油 侗文为“jinc yuc”，在魁胆寨东面 1.3 千米处，为一山坡，翻山往东南即是水库。因此山场旧时栽植油茶林而得名。“岑”，侗语指山坡；“油”，侗语指油茶林或茶油。

他送 侗文为“das songv”，在魁胆寨东 1 千米一带公路上下，为一片梯田。因旧时栽有一片棕树而得名。

岑亚 侗文为“jinc yak”，在魁胆寨正东面，为一山坡。因先时村人在此坡上挖蕨根，整个山坡远看呈现一片红色而得名。民国前期，村人在坡顶埋有数口盛满水的水缸，以防村寨发生火灾。诸水缸保留至今。“亚”，侗语指红色。

盘磨恩 侗文为“banc mot ons”，在魁胆寨东边约 500 米处，公路下边。因民国时期多在此埋葬夭折的孩子而得名。旧时走平翁、王寨之大路从此经过。“磨”，侗语指坟墓；“恩”，侗语意为小孩。

岑迷 也写作岑妹，侗文为“jinc miit”，为一长陡山坡，在盘磨恩下边直至圭勇溪。因路两旁常有一种侗语称“基迷”（体形较麻雀稍小，结群活动）的鸟群在活动，故得名。

近熟林（2017 年）　　王宗勋　摄

捧格　侗文为“bongt gex”，在魁胆寨东偏北约 1 千米处，盘磨恩下边，往下即圭勇溪。为一凸出山梁，因旧时有人在此路边大便，遂得名。“格”，侗语指粪便。

亚荒　侗文为“yav wangp”，在魁胆寨南面约 800 米，铜锣坡之后。因曾有一丘大田荒芜而得名。此一带山场和农田间杂。“荒”，侗语意为荒芜。

过斜　侗文为“jogv xiec”，在魁胆寨南偏东面，距寨中心约 1 千米，地势较高。因此处曾多野茶而得名。此处有一小冲农田，魁胆寨间水溪即从此发源。“过”，侗语意为角落；“斜”，侗语指茶叶或油茶。

盘罗盖　侗文为“banc logt aiv”，在魁胆寨东南边约 1.5 千米处，需从亚荒经过。因旧时有人在此安放媒笼引诱野鸡而得名。“罗盖”，侗语指鸡笼。

岑榜　侗文为“jinc bangp”，在魁胆寨南面约 1.5 千米处。此处地势高耸，系魁胆寨后龙山。“岑榜”，侗语意为高山。“榜”，侗语意为高。

岑娃艾　侗文为“jinc wap ail”，在魁胆寨南边约 2 千米处，为一大山岭。旧时去往高岑村的道路从此经过，因此段道路是用卵石镶成的花街路而得名。

亚孟　侗文为“yav mangv”，在魁胆寨南边约 2.5 千米处，为一大片山场，间有数冲水田，其西边邻便大自然寨。“亚孟”，侗语意为寨子那边的田。

圭杀卖　侗文为“guis sat meel”，在魁胆寨南边 2.5 千米处，便大往东约 400 米，为一小溪冲，锦彦公路从此穿过。旧时曾有人在此猎杀野猪而得名。“卖”，是侗语对野猪的另一称谓。

赞勇　侗文为“sant yongp”，在魁胆寨南面 2.5 千米处，为一狭长田冲，两侧山坡高陡，锦彦公路沿冲穿过。

西腊　侗文为“xis lac”，在魁胆寨东南边 2.8 千米处，为一山岭，锦彦公路南边，与水库一带相连，其南边毗高岑村地界。

盘架列　侗文为“banc av lies”，在魁胆寨南面约 3 千米处，锦彦公路南侧，为一大山岭，魁胆与邻村高岑在此山顶以水倒茅流分界。因旧时在此猎狩野羊而得名。“架”，侗语指安设弩等狩猎工具；“列”，侗语泛指羊，此处指野羊。

岑苗　侗文为“jinc miiul”，在魁胆寨南边约 3 千米处，在便大自然寨东边约 1 千米处，为一大山坡。因有苗族人曾在山间居住而得名。苗，音读为“谬”，是侗家人对苗家人的称谓。在通公路前，平秋等上九寨至县城必由此坡经过。此段坡路长约 1.5 千米，民国时期修整成花街路。

岑计热　今地图标为“尖山”，侗文为“jinc jiv reep”，在魁胆村南面，距魁胆寨约 4 千米。为一座高凸山峰，山顶海拔 1008 米，为平秋镇最高峰。“计热”，侗语意为最高点。

冷洗饶　侗文为“neemx xugxs raot”，在岑计热往西约 1.5 千米处。因几条溪冲在此处汇集而得名。

闷钱　侗文为“menv sinc”，在计热坡往西北约 1.6 千米处。此处有一泉井，因有人在此井中丢铜钱而得名。

大他　侗文为“dav das”，指岑计热往西和北边里许的大片山场。旧时为魁胆十六甲公山，是一片人迹罕至、森林茂密的大山，故得名。“大”，侗语意为中部；“他”，侗语意为深山老林。

圭翠　侗文为“guis seik”，在计热坡西边约 1.5 千米处，为一溪冲。因此处多实竹而得名。“翠”，侗语指实竹。

叩岿　侗文为“euk bial”，在魁胆寨南面，大他西边，与晓岸村地界相杂。此处为一山坳，坳上有崖壁，故名。“叩岿”，侗语指崖壁坳。

岑大他 侗文为“jinc dagv das”，在魁胆寨南面 2.5 千米处，由便大自然寨南边公路沿此坡路上往大他和晓岸村平岑寨。因此路通往大他山场，故得名。

岑强纠 侗文为“jinc jangc jius”，在魁胆寨西偏南约 2.5 千米处，在便大西南边，桥问田坝东端，为一大山坡，魁胆从此坡可上晓岸。旧时此坡多属魁胆寨所有，民国时期有部分卖给晓岸村。

步绪 侗文为“boul xeik”，在魁胆寨正西面，距寨中心约 1 千米，几座山峰高矮排列，形如笔架。此山旧时曾发生权属纠纷，引发官司，故名。“绪”，魁胆侗语指官司之意。

极壬 侗文为“jit rent”，在魁胆西偏南方，距魁胆寨约 1 千米，为一大片山场，面积上千亩，间有数条小田冲。

盘老雄 侗文为“banc laox xongc”，在魁胆寨西偏南 1.5 千米处，极壬西北边，魁胆至便大公路上下一带山场。

坪老 侗文为“pingc laox”，在魁胆寨西南约 2 千米处，极壬山场南面。因山顶部地势较平坦，故名。

圭横 侗文为“guis weengc”，有一小溪从极壬田冲流经盘老雄下至高杰岭脚汇入圭威溪，因呈横向流去，故得此名。此处指圭横溪两边山场。“weengc”，侗语意为横向。因找不出与“weengc”同音的汉字，故直接写成汉字“横”。

莫借 侗文为“mot jeiv”，在魁胆寨西南面约 1.7 千米处，便大自然寨北面屋背。因有一座坍塌的坟墓而得名。“莫”，侗语指坟墓；“借”，侗语意为坍塌。

卬念 侗文为“euk nyamv”，在魁胆寨西偏南 2.5 千米处，距便大约 400 米。旧时为一狭窄拐弯山坳，多树木，人上此坳即隐入树林中，故得名。“念”，侗语意为某物因隐藏或遮挡而不见。

寨荒 侗文为“xait wangp”，在魁胆寨西面约 2.8 千米处，便大自然寨西约 800 米处，毗邻桥问村山场。此处旧时为魁胆十六甲公山，清代中期曾有人居住，形成村落，后居住者他迁，此处遂成荒墟，故而得名。

洞碰 侗文为“dongt bongl”，在便大沿溪下约 800 米处，往下边即高杰山场，西边与桥问地界相接交杂。因溪边有一座势欲倾倒的悬崖，故得名。“洞”，侗语指悬崖；“碰”，侗语意为倾倒、倒塌。

高杰 侗文为“gaos jiec”，在魁胆寨西面，距魁胆寨约 3 千米，距便大约 1 千米，包括从便大流下溪水两边的山场。溪西面与桥问村土地接壤，有权属纠纷。1973 年，魁胆大队在此溪间修建水电站。

问王 侗文为“wedt wangc”，在魁胆寨西面约 1 千米处，为一片山场，间有少量农田。传说古时此处埋有一座坟，其后人造反称“王”，故得名。清时高步王姓一支曾在此间居住，民国时迁回寨里，今仍可见房屋地基遗迹。

岴王 侗文为“bial wangc”，在魁胆寨西偏北面约 2.5 千米处，下边为圭威溪，对面为更我村地界。因有一座高大悬崖而得名。旧时，魁胆男（女）青年在此山场劳作时，常与在对面山场上劳作的更我寨女（男）青年人远距离斗歌。“王”，侗语意指至高至大者。

基瓦 侗文为“jis wax”，在魁胆寨西北面 1.5 千米处，南与问王、西北与拉西交界，为一大片山场，间有部分农田。“基瓦”，侗语意为傻子住的地方。“瓦”，侗语意为傻。

岭大 侗文为“lieengx dav”，在魁胆寨西北边约 1.5 千米处，在盘亚耶之上，与基瓦相邻。因处在山岭中部而得名。

拉西 侗文为“lav sip”，在魁胆寨西北约 2 千米处，为一大片山场。因先时有两人在此将一件蓑衣破分以避雨，故得名。1964 年，王佑求等在此创办全省首个大队集体林场，因而闻名遐迩。“拉”，侗语指破分；“西”，侗语指蓑衣。

岗西腊 侗文为“gangt xis lat”，在魁胆寨西北约 2 千米处，拉西坡西面。

盘美多 侗文为“banc meix duos”，在魁胆寨西北面约 3 千米处，毗邻拉西山场。因旧时有一株巨大的花树而得名。“美”，侗语指树；“多”，侗语指花朵。

吔林 侗文为“euk linc”，在魁胆西北面约 3 千米处，为一山坳，魁胆至孟寨公路从坳上横穿而过。山坳两侧，魁胆与孟寨山林相互混杂。

雄谢 侗文为“xiongp xiex”，在魁胆寨北偏西约 2.5 千米处，为拉西山场北边一山冲，沿山冲往下即到按祥溪口。此处魁胆与孟寨山场杂混。“雄谢”，侗语意为岔冲。“雄”，侗语指山冲；“谢”，侗语意为分岔。

岜马 侗文为“biak bax”，在魁胆寨西北边约 2 千米处，为一大斜坡，坡脚即圭威溪，对面为更我村地界。“岜”，侗语指较陡的斜坡；“马”，侗语意为大。

岑洪 侗文为“jinc hongc”，在魁胆寨西北、拉西靠圭威溪一面，为一长陡山梁。旧时从山顶开有一条直通圭威溪的洪道下运拉西山场木材，故名。

岑更 侗文为“jinc gaeml”，也在拉西靠圭威溪一面，与岑洪隔一条山冲。因山梁笔直，如舂米的碓杆而得名。“更”，侗语指舂米碓。

盘杀卖 侗文为“banc sat meel”，在岑更往凸寨方向里许，为一大陡坡，下面即圭威溪。因过去有人在此猎杀野猪而得名。

老甲 侗文为“laox gac”，在魁胆寨西北面约 4 千米处，距凸寨约 1 千米处，往下即为圭威溪。因路边有一株巨大的映山红而得名。“甲”，侗语读“gá ”音，指映山红。

他耀 侗文为“das yaot”，也称“他瑶”，在老甲北边里许，下边为圭威溪，山顶即孟寨山场，溪对面为更豆寨。

拉勒 侗文为“las leel”，在魁胆寨西北约 5.5 千米处，东边为他耀，下面为圭威溪，溪对面为更豆寨，下半部与更豆山场毗邻，曾出现权属纠纷。

叩横 侗文为“euk weengc”，在魁胆寨西北约 6.5 千米处，凸寨左下边里许，为一陡坡。坐山为向，坡上部为凸寨山场，左边为拉勒山场，右边小溪对面即为天柱县冷水寨山场。下边小溪呈横向往西流入圭威溪，因时常无水，凸寨人称之“干横溪”。1971 年，王佑求率拉西林场场员在此山上小坳间结棚建林场，故名叩横。

抱欧娃 侗文为“boul ouv wak”，在魁胆寨北面约 2 千米处，与寨后益祥坳隔圭勇溪相对应，培力坳沿山梁下约 500 米。因有乞丐迷路至此，故得名。欧娃，侗语指乞丐。

塘洞 侗文为“dangc dongl”，在魁胆寨正北边，从培力坳往下约 1.5 千米处，北面即为残耶溪，与平翁村土地相杂。因多猕猴桃而得名。

圭闷 侗文为“guis menv”，在魁胆寨北面、圭勇溪和残耶溪之间山岭中部，面向平翁一侧，与塘洞相邻。因山间有一小溪，溪边有泉井而得名。“闷”，侗语指水井。

塘嗷 侗文为“dangc aos”，在魁胆寨北面约 3.5 千米，圭勇溪和残耶溪中间山岭中部，靠平翁一侧，与圭闷相邻。清代后期，因村人在此种桑养蚕而得名。“嗷”，侗语亦指蚕虫。

岑残耶 旧契约文书中常写作“赞衰”“占孩”等，侗文为“jinc sant yais”，在圭闷、塘嗷一带山岭北边，距魁胆寨约 4 千米，为残耶溪中段。因残耶在其下为一长滩而得名。此一带旧时为魁胆重要山场，民国中期有部分卖给平翁村，呈插花地。“残”，侗语指溪（河）滩；“耶”，侗语意为长。

雄杀 侗文为“xiongp sat”，在残耶溪中下部靠平翁一侧，为一山冲。因旧时在此发生斗殴杀人事件，故得名。在残耶溪北面，平翁 1976 年新开大田下边。此一带山场魁胆与平翁混杂。

鹅杀懑 侗文为“oc sat maemx”，可直译为“杀虎坳”，在魁胆寨北面约 5 千米处，残耶溪中下段，距平翁寨约 1.5 千米，为一大山坳。因过去有人在坳上猎杀老虎而得名。

魁胆与平翁在此有土地相杂。“鹅”，侗语意为颈状山坳。

凸倒 侗文为“bial daox”，在残耶溪北边，东距平翁村约 2.5 千米，南距魁胆寨约 5 千米。平翁村内小溪流至此汇入圭览溪，溪口靠小江一侧有一势欲倾倒的崖壁，故而得名。

赞龙 侗文为“sadv liongc”，意为龙尾巴，村人多书写为“龙尾”，在魁胆寨北面约 5 千米处。因圭览溪和残耶溪在此处交汇，中间山岭呈龙尾状，故得名。“赞”，侗语指尾巴。1965 年魁胆大队在此坡脚溪边创办林业学校。

圭愁 侗文为“guis souc”，在魁胆北面 5.5 千米处，圭览溪下游，因多水竹而得名。因此处有两条溪水从孟寨流下，一大一小，故又有大圭愁和小圭愁之分，两溪相距里许。此处上边属孟寨地界。“愁”，古侗语指水竹。

盘把寿 侗文为“banc bac xul”，村人常写为“盘八寿”，距魁胆寨约 6.5 千米，在圭愁下边，往下不远即为圭览溪汇入小江之口。此处上边属孟寨地界，溪东面为瓮寨山场，为魁胆村在圭览溪管辖最下边和外边地界，故得名。“把寿”，侗语意为溪或冲的最下边和外边。

叩沃 侗文为“euk yoc”，在魁胆寨北面约 5.5 千米处，赞龙岭往北边约 700 米处，为一大山坳。魁胆与瓮寨在此交界，山坳南面为魁胆，北面为瓮寨，东面往上为平翁。魁胆与瓮寨有山林在此交杂。因此坳地形如动物之颈部，侗语称为“ó”音，因找不出与“ó”相近之汉字，遂谐音写成今名。

魁胆林业学校遗址一带山场（2017 年）　　王宗勋　摄

岭言 侗文为“lims yanc”，在魁胆寨正北益祥坳、高叩外下边，为一视野开阔的大斜坡，远处即为平翁村，往下即圭勇溪。古时，龙姓人在坡上部居住。“岭言”，侗语意为寨子或屋背面。

平美雅 侗文为“bingc meix yax”，在魁胆寨北边，周家坡北面。因曾长有一种有毒的树而得名。“美”，侗语意为树木；“雅”，侗语意为有毒或恶劣。“平美雅”，可译为毒树坪。

墓形龙 侗文为“mot xinc liongc”，在魁胆寨北边，周家坡北边一条小山岭。传说古时埋在此处一座坟，其尸身化成龙飞走，故得名。

嗷邓 侗文为“haop daeml”，在魁胆寨北面约 800 米处，系一小田冲。因旧时开有一蓄水塘而得名。

他厄 侗文为“das ees”，意为松槁山，在魁胆寨北靠西约 800 米处。此山旧时多松树，村人常在此劈采松槁用作照明，故得名。“厄”，侗语指用以照明的松槁。

者平耶 侗文为“seep pingc yais”，在魁胆寨北面约 900 米，与“他厄”隔一条冲。因山顶为一长坪而名。“者”，侗语意为山顶；“平”，即坪子；“耶”，即长。

毫岜赖 侗文为“haop bial laiv”，在他厄和者平耶下边，下边为圭勇溪。因旧时多野猪而得名。“毫”，侗语意为山冲；“岜”，侗语意为大斜坡；“赖”，侗语指野猪。

亚闹 侗文为“yav naov”，在魁胆寨北面偏西约 1 千米处。因有一丘田常有竹鼠活动而得名。“闹”，侗语指竹鼠。

岑赞 侗文为“jinc sadv”，在魁胆寨北面偏西约 1 千米处，为下圭览溪的坡头。因下坡的山路又直又长，如一根线，故得名。“赞”，侗语意为纱线。

董形 侗文为“dongp xinc”，旧文献也写成“通成”，在岑赞下边，下边即圭勇溪，为一片陡山场，上部间有数亩梯田。

美旮 侗文为“meix gap”，在魁胆寨从岑赞下圭览溪坡路的中段，路上边为一悬崖峭壁，旧时上下皆为原始猴栗林，遮天蔽日。人们从圭览溪上来，均在此处歇气补力。树下置有木、石坐凳。“旮”，侗语对猴栗的称谓，亦指耳朵。

按颇 侗文为“aml bop”，在魁胆寨北面偏西约 1.5 千米处，为一山岭。因古时先人在此山头埋置水缸，故名。1974 年，有村人在此山上拾到海贝化石。

按祥 侗文为“aml xangc”，旧契约等文献写作“干长”，在按颇岭下边至按祥溪。魁胆寨间溪水跌下格勒洞后即为按祥溪。此处山高涧窄，两边皆悬崖峭壁，旧时森林茂密，阴险可怖，人迹罕至。

王怒 侗文为“wangl niut”，在按祥溪与圭勇溪交汇处西北面的大山坡上，其上半部为孟寨山场。

豪美绞 侗文为“haop mei jiaot”，在圭览溪半溪靠孟寨一边，与王怒山场相连，为一陡山冲，上半部为孟寨山场。旧时因山界限不明，常有林木错杂现象，故得名。“豪美绞”，侗语意为错杂林木的山冲。“绞”，侗语意为错。

盘垦妹 侗文为“banc genp meik”，多写为“盘新路”，在圭寨溪与圭勇溪交汇处北面沿溪右岸下至赞龙一带。清乾隆后期，魁胆人从两溪口沿溪右岸新修道路至赞龙坡脚与瓮寨村修上来的新路相接，故得名。

腰祥 侗文为“yaot xangc”，意为长冲。在魁胆寨北偏西面约2.5千米，下圭览溪坡脚往西上山冲，与按祥溪相邻。因魁胆旧汉语读“长”字为“祥”音，故多写为“腰长”。

岑按马 侗文为“jinc anl max”，意为马鞍岭，在魁胆寨北偏西面约2.5千米处。因山岭形状如马鞍，故得名。

格勒 侗文为“ees leec”，在魁胆寨西北边约1.5千米处，为一片山场，间有零星水田。其外侧有一高崖洞，旧时在此处决严重违犯款规款约者。

盘亚耶 侗文为“banc yav yais”，在魁胆寨北偏西面约1.2千米处，往下即为格勒山场。因此处有一丘长田而得名。“亚耶”，侗语意为长田。

冲敏 侗文为“xiongp mins”，在魁胆寨西偏北，魁胆小学校侧对面，为一山冲。因旧时有箭猪在此活动而得名。“敏”，侗语指箭猪。

念得垄 侗语称“nyeemv des longt”，在魁胆寨西北，寨脚下坝水口一带。因过去常有穿山甲活动而得名。“垄”，侗语指穿山甲。

◉ 族姓族源

根据魁胆、高岑等村民间口碑及文献稽考，魁胆寨由周姓开寨，其时间大致在元代前期，至今约700年。稍后，杨姓入居。元代中期，龙姓由湖南迁入魁胆。明代中后期，有4支王姓先后迁入，并逐渐繁衍成大姓。明、清两代，魁胆曾有周、杨、龙、王、黄、吴、杨、刘、潘、邹、彭、万、涂等姓氏居住。

清乾隆以后，随着木材贸易的发展和移民的大量涌入，今锦屏等清水江下游地区社会结构发生较大变化。尤其咸丰初年至光绪初年的20年间，清水江流域爆发战乱，社会动荡。光绪以后至清末，战乱虽平，然社会秩序依然混乱。乾隆至清末的百余年间，魁胆族姓构成发生较大变化：有部分族姓为守护山场土地或避兵祸，迁往周边深山居住；部分人口单薄小姓为寻求保护，主动依从王姓；有部分则远徙他乡。至光绪后期，魁胆的族姓构架基本建成。魁胆族姓的构建过程系社会发展所致，不乏顺应时势、与时俱进之举，然魁胆人却讳莫如深，极少提及。嘉庆二十一年（1816），村人王正学在其所撰的族谱序中含蓄涉及：

> 传曰："欲治其国者，先齐其家。"又曰："家齐而后国治"，齐家之重由来久矣。故凡在国之良吏忠臣者，无非在家孝子悌弟也。《周礼·大宗伯》教民敦本睦族，《小宗伯》别亲疏辨昭穆，而家谱因是立焉。所以，天潢洌烈，始终原无混乱；玉牒昭昭，先后历有品评。苟家乘之不修，则子振振子，姓各忘所自，前不知何属，后莫识何来。愈繁愈乱，愈远愈淆，而伦理何所恃以正？恩义何所恃以笃耶？但世降风微，人鲜古处。或权位并赫，或意气相孚。轻联族谱，叔伯兄弟之称皆以人为而非天定，甚者贿赂是贪，璧马是赠。故汉祖刘累，唐宗老聃，相与攀援附会。目前自愧违心，久后定生嫌疑，何以信之以传后哉。

清光绪后期至民国中期，锦屏地区宗族文化兴起，建宗祠、纂族谱、置族产成为风

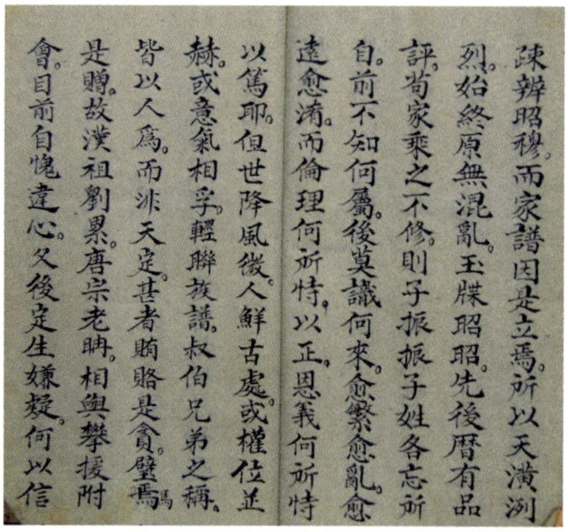
疎辨昭穆。而家譜因是立焉。所以天潢洌
烈。始終原無混亂。玉牒昭昭。先後曆有品
評。苟家乘之不修。則子振振子姓各忘所
自。前不知何屬。後莫識何來。愈繁愈亂。愈
遠愈淆。而倫理何所恃。以正。恩義何所恃
以篤耶。但世降風微。人鮮古處。或權位並
赫。或意氣相孚。輕聯族譜。叔伯兄弟之稱。
皆以人爲。而非天定。甚者賄賂是貪。璧馬
是贈。故漢祖劉累。唐宗老聃。相與攀援附
會。目前自愧違心。久後定生嫌疑。何以信

王正学撰族谱序（部分）　　王宗勋　摄

尚。魁胆寨 4 支王氏皆不甘落后，竞相建设宗祠，并到王寨及天柱等地与相关族姓联宗接谱，规范世序脉派。

2016 年，魁胆村有王、龙、彭、陆 4 个姓氏。其中，王姓 249 户，占全寨总户数 272 户的 92%；龙姓 18 户，彭姓 3 户，陆姓 2 户。各姓氏和王姓各支之间，互相通婚，和睦友好。

周姓 周姓为魁胆开寨者。其先人于元代前期由湖南迁入魁胆开辟寨基，先在今魁胆寨东边高步堖居住，后移于寨北边周家坡南侧（侗语称“坂步柱”）。清嘉庆九年（1804），周岩生、周文秀、周文茂等周姓 13 人捐银在寨脚田坝溪边修水井，立有石碑，碑有云：“若我周姓之先，初开辟基，建立此井。”可见周姓先人系魁胆寨“初开辟基”者。乾隆八年（1743），魁胆寨各姓氏和房族头人会议，决定以拈阄形式派人分守边远山场，周姓一支拈阄落守今高岑村破鼎罐（即锦丰）一带。嘉庆以后，又陆续迁往上高岑和三德居住。此后，周姓人逐渐往诸地迁移。至光绪中期，所有周姓人全部迁离魁胆。从魁胆迁出之周姓，大多将在魁胆寨之屋基、田产和山场卖给魁胆其他姓氏人，有的则至民国时期仍远道来魁胆经管。至今，周家坡南面遗有数十磴房屋地基，或被用以建房，或被辟作菜地。

另外，周姓人有一支远徙至四川，其后人有部分定居在该省江油市。1987 年，魁胆村民王宗演等在广东务工时，遇几名四川省江油市周姓工友。交谈中，该周姓人能准确叙述其祖先迁自贵州黎平府“周家寨”，寨边有周家坡，寨下边田坝间有一周姓人所修的水井，左右两条溪在水井下不远处有龙塘。

周家井残碑（2016 年） 王宗勋 摄

杨姓 杨姓进入魁胆较周姓稍晚，而人丁不旺。清乾隆中期，杨再林、杨再禄迁至平翁垦山居住。不久，杨姓继迁至今三江镇银洞村。其余在魁胆的杨姓则改从王姓。

龙姓

魁胆龙姓有两支，一支为麻公龙姓，一支为旺公龙姓。

宗麻公龙姓 2016年，魁胆麻公龙姓有18户。该支与偶里寨欧等龙姓共宗。据魁胆寨黄甲龙姓及偶里乡寨欧等龙氏族谱载，元代前期，其先人由湖南迁居今锦屏县城赤溪坪。不久，龙定瓦之子龙便寿、龙便超兄弟迁至魁胆，操苗语，向先居于此的周、杨等姓侗族人借居在寨北边益祥坳外边岭言坡头。居至第三代，龙便寿之孙、龙远荣之子龙志雄、志霞、志陇、志基四兄弟因与周、杨等姓人有隙，于明洪武二年（1369）迁离魁胆。先在魁胆款属地今高岑村破鼎罐借居，后仍不为人容，遂决定分散外迁。分散时，四兄弟将一只鼎罐破为四块，各执一块作为纪念。分开后，志雄迁至时魁胆款属地、今三江镇菜园村下料定居，志霞迁至今平略镇高朗村归皎，志陇迁至偶里，志基迁至平略。

龙志雄兄弟迁出后，龙便超之孙龙志合仍留居魁胆。稍后迁至今寨西北边周家坡尾部墓老（谱称“凤尾坡”）居住。因势单力薄，清代中期改从王姓，与黄甲王劳团支王氏联族。1948年清明，偶里人龙运涛（时任锦屏县参议会副参议长）等数百人带数十支枪至魁胆寻祖茔挂扫，见其族在墓老之祖坟地坟茔多为王姓，遂将魁胆保长拷问，得知原委，遂强令族人复改龙姓。不久，龙姓人将墓碑上“王”字改成“龙”字，改迹至今

墓老龙氏始祖碑（2017年） 王宗勋 摄

可鉴。20 世纪 80 年代，该支与偶里龙氏联合修谱，其字辈统一为“宪章开景运，立本正家邦……”1999 年，偶里、魁胆等地龙氏共同将墓老始祖龙便寿、龙便超等墓修饰。每年清明节，偶里龙氏宗亲派代表远道而来祭扫，魁胆寨黄甲龙氏均参加。

宗旺公龙姓 民国后期，又有几户旺公龙姓人由小江迁入魁胆。因人少，遂依附高捧王堂桥支王姓。

另外，据 2004 年中山大学硕士研究生张银锋在魁胆及邻村的调查资料显示，明代中期，有一支宗廷公龙姓人在魁胆居住。在与先到的王姓等姓人相处一段时间后，有部分迁往天柱甘洞居住，有部分则改从王姓留在魁胆居住。迁甘洞者，清康熙时又有一支迁回平翁居住繁衍。

王姓

魁胆王姓分为 4 支，各支来源不同。各支之间，如兄如弟，互相婚亲。

王劳团支 该支始祖王劳团于明万历元年（1573），由今天柱县坌处迁入魁胆登冲一带居住，后衍至黄甲。乾隆前期，分出两支分别到凸寨和圭览溪塘洞管护山场，居凸寨者繁衍成村落，居塘洞者后迁上平翁居住。居平翁一支清光绪时又分一支移居今三江镇龙啦村天堂寨。嘉庆年间，又有一支从魁胆迁居万丰村洞万。嘉庆二年（1797），该支王氏在魁胆建木质宗祠，嘉庆八年竣工，清末朽坏。民国前期复修，20 世纪 50 年代再次坍塌，其地基 1969 年被大队建办公楼和供销商店使用。2016 年年底，该支在魁胆寨居住有 29 户，118 人。

该支在清乾隆十二年（1747）修有谱本。2013 年，该支与凸寨、平翁、天堂、万丰族人联修新谱，将字辈定为“永远兆（孝）太原，荣华万世亨……”

王堂桥支 该支始祖王堂桥，于明天顺八年（1464）迁入魁胆高捧居住。清乾隆十七年（1752），分一支至孟寨守管山场，后繁衍成村落。该支现散居魁胆高捧、田坝边、盘我和孟寨及三江镇甘寨村平岩、圭腮村营盘、潘寨村下瓦厂等地。又因乾隆时有三兄弟而支分为三房：长房分别居住在高捧和孟寨，次房居住在田坝边和甘寨村坪岩，三房居住在盘我和圭腮村营盘及潘寨下瓦厂。

民国前期，该支王氏族众集资在西耀坡前田坝边建

王堂桥支宗祠门柱联

一幢内木外砖的三间宗祠。大门两侧立石柱，镌有族首王世杰所撰对联：“宗本琅玡基业鸿功垂后裔，祠立魁胆礿烝骏典赛先人。”1945 年秋，九寨乡政府强将该祠砖瓦拆运平秋建碉堡，该祠遂毁，门柱尚存。民国初年，该族由王世杰修成手抄谱本留存，20 世纪 60 年代世杰子昌靖续纂。1982 年，该族人到湖南洪江市黔城联修统谱，将字辈统一为“继述承先泽，声名万代光……”自 1982 年始，该支三房分别在清明集中聚会，每年轮流做东。2016 年，该支计有 163 户。其中，长房有 78 户（魁胆和便大寨有 23 户、孟寨 55 户），次房有 43 户（平岩 6 户），三房有 42 户（营盘 8 户、下瓦厂 1 户）。

王万寿支 始祖王万寿于明万历二十二年（1594），由黄门迁入洪抗叩木学坡居住，明末迁居魁胆冲随。清乾隆中期，该族分一支至东边 8 千米处各龙管护山场，后衍成村落。后该族人又相继分迁至今菜园村三德、大同乡平阳、小江甘寨、县城赤溪坪及天柱县摆洞等地居住。

1917 年，冲随王氏众集资在寨前田坝间建宗祠。该祠堂为外围封砖三间木质徽派建筑，前大门为青质石柱，大门两侧为雕花窗棂。大门石柱镌有族裔王通柏所撰对联：“陈器设裳遐想先人燕翼，拖青戴紫惟看后裔瞻睽”。民国中期，该族宗祠一度用作魁胆

王万寿支新修宗祠（2017 年） 王宗勋 摄

村学校。1945 年秋，九寨乡公所将该祠墙砖拆运平秋建碉堡。2016 年，该族人复集资于原址修建砖混结构宗祠。

该支于清光绪四年（1878）、1941 年先后修有族谱。2010 年，王裕庆等与大同平阳、赤溪坪、三德、各龙等地族人联修新谱，将字辈沿定为“文正通邦彦，德裕振家延……”2016 年，该支在魁胆寨有 40 户，184 人。

王裕宗支　该支始祖王裕宗、裕明、裕才兄弟于明代中期从下料迁入魁胆。其后，族裔散居于寨内故亚、高步、高叩、盘我、便大等处。清代中期，该支有一支被阄派至魁胆村南边大他守山，后该支移居今晓岸村石桥冲。清末至民国前期，有一支迁居天柱县高酿镇甫油村，有一支迁居孟寨。民国前期，该族集资在今村中心广场处修建宗祠，1974 年拆除。2016 年，该支有 89 户，393 人。

黄姓　黄姓于明代中期从湖南迁入魁胆，居住在魁胆寨南边一窝冲间。因清乾隆初建保甲时该姓独为一甲，故称之“黄甲”。乾隆八年（1743），被阄派到高岑居住守管山场，光绪时全部迁离魁胆，称魁胆寨为“母寨”或“本寨”。黄甲附近有其祖坟，至今仍祭扫不辍。其有人甚至对黄甲一带少数房屋地基仍宣称有“所有权”，魁胆寨有的人起造房屋还去与其“协商”。

吴姓　吴姓于明代后期迁居魁胆，主要居住在高步、高叩等处。清代后期，有部分改从王姓，有部分于清中期迁至平翁，后又迁分至今平秋镇更我村居住。迁住更我者，民国时期仍到其所遗山场经营。

彭姓　清代中期有彭姓迁入魁胆居住，清代后期均改从王姓。现魁胆所有之彭姓，系 20 世纪 50 年代中期从邻村桥问田坝边迁入。

陆姓　1959 年“大跃进”时，晓岸村镇马寨铁匠陆代金被公社征调至便大从事铁具加工和修理，1961 年下半年正式落户魁胆。

其他姓氏　魁胆村历史上还曾居有刘、潘、邹、万、涂等姓氏。诸姓在清代中后期，或改从王姓，或外迁他乡，具体情况已鲜有人知。

◉ 人口

人口繁衍　魁胆村清乾隆以前的人口情况，因缺史料，难以记述。

清乾隆前期编组保甲时，魁胆及所属子寨共组建 16 甲，每甲 8~10 户不等，由此可推出时魁胆及其子寨计有 150 余户，按户均人口 6 人计，魁胆十六甲总人口约 1000 人。其中，魁胆寨约有 90 户，人口约 600 人。以后至道光后期，人口增至 100 户，近 700 人。咸丰至同治年间（1851—1874），战乱频繁，人口总体呈下降之势。至光绪六年（1884），魁胆全寨有 78 户，510 人。1913 年，全寨有 84 户，人口 550 人。1926 年（农历丙寅），锦屏县域内发生罕见大饥荒，因饥饿而死者数以万计，魁胆寨也因之死亡 40 余人，人口呈负增长。1933 年，魁胆寨发生严重霍乱，死亡近百人，人口出现历史上最大的负增长。经历两次灾难后，魁胆村有一部分村民遂外逃谋生，后在所谋生之地落户。今三江镇甘寨村平岩、圭腮村营盘（酒厂）、潘寨村下瓦厂等处王姓族人，均为此时期从魁胆外逃者后裔。

1952 年夏土地改革时进行人口统计，魁胆全村有 141 户，543 人，其中男 261 人、女 282 人，劳动力 423 人。全村人口中，初中文化 3 人，高小文化 11 人，初小文化 20 人。此后，社会稳定，经济发展，人口增长较快。1959—1961 年三年困难时期，因粮食短缺，多数妇女因营养缺乏而普遍丧失生育能力。3 年中，全村只出生 8 个孩子，而死亡则为 30 余人，人口呈小幅负增长。

1962 年以后，国民经济逐渐复苏，魁胆人口生育又回复正常状态。1963—1965 年出现生育高峰，3 年中，全村年均新增人口 20 人。至 1965 年，全村有 161 户，668 人，劳动力 295 人。此后至 20 世纪 70 年代末期，人口维持较快增长之势。因受传统“五男二女，七子团圆”和“不孝有三，无后为大”等传统观念影响，村里一般人家都有 3~4 个孩子，多者 7~8 个。魁胆村夫妻平时多分房而眠，此系最初级之节育措施。1973 年 9 月，全村人口发展到 182 户，826 人，较 1952 年人口增加 283 人。

20 世纪 80 年代初期，国家开始实行计划生育政策，规定每对夫妇只能生育两个孩子，人口过快增长之势受到遏制。1990 年，魁胆全村人口增长至 212 户，990 人。其中，男 492 人，女 498 人。

1990 年以后，村里青年男女大多外出至广东、江浙等沿海地区务工，受新文化观念影响以及子女教育负担增重，“五男二女，七子团圆”等传统观念逐渐淡化，一般生育两个孩子即主动节育，以致人口增长数量明显下降。2000—2005 年，全村年均新增人口 8 人。2005 年年底，全村有 254 户，1056 人，其中男 539 人、女 517 人，性别比为 122。全村的家庭中，四代同堂有 4 户，三代同堂 89 户，二代家庭和一代家庭 154 户，单身家庭 7 户。

2007年12月，全村有258户，1147人，劳动力778人。其中，一组24户，108人；二组25户，107人；三组27户，121人；四组32户，130人；五组30户，134人；六组26户，114人；七组30户，128人；八组19户，93人；九组20户，99人；十组25户，113人。

人口现状 至2016年12月底，魁胆村共计有272户，1175人，劳动力785人。其中，一组24户，104人；二组24户，103人；三组28户，116人；四组34户，137人；五组31户，139人；六组28户，110人；七组31户，150人；八组21户，77人；九组25户，115人；十组26户，124人。魁胆寨有238户，1003人；便大自然寨有34户，172人。

全村具有大专以上文化90人，高中（中专）文化204人，初中文化242人，小学文化496人，不识字的老人和儿童143人。最高年龄，女性刘妹团96岁，男性王有乾93岁。

◉ 农业生产

田土及分布

水田 2016年，魁胆全村有农田410亩，大多分布在寨周及距村寨1~2.5千米的周边山冲或坡榜间。其中，较成片的有魁胆寨边上、中、下3片田坝和便大田坝，其余则散布在极壬、高杰、冲架、亚孟、赞勇、他送、平笨、亚荒、过斜、间王、基瓦、格勒、岭言、亚闹、董形以及圭览溪等处。

魁胆下田坝（2017年） 王宗勋 摄

旱土 因农田较少，田间所产未能满足粮食需求，故村人历来大量垦种旱土。在1990年以前，村内旱土面积与农田大抵相当。1990年以后，村里青壮年劳力多外出务工，加上国家实施退耕还林政策，旱土面积逐渐减少。2016年，全村有旱土140亩，大多分布在村寨周边1千米范围之内。

水利灌溉 1950年以前，村里水利灌溉设施缺乏，农业基本“靠天吃饭”。干旱之年，地处坡榜上的“望天水田”产量很低，甚至有种无收。

1964年下半年，在上级“农业学大寨”号召下，魁胆大队党支部组织全大队劳动力，自己设计，新修一条源自南边大他经岑苗到平笨坡，全长7千米的水渠，并以之为基础，在平笨坡开新农田34.2亩。同时，在有农田之处结合护林（开防火线）大修拦山沟。大他至平笨水渠因设计不规范，加上施工草率，修成不久即无水通过。为使平笨坡和他送、岭言一带农田得到灌溉，1974—1976年，大队党支部组织全大队劳动力修建圭勇水库。该水库坝高11米，坝长13米，库容量8.5万立方米，修有水渠2.5千米灌溉他送、岭言、嗷邓一带农田140多亩。以后至1978年，各生产队先后在寨北边的岭言、磨伙、圭览溪一带新开农田20多亩，使粮食紧缺状况得到一定缓解。1983年，修筑水库经魁胆至孟寨公路，使水库经他送至岭言一带水渠受损坏，大队遂组织群众及时修复。同时，向上级争取水泥补助，从水库下面的溪流引水，新修一条1000余米长的水渠至平笨坡，灌溉该处农田。1995年，在魁胆寨东头高勇处将高水枧改成U形铁制水管埋在公路下方，2005年争取政府资金又将U形水管改建成钢筋水泥渡槽。

圭勇水库（2017年） 王宗勋 摄

村口高勇坳渡槽（2005年） 王宗勋 摄

春耕（2017 年） 王宗勋 摄

耙田（2010 年） 姜绍明 摄

水稻耕作

育秧 村谚云："清明下早种，谷雨撒迟秧。"育秧之法，先将谷种用温水浸泡，待谷粒发芽 1 厘米许，便匀撒在犁耙好的秧田里。1957 年始推行开沟分厢式育秧，1973 年始用塑料薄膜覆盖育秧。1980 年中期推广杂交水稻和两段育秧。两段育秧耗费劳力较多，2000 年以后，缺乏劳动力的农户复用老式育秧法。

犁耙 村里犁田均由男子负责。旱涝保收坝田普遍两犁两耙，山坡田则须经三犁三耙。犁田非常认真，不留角，不漏行，对田埂更是特别保护。

栽插 魁胆插秧，传统由男子负责，妇女主要负责扯秧。村人对插秧颇讲究，兴插"扁担秧""四方蔸"，横插 5 蔸，倒退而插。秧行讲究纵、横、斜三直，故插秧往往被视为显男人本色的活儿。尤其是大田，以能"破田"（即从田正中插一路 5 行直至田对岸）为荣耀。若男子不会插秧，或插得不直，往往被女子讥笑。1963 年，县农业部门在魁胆试验"三角丛植"法，然后在全县推广。因此法费工较多且增产不明显，不久又恢复传统"扁担秧""四方蔸"。20 世纪 90 年代，县农业部门推广拉绳插秧，被村人笑话。

肥料 农田施肥传统以牛粪为主。农忙结束，便将耕牛圈关积肥①，每天割嫩草饲喂，牛圈草粪满后，将粪扒出在牛圈边堆沤。大田初犁后，便将牛粪挑至田间堆放，待二犁耙或三犁耙时才将粪撒散。通常一担田②施牛粪四担。牛粪少，或田丘离家远挑

---

① 将耕牛圈养积肥，锦屏当地农业部门称圈关积肥。

② 一担田，指粮食产量 50 千克的农田面积。一担等于 50 千克。

粪不便，则割秧青弥补。犁耙第二次后，上山割刚发芽不久的树叶青草，堆放或撒在田间，下次犁时，将之踩进泥土里，让其发酵腐烂。农谚云："三犁三耙不能少，粪肥下田莫怕挑。"

1975年开始使用磷肥、尿素等化肥。此后，化肥使用量逐渐增多。至今，化肥成为最主要肥料，粪肥已很少使用。

管理 插秧过后至收割前，普遍要在田间除草三次，至少两次。老人有言："要想禾蔸发，三次动手耙。"所有田埂上的杂草都要割干净，处在山间的田块一般要割到田埂10米（3丈）以外，一防树木杂草遮阳光，二防鼠雀之害。旧有俗语云："田管三丈。"秋收前，要整理通往田块的道路，将草割干净。若遇大雨致田埂崩坏，则及时修整。对处在冲沟里的阴冷烂锈田，人们还会花上大量时间开沟排锈除冷。

收割 分工是妇女割稻谷，男子扛运谷桶和打谷。打出的稻草，捆成小把立在田间或田埂上晒干。待稻草晒干，便挑运至寨边堆成稻草树，可用作深冬猪、牛防寒和食料。村谚云："秋分粮入仓，霜降堆稻草。"

过去，霜降后，村人要用锄头将田里的禾蔸挖翻，俗称"冬田"，然后泡水过冬。村谚云："砍柴烧炭田泡冬，纺纱织布手莫空。"1980年以后，人工"冬田"渐少，多改用牛犁翻田。20世纪90年代以后，因青壮劳力多外出务工，故不再翻田过冬。

打谷（2013年） 王宗勋 摄

村民"冬田"（2008年） 王宗勋 摄

杂粮种植

小米 魁胆传统杂粮作物中，小米最为重要，旧谚“靠山吃山”多指在山间种植小米。至清代中期，村人种小米方法仍为“刀耕火种”，即在拟种小米山场四周砍好防火路后，放火将此山上的树木杂草焚烧，人工将烧过的树木清除，便将小米种撒下，用一长树枝在地上扫几下。小米苗长出后，人工再除杂草。

清中期以后，随着人工造林的出现，村人渐探索出林粮间作技术，小米产量有所提高。种小米之法，头年冬，将拟种小米山场间树木杂草砍倒（侗语称“舍带”），让太阳晒干，次年春放火将树木杂草焚烧，用锄头挖地两三寸，撒播小米，栽上杉苗。小米出土至收割，其间要除草两至三次。20 世纪 70 年代，村人多用熟土地打窝点种小米，产量较生地撒播翻两倍，但工作量也较撒播多出一倍。农历七月下旬至八月上旬，小米成熟，即能接补稻谷之不足，故旧称之“救命粮”。采收小米，村人用禾摘。右手持禾摘割小米穗，左手握住割下来的米穗。3 握捆成一把，3 把捆成一头，一挑重约 40 千克。

玉米 俗称苞谷。春季桐油树花开、斑鸠鸣叫时，将地深挖 20 厘米左右，打窝，先用猪粪或草木灰拌淡人粪作底肥，播种后还在其间撒红饭豆、白菜、萝卜等作物种

即将成熟的小米（2017 年） 王宗勋 摄

子，在地边种上瓜类。村谚云：“斑鸠叫咕咕，赶紧种苞谷。”1980 年以后，有人采用育苗移栽方法种植。玉米苗长至 3~4 片叶时便除草，拔出间种蔬菜，用淡人粪追肥。玉米长至 1 米高左右时，用锄头把土通薅一遍。20 世纪 70 年代后，追施化肥。收玉米后，玉米秆、豆藤等大多挑回家作猪、牛冬季饲料。其地或种麦子，或种洋芋。

新栽红薯地（2014 年）　　王宗勋　摄

红薯　民国中期，村人开始大量种植红薯，并以作粮食补充。农历三月，先建苗圃。为防乌鸦、喜鹊等鸟类偷吃薯种，常用竹条在苗圃间弯成弓状，或扎假人。待苗藤长至 1 米左右，即采割并剪成长约 15 厘米的插条移插。栽插红薯一般在每年 7 月份，先将地深挖拍碎，横向挖拉沟行，将插条插在行顶，然后在行间铺一层猪牛粪，若无猪牛粪则到山上割嫩草叶厚铺行上。之后便基本不作管理。寒露后，便可挖收入窖贮藏。

传统农具

锄具　分挖锄和薅锄两种。挖锄嘴较长和窄，薅锄嘴较短和宽。挖锄多用于挖地，薅锄多用于浅挖新小米地和薅油茶山、玉米等作物。

刀具　分柴刀、镰刀、拌刀 3 种。柴刀主要用于砍柴；镰刀较柴刀较轻和薄，弯度较大，主要用于割除藤草；拌刀较柴刀轻薄，较镰刀厚重，但刀把较前二者长，约 1 米，主要用于砍除高田坎上下和幼林间的杂草。收割小米则用禾摘。禾摘为杂木片制成，半月状，长约 12 厘米，最宽处约 10 厘米，弦中间嵌入薄刀片。弓背凿眼，套可进手之短绳。使用时，单手操作。

犁耙　一副犁由犁弓、犁柱、牛轭、犁嘴、绳索组成，除犁嘴用铁制成以外，弓、柱、轭均用较硬韧木制成。犁弓选择“～”状木材加工而成，轭则选择呈“U”字形木材制成。绳索过去多用柔韧性较强的野藤制成，20 世纪 80 年代后渐改用塑料绳。耙为长方形状，下部为一根长约 1.4 米、直径 7~8 厘米的硬圆木，凿眼安长 20 厘米左右铁

传统农具（2010 年） 王宗勋 摄

犁耙（2010 年） 王宗勋 摄

尖钉，在安铁尖钉处套上一个铁箍。在距两头各 20 厘米左右处凿眼安硬木杆，杆顶加一横木，以便人工操作。底部硬木两端同侧各加一根铁条，供套绳索与牛轭相连。2000 年以后，村人逐渐购买耕田机代替牛犁耙农田。但所在偏远，耕田机不便运去作业的田丘，仍用牛犁耙。

除草耙 用一块长 15 厘米、宽 10 厘米、厚 5 厘米的木块制成，下边安一排木（或铁）齿，上边安一长把，主要用于秧转青后轻除田间杂草。

挑具 主要有撮箕、箩筐、扁担、草杠等。

撮箕 用竹篾编成，用直径 2.5 厘米左右的毛竹破至一半，纽成三叉，将撮箕前后三点拴套。主要用于挑粪上山下田和从山上挑运作物成果及柴草回家。

箩筐 传统挑运工具，用楠竹篾编成，至今仍广泛使用。根据容量大小，分为大箩和小箩，一副大箩可装生谷 60 千克，小箩可装 40 千克。此外，还有一种侗语称“拱”的竹编装具，可装谷 7.5 千克，其作用是从谷桶将生谷撮进箩筐。

扁担 多用黄檀等坚硬柔韧的木材制成，长约 1.4 米，扁状，中部宽厚，两头窄薄。两端各凿有两小眼，扎有两个楠竹枝短扎，以防所挑物绳脱落。村谚有云 ：“扁担无扎两头滑。”扁担多精心制作，好的扁担通体光亮，可供几代人使用。

草杠 一般用青冈等坚硬木材制成，呈扁圆状，长约 1.8 米，两头尖，一头套有铁尖。杠多用于夏季挑青草和秋收后挑稻草，紧急时也用作武器。

打谷桶（2014年）　　王宗勋　摄

焙笼（2010年）　　王宗勋　摄

打谷具　村里传统打谷具为谷桶。谷桶为一用厚约3厘米木板制成的有底无盖正方形桶，边长约1.2米，高约60厘米。底部安两块约厚5厘米、高出底部板约8厘米，并伸出桶两边约10厘米的木板，以便水田间打谷时免遭水浸，同时作为轨便于田间拖移。打制谷桶需有较高工艺，否则，打谷子时易破裂，或漏水。

1958年“大跃进”时，曾推广木制打谷机。因常出故障，故不受欢迎。1975年后，县农机厂生产铁齿脚踏打谷机，工效较人力高数倍，村里各生产队均使用。1980年，农田分户经营后又悉废弃。2000年后，村民渐买小型电动打谷机使用。

其他工具　村里谷物加工工具主要有焙笼、舂碓等。

焙笼　为一高约1.2米的竹编圆笼，收腰，上部和下部直径约80厘米，腰部直径约60厘米。腰部中间拱出一半球状，略矮于上部笼口。主要用于阴雨天焙干谷物及山货、衣物等。使用时，将需烘干什物倒入笼口，笼下面置有烧炭火盆。

舂碓　由碓窝、碓杆、碓座组成。碓窝多为石块制成，少数用木蔸制成。碓杆和碓座均为果树木制成。舂碓系村里过去粮食加工的主要工具，米面均用此加工。1973年以后，村里始使用打米机，舂碓逐渐退出，至今无人使用。

雨具　传统雨具主要有斗篷和蓑衣。斗篷多系小贩从三穗等地贩运而来。蓑衣用棕片加工而成，呈团状，厚约4厘米。一件蓑衣可用上数十年。因其笨重，1980年以后渐为塑料薄膜或雨衣代替，至今无人使用。

传统舂碓（2010 年）　王宗勋　摄

蓑衣（2010 年）　王宗勋　摄

发火具　在火柴传入村里以前，村人取火或男子抽烟用发火石和火镰。发火时，取出少许晒干的发火草附在火石上，用铁火镰击打火石，发出火花，引燃火草，然后将火草放在易燃物上吹燃。

养殖

养猪　在民国及以前，因粮食紧缺，村里养猪不多。有些有劳力（多为妇女）而又无力购买猪仔家庭，则与他人（多为亲戚）代养，过年宰杀时可获得两腿（一半）酬劳。1951 年以后，养猪人家逐渐增多。1963 年以后普及，多者一家养四五头。此时期，养猪基本为满足家庭生活需要。过年前，将猪宰杀，部分用于过年，部分制成腊肉用于平时待客。1980 年以后，随着粮食问题解决，养猪数量较前大增，有的家庭以养猪作为重要经济活动，一年饲养两批，每批两三头，除留一头过年外大多出卖。1990 年以后，村里劳力大多外出务工，养猪数量较前有所减少。2016 年秋，全村存栏生猪计 280 头。

传统大花猪（2017 年）　县农业局　提供

村里养猪均为圈养，且均为妇女负责。传统养法以野生青饲料为主，辅以少许大米和谷糠。妇女将从山上采来的野菜剁碎，放入大锅或鼎罐中，加入少量谷糠或大米、碎玉米煮熟。冬季雨雪天未能上山打野菜时，则将干红薯藤或芭蕉茎剁碎煮熟。快到宰杀期，则多加些大米、玉米粉等精料。

2003 年，到浙江温州务工学会养猪技术的村人王远才回村创办养猪场。2008 年，将场址迁至魁胆与平翁交界的长冲公路边。2016 年，该养殖场占地 1800 平方米，存栏母猪 73 头，仔猪 238 头，肥猪 265 头。王远才 2007 年被锦屏县委、县政府表彰为“农村致富能手”，2010 年被县委、县政府表彰为“先进农村科普带头人”。2012 年出席锦屏县第七次科协代表大会，当年被县委、县政府评为“十佳创业带富能手”。

养牛　1952 年土地改革时，全村有耕牛 96 头，养牛户占全村总户数 70%。无田或少田者多不养牛。未养牛者需耕田时，则以换工方式用四邻或亲友的牛。1951 年以前，部分有劳力而无力买牛喂养者，往往代他人喂养母牛，待母牛产崽后，可享有牛仔一腿或一腿半的股份。过去，村人喂养耕牛甚为认真。除春季农忙前集体放出野外（主要是为便于交配），一年中大部分时间都圈养，男子每天要上山选割鲜嫩青草投喂。喂养水牛者，夏日每天下午要放到水塘里洗澡。冬季高山草枯干，人们则下到溪边箐山里选割嫩草。雪天不能上山割草，则将稻草、玉米秆叶切碎煮熟投喂。同时还需将牛圈密封好，以防寒风侵入。1956 年农业合作化耕牛折价归入集体后，牛的喂养质量稍有下降。20 世纪 70 年代中期生活困难，多数家庭一年未见几次肉食，因而不时出现生产队耕牛（多为壮实牛）非正常死亡的现象。1980 年农田分户经营时，将耕牛按时价分到农户。1990 年以后，劳动力大量外出，尤其轻便耕田机出现，村里耕牛逐渐减少。2016 年，全村计存栏耕牛 25 头。

养羊　村里养羊始于 20 世纪 60 年代后期，有几户村民买得少量小种山羊饲养，其方法是用绳拴在地边任其吃草，早拴晚收。因常糟蹋他人庄稼，招人谩骂，时有“一家养羊，十家骂娘”之谣。1995 年，村民王耀权在国家的扶持下，购买黑山羊

村民在圭览溪牧羊（2017 年）　　王宗勋　摄

在圭览溪放养，坚持至今。2016 年，村民王宗秋、王宗能、王天竹分别在赞勇、水库、圭览溪一带亦各养有数十只羊。当年，全村计存栏羊 240 只。

养鸡 村里养鸡品种多为当地小种香鸡，最重可达2千克。其觅食力强，肉质细嫩，味道鲜美。所产鸡和蛋，均视为珍品，除过年或有贵客临门宰杀消费外，大多拿到县城市场出售。2009 年，中共贵州省直机关党委帮扶魁胆村。当年夏季，该单位帮助引进一批火鸡，并在圭勇水库建养鸡场，因无养殖经验，未成功。

养鱼 过去，打秧田时，常有偶里、婆洞等地“鱼花客”挑鲤鱼苗到村里田边售卖。根据出钱多少，卖鱼苗者用蚌壳从盆里舀出鱼苗倒在打好的田里。待禾秧扯出移栽大田时，鱼苗亦已长至筷子头大小，也随移放到大田。至打谷子前，鱼长至三指大小。届时放水捉鱼，较大者供食用或制腌鱼，较小者作为“老口”[①] 留下来年续养。至今，除村寨附近水源好的田丘外，其他稍远田丘均不再养鱼。

养蚕 清道光年间（1821—1850），黎平府在府属各地大力倡导种桑养蚕，还派技术人员到魁胆等九寨地区各村寨进行劝导。魁胆亦有人响应，将靠近村寨土地改作桑地，栽上桑树。清明节前后桑树发叶，村民将长成老靠的蚕虫放到树上任其自食生长。放蚕上树后，家里需派人在桑林地边值守，严防鸟类。蚕虫产茧后，将茧包采收，挑到王寨交售给茧商。因清明前后天气晴雨冷暖不定，上树蚕虫常被冷或淋坏。入民国后，魁胆村里已无人养蚕。至今，村间还残余少量老桑树。

传统渔猎

捕鱼 过去，村人喜欢捕鱼。插秧结束到秋收之前的农闲水枯时节，人们常结伴到圭威溪和圭览溪里玩鱼。或用锤敲，或用篝捕，或用药毒。锤敲系用大铁锤在鱼可能藏身的大石头上用力锤敲，将鱼震昏震死。篝捕则是用竹篝放置在水头，篝口周边塞实，覆盖草或树枝，然后将鱼往篝里赶。“毒鱼”，侗语称“闹雅”，即用茶油枯或从山上采来八角叶、劲冈藤等有毒草叶捣烂，从上游撒下，将鱼毒昏（此毒对人无害），然后用网、叉等工具捞取。清代至民国中期，每年六月尝新节前，高坝、平秋、魁胆十六甲、小江以及天柱县摆洞、勒洞、悠洞等小江两岸村寨都要联合在小江进行大规模的“毒鱼”活动，时称“洗江”，各寨共同出药，各捡各段的鱼（魁胆等十六甲捡从孟龙塘至圭求溪口和皇封村境段的靠魁胆一边），不能越界，否则会有纠纷。“洗江”时，全寨老

① 魁胆村人将隔年的大鱼苗称为“老口”。

少全部出动，整条江上人声鼎沸。对捡不到鱼者，捡得多者会主动匀给，不让有人空手回家。1950年以后，国家禁止毁灭性捕鱼，大规模的“洗江”活动遂不再出现。

狩猎 20世纪70年代以前，村里男子喜欢狩猎。喜好狩猎人家都养有猎狗，备有猎枪。狩猎形式主要是撵山。撵山少则四五人，多则十数人。在猎头的组织下，选择吉日带狗上山。到达猎山后，先由猎头焚烧纸香祭山神，请求山神赐给猎物。若祭毕山林阴冷，鸟雀无声，说明山神动怒关山，猎人须返，否则有劳无收。若山林和暖，鸟雀欢叫，意为好兆头，猎头便对猎手进行分工，谁负责理脚印，谁负责狙击。理脚印者专门寻查野兽行迹和指挥猎狗；狙击手负责守候在野兽必经之口伺机射击；猎头则观察山向和野兽动向，临时调整布局。布置妥当，切忌声张。听到狗吠即知道野兽出现，猎手各就其位。枪响后听见口哨声表示已得手。若只听枪响未听到口哨声，即射击未果，需继续追猎。

猎物分配上，打中者得猎物头部，理脚者得猎物四蹄，有功的狗得猎物内脏，余下众人均分，猎头无特殊待遇。如分猎物时有人路过看见，也分给一份。

除了撵山，狩猎形式还有捕捉。不同猎物，有不同方法。野猪、野羊、刺猬等形体中等猎物则在其常经之路上安套（安套是将树尖扳弯于地，用绳索一头系树尖，一头做成活套置于兽径，设置机关，覆盖树枝或杂草，上面放红薯之类食物作诱饵，野兽触及机关，树尖弹起，绳套紧收，野兽即被活捉）；对老虎则设陷阱、安放冷箭等；对穿山甲、竹鼠等钻地动物则用挖洞灌水、烟熏等法。

◉ 工商业

经商

以物易物 魁胆人最早的商业活动是以物易物，此形式至20世纪70年代依然盛行。所交易物资多为耕牛、侗布、大米和熟银（银首饰）等。交换耕牛者，或将自己的耕牛牵到平秋牛市上，与其他需换者交换；或走村串寨访问，发现有需换耕牛时，便将自己的牛牵去交换。交换布或首饰者，背交换之物走村串寨，登门入户寻找换主，或换回自己急需之物，或从中赚取差额利润。从事耕牛交换者大多为男子，而从事侗布、银首饰交易者多为妇女。以物易物的范围主要在平秋、小江和天柱县石洞、高酿等侗族地区，上述地区人亦到魁胆等村交换。换牛男子或戴（背）斗笠或背雨伞，易物妇女或挎布袋

或背背篼，外出时间短则几天，长则十天半月甚至更长。

赶场贸易 村人称集市为场，到集市上从事商品贸易称赶场。魁胆人赶的场主要到王寨、平秋、平略、小江江西街和天柱石洞，其中以王寨最为频繁，其次为平略，再次是江西街，赶此三处主要是出售所采集到的山货和买回所需的日常用品。赶平秋和石洞场者大多为青年男女，目的基本上唱歌恋爱。

木材贸易 清乾隆时期，离魁胆不远的茅坪、王寨、卦治“三江”地区木材贸易繁荣。受其影响（尤其王寨），魁胆村也有人从事木材买卖活动，他们或砍伐自己的木材，或向其他林农购买山上活立木，采伐运到圭览溪口、圭威溪口卖给其他“山客”[①]，甚至直接运到王寨、茅坪交给行户卖给“水客”[②]。如乾隆四十三年（1778），魁胆人王先赞、周老矫等即砍伐木材运至王寨和茅坪交给木行代售。民国初年，村人王岩荣、王康佑等长期充当“山客”从事木材贸易活动，铸有专用于购买木材的“山印”[③]，从林农手中购买木材砍伐或直接购买“平水木”[④]，放下王寨或茅坪交给木材行户转卖给“水客”，因而家庭殷实。民国初年，村人王康佑、王坤求、王康宁、王恩福等在圭横溪做一单大木材贸易不慎失手，与天柱高酿强人龙大光构讼，致家庭经济败落（王恩福被关押天柱县狱中半年多，王康佑被绑架至天柱高酿吊打）。1953 年人民政府禁止私人买卖木材，村人从事木材贸易活动亦停。

在清乾隆时期至 1953 年的两百多年间，魁胆人从事木材买卖规模普遍较小，未出现因之而大发迹者。

1985 年后，国家放开木材市场，村里部分有商业意识者遂从事木材买卖活动，其中较突出者有王生海、王裕益等。他们充当“山客”，在附近村寨向有成材林者收购，然后组织砍伐、搬运到县城交给木贩或木材加工厂。2006 年，王裕益在水库开办木材加工厂，将所购买的木材加工成半成品出售。

开店零销 晚清至民国时期，魁胆村有人开店转销从王寨购运上来的百货商品，规

---

① 山客，指专门在林区从事木材买卖活动的小商贩。因主要在山间活动，故称“山客”。

② 水客，指湖南、湖北、安徽、江西等下游地区的汉族木商。因大多溯清水江水道而来，故称“水客”。

③ 山印，指山客的标记，其一头镌有姓氏、一头镌有名号。因形状似斧子，故亦称“斧印”。山客购得木材后，即在木材上敲上该印，证明木材归属自己所有。

④ 平水木，指运至溪河边待售的木材。

模都很小。1953 年以后，县供销部门在村里开设供销点，供销日杂百货和收购土特产品。1984 年后，村民王光富、王必运两户在村中心广场侧溪畔搭建小棚，从事小本日杂商品零售，与供销商店竞争。1990 年以后，龙生来（又名本洲）、王宗全、王宗培、王必昌、王吉钊等人陆续开设商店，并取代供销商店业务。2016 年，全村有龙本洲、王必忠、王才良等 4 家日杂百货店和 1 家小食店。

纺织刺绣

纺织　1970 年以前，村人所穿衣服皆自给。整个纺织过程悉由妇女完成，妇女们白天上山劳作，夜晚点松槁纺纱织布。雨雪天，男子休息，妇女们则忙于机杼。

过去，村里有妇女人家都有一块或多块棉花地。棉花地悉由妇女经营。妇女将棉花采收到家后，晒干、去籽、纺成纱线，然后用米浆浆洗，晒干，上织布机（侗语称“从”）织成布。村妇织出的布宽约 40 厘米，每幅长约 10 米。

布织出后，要进行浆染。染布以靛蓝为主要原料，故多数人家都栽植靛蓝。霜降前后收蓝草，将下部茎秆截成小节贮于薯窖中，第二年春将其扦插在较阴的地里。蓝草采收后，先放入水塘浸泡至烂，然后置于桶上过滤成靛。若自己未栽有靛蓝，需到他处购买。20 世纪 70 年代，魁胆妇女常到启蒙西洋店、天柱石洞等地买靛。

染布用大木桶进行。根据需染布料的多少，加入相应井水，然后按严格比例加入蓝靛、米酒、牛皮膏、明矾以及从山上采来的其他草药。妇女制作染水，配方十分保密，染桶忌男子和其他关系不好的妇人参看。布置入桶里浸泡一定时间后，取出晾干，如此反复多次。布染好后，要用木槌捶打，使之柔软。布经捶打后，便可缝制衣服。

晒侗布（2012 年）　　王宗勋　摄

纺车（2016 年）　　王宗勋　摄

刺绣成品（2015 年）　彭泽良　摄

绣背带（2017 年）　王宗勋　摄

刺绣　刺绣系魁胆村青年妇女的一项传统手工活。农闲时，青年女子便三五成群集中一起从事刺绣，俗称“做花”。其刺绣物品，主要有鞋垫、花鞋、童帽、背带等，其手法多为盘轴滚边法。

盘轴滚边绣系魁胆等九寨侗族妇女传统的刺绣工艺。其绣法：先用彩色丝线一根作引线，再用手工将两根彩色丝线搓绕成一根作为盘线，然后按照绣样（用纸剪成），用直针法将引线从布模下面穿出，用盘线在针上打个盘结，再将引线扎下去，使盘结固定后，一针一盘按绣样将花绣出。再后用相匹配彩色的丝线用盘轴绣法，填绣在绣好花纹的中空部位。然后，取两至三根白线手工捻成一根粗线，用白线将之环钉在绣好的花纹边上，称之滚边。盘轴滚边绣色彩艳丽，立体感强，一根根盘轴线，就像一条条劲舞的虬龙。盘轴绣多为龙凤蝶鸟、花草葫芦、日月祥云等图案，表现形式较为抽象。2016 年，盘轴滚边绣被列为贵州省非物质文化遗产名录。

草鞋（2016 年）　王宗勋　摄

编草鞋　系村里中老年妇女的一项传统副业。过去每至晚上，妇女们便在松火下编草鞋，雨雪天亦然。手脚快者，一天可编得二十多双。积得一两百双后，便挑到王寨、平略场上售卖。买草鞋者，多系从事木材旱运的男子（时称“夫”）。20 世纪 70 年代胶鞋普及后，草鞋渐被淘汰。2000 年，仍有个别老年妇女编草鞋售卖。

编草鞋的材料主要有芦苇芯皮、糯禾芯草或稻草。每年交冬后，村妇们结伴带饭到清水江边河滩上采割芦苇芯皮。编草鞋时，以芦苇芯皮搓成粗线作鞋帮，用稻草或糯禾芯草编鞋面，用糯禾芯编的鞋耐穿，价格较贵。

手工加工

魁胆村手工加工主要有房屋装修和木、铁具加工。

木工 清代后期至20世纪70年代，常有湖南宝庆（今邵阳）木匠挑背工具到村里为村民打制桌、椅、凳和盆、桶、柜等家具。民国中后期，村里木匠有王炳茂、王兴荣、王锡标等，1951年以后相继有王乾柱、王灿求、王求炳、王乾勋、王宗干、龙灿烈等。今有王政泽、王宗佑等。王兴荣、王锡标、王乾勋、龙灿烈等能掌墨设计传统木房，并全幢装修，会打制简易家具。而王政泽、王宗佑等不但能设计、装修木房，还能制作普通家具。2010年，王宗佑在圭勇水库公路边建加工厂，生产实木地板和门窗、桌柜等家具外销。

铁工 1959年，高岑公社在便大建铁制农具加工厂，从晓岸调铁匠陆代金负责小型铁制农具的加工和维修。1961年，陆代金定居魁胆，大队在寨脚水口世塘居办铁厂，由陆代金继续负责，并派社员王永标等协助。该厂对加工和维修本公社社员的农具适当收取费用，亦有偿为外公社及天柱、剑河两县邻近村寨社员加工或维修农具。1980年农田分户经营后，该厂停办。

烤酒 清代中期，村里男子已普遍饮酒。只要家里有粮食，大多人家都烧烤酒，

山客收购木材的斧印　　单洪根　摄

铁具加工（2010年）　　王宗勋　摄

供自饮或待客。有的人家常年有酒出卖或供交换。1956 年集体化以后，烤酒被政府明令禁止，村人烤酒遂转入“地下”。1980 年后，随着粮食的自给，烤酒又普遍起来。

村里烤酒亦多由妇女完成，男子很少参与。其方法，先将大米或小米煮熟、晾凉，拌上自制或买来的酒曲，置入木桶里发酵。冬天则要放在温度较高的火塘间，或用火盆生炭火放在桶边。待桶里溢出香液后，便将酒糟腾到大缸或大桶里酿泡，热天泡七八天，冷天则要泡上十天半月。烧烤小米酒，则普遍要泡上 20 天以上，有的泡上一两个月（泡时间越长，酒越好）。

魁胆传统烤酒，将发酵好的酒糟倒在灶上的地锅里，地锅上放无底无盖、里面安有斜槽的烤桶，桶上盖一口稍小的铁锅作天锅，天锅里放有冷水。灶里烧大火，将地锅的酒糟烧开，产生的酒蒸气遇到天锅冷阻后，形成蒸馏酒汇至锅底滴入斜槽流出桶外的酒瓮里。

魁胆村人有林间套种小米传统，很多人家每年都收获数百甚至上千斤小米。1980 年以前，小米多为村人口粮。1980 年以后，小米有部分仍用于春节打粑，有部分遂转用于烤酒。

小米酒为魁胆村特有。该酒劲足，香甜，柔绵，回味深长，颇受喜爱，成为村里最富特色产品。2000 年以后，小米酒渐成为村里最大宗的外销产品，多为县城人上门抢购，不少县机关单位招待宾客，专用魁胆小米酒。2014 年，村人王宗明等在水库公路边建专烧烤小米酒的酒厂，产品供不应求。2016 年，全村所产小米酒约 1.5 万千克，约三分之一自给、三分之二外销（外销价 40~60 元 / 千克）。

◉ 务工

当夫

木材采运　1980 年以前，采伐运输木材是魁胆男子的一项重要工作，亦是家庭经济收入的重要来源。村里成年男子几乎都谙熟木材采伐和运输的各种技术，尤其架厢旱运木材，其技术和工效闻名遐迩，民国时期有“魁胆夫”之名。除春秋两忙外，一年中大多时间在外当木夫，夏季采伐，冬春运输，家里只剩下妇女、老人和小孩。村人从事木材采伐运输，多在县境内，也有远到黎平、天柱和湖南靖州等地。

从事木材采伐运输的收入较在家从事农业耕作高，但十分艰苦，且危险性大，常出

厢上拖木（1983 年）　　单洪根　提供

现伤亡事故。1929 年 8 月，村里 30 多名木夫在格溪给卦治文姓山主运木材，其间王世恩不慎失足落高厢身亡，文姓山主未给分文抚慰。也因村人多无文化且不谙汉语，到操汉语地区伐运木材，常被木主压价、借词拖延甚至克扣工资。1947 年冬，魁胆 50 余名木夫给大同乡稳洞村木主杨秀清拉一单木材。完工后，杨借故拖延不发工资。经多次交涉无果，激起木夫们愤怒，他们手持斧子和拖木用的拖木杠、钉牛冲进杨家，将钉牛钉在杨秀清房子中柱上，怒问杨秀清："你发不发？若不发，我们就将你的房子拖倒。"迫于木夫的气势，杨秀清只得如数将工钱发给众人。

商品挑运　民国时期，从事挑运是村里男子的一项季节性副业。每至春夏清水江涨水，或冬季清水江水枯时节，货船不能通行，县城王寨商号便雇请挑夫到下游湖南洪江挑运百货商品，魁胆常有人充当挑夫。1938 年，武汉等长江中下游被日本军占领，清水江商品运输线路中断，县城商号遂改向南面从广西北部三江县富禄进货，于是大量招募挑夫。因受日军占领长江中下游的影响，清水江木材贸易萧条，魁胆木夫遂多改充挑夫到富禄挑运商品（以食盐为主）。从县城到富禄，需穿越整个黎平县境，单程约 140 千米，往返需七八天。去时，每个挑夫都背十几双草鞋。挑夫每人所挑都在 50 千克左右，回到县城交货时，所有人双肩和双脚均被磨烂。有人甚至因饥累而亡于途中，以致有人用"去富禄挑盐去了"指代死亡。抗日战争胜利后，到富禄挑运商品业务停止。

出省务工　1980 年实行农业家庭联产承包责任制后，村民有了较多的自由时间。农闲时节，常三五成群到湖南西部、广西北部等地区寻找零工做，挣钱补贴家用。

20 世纪 90 年代中期后，广东、浙江等东南沿海地区加工业迅速发展，劳动力需求增多，村里的青壮年遂纷纷随“潮”到该地区务工。魁胆人打工地多在广东东莞、浙江慈溪等地，有部分在福建、广西等地。2006 年统计，全村在外务工人员约 400 人，占全村总人口 38%。此时期，村里外出务工者，因文化较低，所从事多为技术含量较低、甚至是有危险的工种，工资报酬普遍较低，曾有 3 名村民在广东平海从事浅海捕捞殒命，1 名村民修铁路时坠坑身亡。2006 年，全村外出务工人员月均工资约 2000 元。此后，外出务工者文化水平逐渐提高，从事技术工种人数增多，收入也相应提高。2010 年，全村外出务工者计 420 人，占全村总人口 40%。2016 年，全村外出务工者 440 人，占总人口 41%。出现了龙本钊、王孝勇、王远勇、王秋桂（女）等较成功者，龙本钊、王孝勇、王秋桂都开有公司。

村人外出务工，有单人独闯，有夫妻同去，有父子皆往，有的甚至锁门而去。1995 年后，外出务工收入渐成为村里经济的主要支柱和多数家庭的依赖，其收入占全村经济收入 65%~70%。村人请客送礼、起造房屋、供子女上学等多依赖于此。近十年来，村里别墅式楼房纷纷建起，村寨面貌焕然一新，多为外出务工之功。有的村民在外务工学得技术后，即回家用其技术发展生产，亦有所成，如王远才在浙江温州学得养猪技术，回家发展生猪养殖业；王远忠在广东学得电焊技术，回锦屏开办铝制门窗加工店，等等。2016 年，全村外出务工人员 440 人，以每人年均总收入 4 万元计，全村务工收入约为 1800 万元。

村里劳力大量外出务工，在给村里带来丰厚经济回报的同时，也带来负面影响。夫妻同去者，有的将小孩留在家里由年老的父母、岳父母照管，成为“留守儿童”。因缺乏父母的关爱教育，部分儿童在祖辈的溺爱和放任下，性格散野、无心读书。因缺劳力，有的田地经营粗放，有的甚至无人照管而荒芜。多数青年人一出校门便外出务工，对村里传统习俗和农事生疏，不会耕田插秧，不会造林和砍伐树木，不会唱侗歌。对此，村里老人颇为担心。

◉ 村民生活

1950 年以前 魁胆以贫穷而著名。人们常叹“四角难”：四个田角难得有，四个屋角难得建，四个被角难得办。因粮食不足，大多人家常年食蕨粑、喝稀饭。在魁胆村

捶蕨根（2016 年）　　　　　　王宗勋　摄

人吃饭时，走在村寨间的道路上，常听到各家传来喝稀饭的“噗噗”声，遂被周边村寨人讥称“烂饭寨”。民国初期，有一县府官员从县城乘轿由小江经魁胆寨上平秋等九寨察民情。经过魁胆时，见寨间房屋破旧，卫生极差，该官员不肯下轿，拉下轿帘，令轿夫快步通过。1948 年冬，九寨乡长龙昭相带工作人员刘某某到魁胆村检查工作。刘某某脚穿一双黑色平口胶鞋，村里人觉得新奇，遂围观。刘某某遂得意地道：“看吧，你们全寨也找不出一双来。”

从魁胆村至今遗存的数千份契约等文书可看出，村人平时遇到生活困难时，往往向亲友借贷。借贷粮食或银钱，除父子外，都为高利贷，月息多为 30%（即所谓“加三行利”）。遇到无法克服的大困难，便卖山林；若卖山林仍未能解决，便卖水田甚至房屋。生活的贫困，在一定程度上加速了村里山林土地权属流转和契约文书的产生。

因山多田少，村人皆靠山生活。清水江木材贸易正常年份，农闲时节，村里成年男劳力大多外出给木商砍伐和旱运木材。1964 年，贵州民族研究所杨有耕等到魁胆调查，1945—1949 年 5 年间，全村成年男劳力有 101 人，充旱夫外出拉木材者 98 人（余下 3

人身有残疾或体力弱），其中每年充旱夫 9 个月以上 20 人，7~8 个月 8 人，6 个月 17 人，4~5 个月 31 人，2~3 个月 17 人，1 个月 4 人，不足 1 个月 1 人。男人外出采运木材，村里妇女也常在秋收时到三江、铜鼓花桥和新化等坝区给人收割稻谷。

若遇到灾害，人们对山上、对林业的依赖则更加严重。1925 年，发生罕见旱灾，魁胆村绝大多数田土物产绝收。当年秋后，人们纷纷上山采挖蕨根，全村所属山场几乎都被挖遍。次年（农历丙寅年）夏，米价高涨，每碗[①]米卖到 400 文。人们纷纷上山挖采野菜、野果，甚至树叶，以致圭览溪、圭威溪两边能吃的野菜被挖尽采绝，有人因食岩蒜包而中毒死亡。当年，山林土地买卖频繁，价格甚低，全村因饥饿（或误食有毒食物中毒）死亡 40 余人。

清水江木材贸易停滞之年，无木材可砍或运，人们遂多转向淘金。1940—1942 年抗日战争最困难时期，清水江木材贸易瘫痪，魁胆村男子多涌向桥问村下边圭老溪、三板溪和村西边圭威溪淘采沙金，整条圭威溪被淘挖得百孔千疮。然淘金往往十人九亏，多数人越发贫困。至今，村里仍流传反映旧时生活贫苦状况的歌谣："没饭吃，吃糯饭；没屋住，住仓脚；没柴烧，烧干柴。"意即谷子吃尽了，就拿留在仓角备待贵客的糯禾来吃；没房住，就借住别人谷仓脚；没薪柴，就捡拾寨边干枯树枝当柴烧。

因缺医少药，村民伤病得不到救治而死亡的现象时有发生（尤其妇女死产）。人们患上疾病或受创伤，皆认为命不好被鬼神纠缠所致。若遇到大病或严重外创，则要请鬼师作法驱鬼。仍无效，则请人书写禀帖向天神控告恶鬼。

糯禾（2016 年） 王宗勋 摄

① 碗，魁胆传统量米器具，用楠竹制成。一碗米重约 0.35 千克。5 碗为 1 升，5 升为 1 斗。

附 2：王根吉诉虐鬼禀帖

具禀民魁胆寨王根吉名下生于　年　月　日　时生。

为恶党害民，恳恩除灭事。民系八月十九日时遭虐痞名竹仲成兄弟五彪，因昔死于水火，其阴魂积威成厉，延害无辜。加伊母薛氏蛇蝎为心，豺狼成名，不思教子成名，反教子为虐。始则散之以风，继则济之以火。遭其害者，时热时寒，缠绵不去，反复无常，诚鬼中之最。每方药不效，既财草刺，于人虐，害在当除，必全仗乎神力。为此，位恳九天东厨司命大乙灶王府君陛下大显威灵，驱除虐鬼，善永安沾恩。

上禀竹仲、成威兄彪系逞恶害良民，素行不法；虐鬼竹薛氏纵子害良民，不守法虐妇。

民国天运戊寅年八月十九日上禀

1950 年以后　1951 年年底，魁胆全村有住户 141 户，543 人。计有水田约 400 亩，户均占有水田 2.8 亩，人均 0.74 亩。1952 年夏，在县里派来土改工作组指导下，魁胆村开展土地改革。根据农田占有量和雇工“剥削”等情况，全村划有地主成分 1 户 9 人，富农 2 户 11 人，小土地出租 2 户 8 人，富裕中农 2 户 11 人，中农 12 户 53 人，佃中农 45 户 142 人，贫农 63 户 252 人，雇农 12 户 45 人。整体上，全村人生活水平大体相当，无很大悬殊。全村唯一的地主户有 9 口人、3 幢盖瓦木房、1 头牛、7 亩水田，粮食总产量 1550 千克。其家庭生活水平与大多数村民无明显差别，家人参加生产劳动，也经常食杂粮、喝稀饭。其被划为地主，主要原因是身任保长，家里请有一名长工，以致后来有人戏称其为“稀饭地主”。

经过土地改革后，全村人均占有农田基本相等。此后几年，随着社会稳定和作物品种不断改良、粮食收入增多，村民生活逐渐提高。在“大跃进”运动中，遵上级大办集体食堂的要求，魁胆全大队共办一个食堂，所有人口集中在食堂吃饭，村民正常的家庭生活秩序被打乱。因自然灾害频发等缘故，粮食供应紧张，村民大多处于饥饿之中。时县国营饭店出台“新规”，凡给饭店送一扛柴者，免费给吃一餐饭。村里有一饥饿多时的村民去县城赶场，从半路带一大扛柴交给饭店，饭店遂招待其吃饭。结果，该村民足足吃了 40 碗。因食过量，该村民被抬回家，随后大病了一场。因营养严重不足，1960—1961 年村里出现浮肿、干瘦和妇女闭经现象，大多数妇女丧失生育能力。

1960 年冬，村里集体食堂管理有所放松，多数社员偷隙上山挖蕨根，连夜加工成粑。有的妇女将蕨粑悄悄背至县城（时禁市场交易），向更加饥饿的市民交换衣物和小件家具。有的市民从身上脱下衣服，交换蕨粑。1961 年春，集体食堂解散，社员回归家庭生活。1962 年春，全村社员无不上山垦地种小米，以致山火频发，造成大量林木被毁坏。当年秋，小米进屋，饥荒得解。

1964 年春，魁胆大队创办拉西林场，大力实施林粮间作。1965—1966 年林场造林面积不断扩大，在一定程度上亦是图幼林间的粮食。1967—1976 年，上级反复地强调搞集体经济，禁杜社员从事私人生产（时称“割资本主义尾巴”）。然村人一面从事集体生产劳动，一面见缝插针搞“小自由”（即种植和管理自家自留地上的作物）。自留地里的收成兼挖蕨根，在很大程度上弥补了集体分配粮食的不足，加上不时获得国家粮食救济，村里多数家庭粮食能基本维持低水平自给，无外出乞讨现象（魁胆人历来以乞讨为耻）。村人家庭生活基本由当家妇女操持安排，家庭生活质量在很大程度上取决于妇女的当家能力。妇女持家的“秘诀”，一是节省，二是巧安排。一年之中，多数家庭一半以上时间吃玉米饭、红薯饭、麦子饭、蕨粑饭、洋芋饭，基本都能吃饱。至今，村里仍流传许多因节省而“抠门”的故事和笑柄。1980 年以前，村人饭量普遍大，成年男劳动力，每餐能食一碗米。采运木材“打平伙”时，每人需预算一碗米、一件[①]米酒、1 千克猪肉。

1951 年以后，魁胆村民相互之间借贷钱粮均无利息，也不书写任何借据。但均讲诚信，借家一有收成，便立即归还。借贷钱粮在村里被视为不光彩之事，故借贷和归还多在晚上进行，且得避开其他人，形同小偷。

1977 年以后，村里各生产队实行包产到户，社员生产积极性有所提高，粮食产量亦有所增加。1980 年实行农田分户经营，村人生产积极性更高。当年，全村粮食空前增产。同年夏，县里用“自主材”从江苏等产粮地区换回大量粮食，以补助造林形式回销农村。当年，魁胆村人的生活状况得到明显改善。此后两年，魁胆大队以王佑求所在水库林场为基础，组织村民大力造林，获得更多的钱粮补助，村人生活水平达到前所未有，

① 件，魁胆米酒计量单位，用楠竹制成。一件酒重量等于 0.35~0.4 千克。

村童乐趣（2008 年）　　王宗勋　摄

村医出诊归来（2016 年）　　王远涛　摄

户户有余粮，家家过年有猪杀。青年人戴起手表，玩起录音机，穿起时尚衣服。以前视为饥荒月份的农历六至七月，村里划拳、唱酒歌声不断。

1990 年以后，外出务工潮兴起，村里青壮年纷纷外出到广东、浙江、福建等沿海一带务工，在很大程度上弥补了山多田少导致的粮食不足。此后，外出务工人员逐渐增多。到 2016 年，全村在外务工者有 440 人，占总人口 41%。外出务工人员按每人年均收入 4 万元计，全村年外出务工收入约为 1800 万元。加上在家人员的劳动收入和国家的各种惠民补助，全村年总收入在 2500 万元左右。

村里青壮年外出务工和国家的惠民补助，在很大程度上增加了家庭经济收入，村人生活水平得到较大提高。2005 年，全村计有砖木结构房屋 4 幢，部分封砖房屋 61 幢，盖瓦木房 117 幢；230 户进户道路实现水泥硬化，6 户建有沼气池；买有彩色电视机 221 户，安装有线电话 176 户，23 人有手机，63 户有影碟机，8 户有冰箱，有洗衣机 12 户；有汽车 8 辆，摩托车 20 辆。2016 年，全村有别墅式砖混结构楼房 96 幢，整个村寨容貌整齐，房屋宽敞亮堂。成年人人手一部手机，多数家庭连接互联网，50 多户有小汽车。所有家庭都置有沙发、席梦思等家具，电磁炉、液化灶、彩电、冰箱、电脑等家用电器一应俱全，村人饮食与县城没有明显差别。中青年妇女如城里人一样，讲究身材容貌，用起了化妆品，追求休闲娱乐，兴起了广场舞。

林海红旗

位于贵州东部、清水江下游的锦屏县被誉为“中国林业皇冠上的明珠”，而魁胆则是锦屏这颗“明珠”的核心。在相当长的历史时期里，魁胆人“靠山吃山，吃山养山”，因地制宜地创造出了林粮间作、林粮并举的林业生产模式。1964—1995年的30多年里，以王佑求为代表的魁胆村人，以艰苦奋斗、力争上游的精神，大力弘扬林粮间作的优良传统，创造出骄人的造林成绩，成功地探索出解决林粮矛盾的新路径，魁胆因而被树立为贵州高原林海的一面红旗。王佑求等十位老林农被誉为“杉木王”，王佑求成为全国劳动模范，登上全国最高领奖台。王佑求等魁胆人创造出来的林业人工造林模式和杉木培育经验，不但在当时被视为“宝贝”，受到林业行政主管部门的重视并推广；即使在当今，也仍是发展林业，建设生态家园的“秘诀”，广为林学界珍视。

魁胆是中国南方传统的林业村，这里的人工造林业绩和经验曾名闻遐迩。

◉“靠山吃山”

魁胆九山半水半分田。自古以来，山林是村人赖以生存之源。

林木种类　魁胆林种分为用材林、经济林、杂木三大类。用材林主要有杉、松、楠竹和青冈、楠、榉、香樟、黄檀等；经济林（树）主要有油茶、油桐、漆树、蜡树、杜仲、棕树、银杏、果树等。除用材林和经济林外，其余林木均视为杂木。

杉木是魁胆最主要的用材林，村境内所有地域均出产，其数量占全村林木总数90%以上。在海拔低于魁胆村址的圭勇溪、圭览溪、残耶溪、圭横溪、圭威溪两边以及拉西一带，是村里主要的杉木产区，所产杉木质量优良，速生丰产；海拔在800米以上的高山区域，杉木长速稍慢，质量也稍次。

杉木分白杉和红杉两种。白杉即普通杉木，质地松软，纹理鲜明，生长快，18年左右即可成材；红杉坚重多油，当地又称“油杉”，生长速度较慢，数量甚少。

杉乡之晨（2010 年）　　单洪根　摄

链接：杉君子传序①

今使卒然而语人曰："黎有君子焉？"闻者必笑其妄矣。夫所谓君子者，其性直，其品端，其节坚，其材善者也。曰如是而谓之君子，黎之君子万万矣。夫所谓其性直，其品端，其节坚，其材美者，莫杉若也。触目皆是，而曰黎无君子焉，不可也。

盖尝合天下而计之，有土地，有水地，有山地。土生稼穑，水长蛟龙，山茂草木。稼穑甘美，养人口体，谓之善人，草可也。蛟龙变化，不可方物，谓之豪杰，虫可也。然稼穑能养人之身，而不能范人之心，盖善人质美而未学者也。蛟龙虽灵于物，而有时为害于物，盖豪杰有才而劣者也。是皆不得为君子。君子者，莫杉若也。

---

① 作者：龙绍讷，清道光时黎平府亮寨长官司（今锦屏县敦寨镇）人，道光十七年（1837）文举人，系苗族第一个文字作家。原文载龙绍讷《亮川集》、光绪《黎平府志》等。

天下山地六：为秦、为蜀、为滇、为黔、为楚、为粤。秦之山壮，蜀之山奇，滇之山竦，黔之山静，楚之山秀，粤之山峻。黎平介楚、粤、滇、蜀之间，先属楚，今属黔，其山多木。木有益于民者不一，而惟茶与杉最良。

黎山万而田一，以山为田，茶实可作油，货之可供食；至于杉，则不谓之君子不可也。请详其说。

《书》曰："曲直作酸。"木之不能有直无曲也，明矣。杉之为木，有直无曲。一茎独上，凡六七寻不等，有昂霄竦汉之势，无卑躬折节之形，盖严气正性之君子也。自本至末，有条不紊，破之如竹，辟之如缕，无或舛者，循脉络之自然，中匠石之绳墨，盖顺理成章之君子也。其枝则或四五，或六七，皆环生，重叠而上，无参差焉，无凌猎焉，圆如盖也，尖如笔也；其叶则冬夏不荣落，两两相排，附枝而生，如蜈足，如凤翅，齐齐整整，均均平平，盖无偏无颇之君子也。其节小而坚，其质轻而健。君子有道不变塞，无道不变死。此物此志也，性最易长，数年合拱，二十年之外则合抱矣，四十年之外则连抱矣；百年之外，则皮厚苔生，愈葱茏而郁勃焉。君子年弥高德弥邵，此物此志也。其材则肌理细密，脂肉洁白，随心所欲，无施不可，为梁为栋，为壁为椽，为棺为器。君子小用小效，大用大效。此物此志也，而又性最耐久，入水不腐，受湿不蛀。故岩阿中偶有崩圮，杉在土中，历千百年，人挖得之，香气袭人，木色变赤，取以作器，用盛饮食，虽盛夏不变味，名为"贵木"，言其贵无价也，此则君子而圣人也，最难致。至于其皮之坚厚，可代陶瓦；其屑之绵软，可塞桶漏，则又君子之零星小技，不足道。间尝读《文选》而慨然矣。张衡《东京赋》："植华平于春圃。"《孝经》援神契曰："德至地华平盛。"盖其枝正平，王者有德则生。以杉比之，孰优孰拙？必有能辨之者。使得生于通都，长于名国，当必有学士大夫载之志乘，发为诗歌，以为异常嘉瑞。乃独偃蹇岩隙间，曾无人过而问之。于此叹木之有幸有不幸，而凡贤人君子之湮没不传者，为不少也。又闻昔之人谓草中有君子矣。黄山谷之说曰："兰生丛薄，其香蔼然；在堂满堂，在室满室。含章时发，兰似君子。"又谓花中有君子矣，周茂叔之说曰："中通外直，不蔓不枝；香远益清，亭亭净植。"莲之为花中君子。范至能之说曰："岁华婉娩，草木变衰；灼然秀发，傲睨风露。"好事者或以菊比君子。又谓竹为君子矣。白香山之诗曰："竹本固固以树德，竹性直直以立身。竹心空空以体道，竹叶贞贞以立志。"号为君子，人多树以为庭实焉。

以予论之，兰以韵胜，莲以净胜，菊以节胜，殆高人洁士之流。若云君子，未敢许可。竹虽有可为君子之姿，然竹中虚，杉中实，且竹犹有阿那拜舞之态。而杉且亭亭独立，绝非俯首下人者比。

黎郡旧多杉，排山塞谷，价值钜万。居人命之曰“积金满山”。及其伐之也，修皮涤节，黄明耀目，居人命之曰“黄金晒日”。茅坪、卦治、王寨，三皆黎平所属寨名，有木市三处，轮当之。每年黔、楚“五勷”及临江、徽州“三梆”客，货贩于江、汉、吴、豫间，无处不到，洵至宝也。但悉为富家所据，贫者无有。近年来肆意砍伐，杉几尽。其有砍伐所不到者，则立而剥其皮，名曰“脱裤”，而君子病矣。吁！可叹哉！可叹哉！抑乎又有说焉：土地载人，水地载水亦载人，以故人材盛。山地载木，木气盛，人气衰，造物之灵不钟于人而钟于物。今木气其将衰欤？抑将有伟人兴起于其间欤？后之为君子者，可以奋矣。术者尝言，水之气薄，山之气厚，数百年后，黔之人文必盛。是说也，予未敢信，独有感于君子之落落如晨星也，因为之立传焉。

山林所有制

魁胆山林经历原始公有、房族公有、村寨公有、私人所有、集体所有等所有制形式。

原始公有　在清水江木材贸易兴起之前，村境内山林基本上为魁胆十六甲原始公有。清康熙初时，清水江木材贸易兴起，杉木成为可生财致富的商品。靠近溪边、便于木材采伐运输区域的原始公有山林土地逐渐被私人占有，只留下少数高坡，或与外团邻款交界不便管理的山场仍由十六甲公共所有。乾隆以后，随着十六甲组织力量不断减弱，其公有山场逐渐以出卖之形式转为私人所有。至民国后期，十六甲公有土地仍有歌场坳、计热坡、大他、寨荒、圭横溪、拉勒坡、皇封溪等处。1956 年农业合作化后，诸公山划归集体所有。今魁胆、高岑、孟寨等村仍遗存数十份十六甲出卖公山的契约文书。

宗族公有　清乾隆年间（1736—1795），魁胆以王姓为主的宗族势力兴起。民国初期，魁胆村内 4 个王姓家族竞相修谱建祠，并集资购置田、山等作为族产（称“会山”“会田”），以其收入作为清明祭扫、会议等宗族活动开支。如王万寿族人 1941 年所纂族谱中，即载明该族有登冲屋背、岑滥、冲谢、圭用、坪营、捧格、岑妹、圭宋等 10 处族山族地，并告诫子孙：“谱登之山地俱系先人之遗业，山内所出之木料特示族后裔人务宜谨守看顾，不许外人争夺乱砍，并禁族中亦不准私卖偷伐。我族众一经查觉，从重处罚不贷。”

族有山、田契约多由族长或族内诚实有威望者保管，族田多出租给族内成员经营，经营者每年向族众交纳相应租金或谷物；族山则租佃给族内或族外人员栽植杉木，杉木砍伐出售时，按对半或族四佃六等比例分配收成，族得收成由族长或族内管事者经管。族有田、山的处置权归族众会议或族内长老会议所有，个人不得随意处置。1952 年土地改革时，族产均收归集体所有。

村寨公有 清代至民国时期，魁胆村组建土地会、拱桥会、路会等多个公益组织，每个会都由热心人充作“会首”，向村寨内外受益民众募捐资金用于该项建设。建成后，为能使该项事业长期发挥作用，都要用所募捐到的资金购置一块或几块山林作为会产，以期用该产所收效益对公益项目作维护和管理。故村里旧有庙山（田）、路山、桥田（山）、渡船（山）等。1952 年土地改革时，诸会山悉收为集体所有。

私人所有 清水江木材贸易兴起，魁胆村域内的山林渐由原始公有转化为村民私人所有。木材贸易发展、人工营林出现，促进了山林土地权属频繁买卖转移和契约文书的大量出现。至乾隆时期，私人占有已成为村内最主要的山林所有制形式。历史上，魁胆村民对山林土地的占有未出现过度悬殊现象，故 1952 年土地改革时，村里山林土地大抵稳定，未作大的调整。

集体所有 1956 年，根据上级关于“农业合作化”号召，魁胆村组建高级农业生产合作社，将土地改革时明确给村民的山林田地交归集体经营管理。当时，魁胆高级社按照“合作化章程”规定，将全体村民的私有林木全部折价入社。而因时间紧促，对每块山场林木的情况未调查清楚，林木折价普遍偏低（全村林木仅折价为 2800 元），且因木材未砍伐出售，故价款大多未及时兑现，村民普遍有意见。1958 年年底，魁胆的山林更是悉数上交到人民公社经营管理。1962 年上半年生产资料“四固定”（土地、耕牛、农具和劳动力固定到生产队）时，山林才又下放到生产队管理。

1962 年上半年，根据“农村人民公社工作条例”和“林业十八条”的规定精神，魁胆大队建立山林处理委员会，对山林重新进行折价处理。对原漏掉未折价和折价偏低的山林进行处理，且明确林权管理范围，建立分户林木折价入社手册，确定偿还山价办法：①大队内用材林、杂木山、荒山、土地改革后划为集体所有的公山、风景树仍归大队所有，分给生产队经营管理，生产队造林、抚育用工，由大队从木材生产收入中提成给以补助，林粮间作的粮食和林业副产品归生产队所有；②大队划给生产队管理片内的茶油山、桐油山归生产队所有；③社员房前屋后的零星林木、果树和原来社员蓄禁的棺材木仍归社员所有。

对林木折价系根据杉木的大小、生长好坏划分等级，民主评议。以株计算：高1.8~2.8米的幼树每株0.1元，胸径15~30厘米的中幼林每株0.2元，胸径30~45厘米的每株0.3元，胸径46~60厘米的每株0.4元，60厘米以上的每株0.5元。处理落实后，逐户逐块造册登记。整个大队共计有山林412块，折价金额9127元，较高级社时折价2800元增加6327元。所折的林价从出售该林木的价款中提取归还，即从每年木材总收入中扣除20%，按山价总额比例偿付到各户。到1965年，共计归还价款2817元，占总数30.86%。

1965年7—12月，黔东南州“社会主义教育运动”试点选在“林业红旗单位”魁胆大队进行。其主要任务是彻底纠正当时有部分生产队仍按土地改革以前的契约文书管理山林土地问题，以真正实现社会主义集体所有制。经过反复教育和发动，12月份在有州“社教”工作组成员、各县代表和锦屏县委、高岑公社领导，以及高岑公社各大队党支部书记、大队长参加的总结会上，魁胆大队党支部书记王必柱代表魁胆大队率先表态发言，宣布魁胆大队所有未兑现折价的山林全部无偿交归集体，不再兑现原定的木材价款。随后，除平翁大队外，孟寨、高岑、桥问、晓岸4个大队负责人也表态将山林无偿交归集体。

山林分户经营　魁胆山林分户经营分两个阶段。

划分自留山　1981年春，中共锦屏县委下发文件，要求农村实行林业“三定”① 政策。魁胆大队被列为县林业“三定”工作试点之一，由县、区和公社派干部下来指导，大队党支部组织大小队干部开会，学习贯彻县委文件，结合本村实际，制订具体方案，将村寨周边未建林场的荒山和疏林山地划给村民经营管理。

魁胆划定自留山的做法，先将全村农户按居团划为6个大片，然后按该居团人既往主要生产活动方位划定自留山片区：高捧片划在村东和南边的亚荒、他送、岑油一带；登冲、冲随片划岑迷、捧格一带；黄甲片划过斜、坪老、地壬一带；岑滥片划问王、冲敏、冲包、步绪一带；嗷便、盘我片划格烈、按颇、岑赞一带；便大自然寨划便大附近及高杰、冲架一带。划分片区后，再根据家庭人口数划片给具体农户，平均每户分到的山场面积约为10亩。此项工作在当年7月结束。责任山分到农户后，有的农户对所分

① 指稳定山林权，划定自留山，制定集体山林管理责任制。

幼杉林（2008 年）　　　　县林业局　提供

到的中幼林进行管理，使之成林；分到疏林地的则将山场间所有的木材全部砍伐，然后重新造林。

划分责任山　1985 年春，中共锦屏县委又下发 1 号文件，要求全县对集体山林实行分户经营，即将集体营造已经成林的林场分到农户经营管理。魁胆村划分责任山的范围是基瓦、冲谢、拉西、岗西腊、岑更、盘杀卖、岑按马、按详、岑圭览、圭勇、塘嗷、塘洞、赞龙、岑圭威、岑假号、圭横、高杰等山场，亦即除便大公社林场（因林木系公社组织营造）、水库林场、赞勇、圭览溪靠孟寨一边（因存在权属纠纷）、高杰、他耀、叩横等之外，所有在 1963—1984 年间所营造的 5000 余亩中幼林和成材林地全部划分。其工作于 1986 年完成。

其划分方法，同样将全村农户划分为 6 片，每片平均 163 人，每户平均按 5 亩左右标准。林木的具体分法，不按组为单位，而是互相掺杂，每户得一窄长小块，互相交界处的树木则刮皮写上户主名字。林木分到户后，已成材可砍伐的，该农户即砍伐出售或建房，并造上新林，未成材可砍伐的，则留以后砍伐，有的至今仍未砍伐。

拉西林场是王佑求一手创建的林业先进集体，村里提出分拉西林场林木时，王佑求提出反对意见，因有上级文件，未被采纳。考虑王佑求带领场员造这片林有贡献，村里决定在离村较近的基瓦坡多分 50 株树给王佑求。该林场林木分定后，大多当年即砍伐，然后以户为单位再联合植造新林。

蓄禁杉木（2014年）　　王宗勋　摄

人工造林

人工造林是锦屏林区自清代雍乾以降数百年间，木材贸易和林业得以持续发展的重要手段。在魁胆，根据山林所有制形式的不同，人工造林分自主造林、佃山造林、集体造林三种模式。

自主造林　自主造林是村内人工造林的最早和主要模式。清雍乾以后，随着木材贸易的发展，木材采伐的增多，村境内原生杉木日益减少，村民遂自发在自己的山场上栽杉造林。1964 年，贵州民族研究所杨有耕等人在魁胆调查得悉，在民国中后期，魁胆村人自主造林占造林总数 58%。

佃山造林　佃山造林系 1952 年以前村里人工造林的重要模式。木材贸易兴起后，村里人工造林随之兴起。因村人占有土地多寡不一，山少人多的家庭，为解决粮食不足问题，多向山场较多或有山场但劳力较少的家庭租佃山场造林，近者图幼林间所产的杂粮以糊口，远者谋其所出木材之利。1964 年，贵州民族研究所杨有耕等人到魁胆开展调查得悉，在民国中后期，村里雇农和贫下中农，因无田地或少田地，大多向有山场者佃山造林。在抽样调查的 142 块林地中，佃栽的有 62 块，占造林总块数的 42%。在幼林成长期间，佃者为生所迫，往往贱价出卖幼林。在所调查的 142 块林地中，出卖中幼林 55 块，占造林总数 40%左右。

因村内林地相当部分处在海拔较高地带，林木生长较慢。于是，村人多到海拔较低的小江甚至清水江边向多山主家佃山造林。佃山造林，先由佃者访明谁家有需造林之山

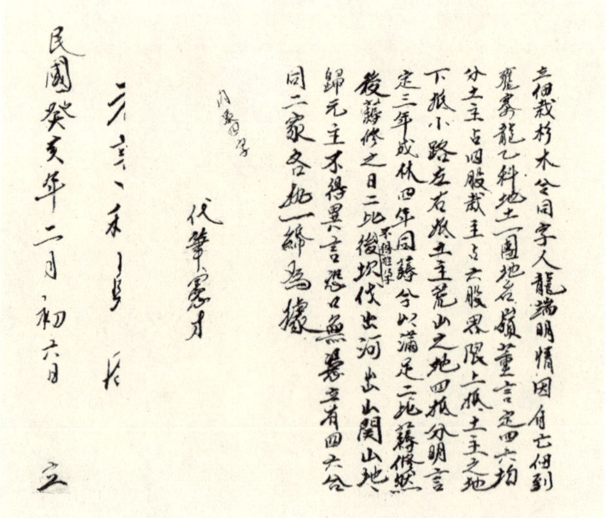

佃山栽杉文书　　王宗勋　摄

场，然后亲自或托人带少许礼物到该家向山主面询，若双方同意，便择日书写佃约。书写佃约，除主佃双方之外，还要请一人作凭中。若主佃双方和凭中都无文化，则得请代笔人。写佃约之前，主佃双方和凭中等需到所佃山场详细踏察，理清边界四抵。佃约上要写清山主姓名和所在地，所佃山场所在地名、四抵、所栽杉木分成比例以及主佃双方的权利和义务等事项。租佃山场，在幼林间套种的小米等杂粮全归佃者所有；所栽杉木则按比例分成，分成比例大多为主四佃六，亦有少数对半分（山场靠近溪河）和主三佃七分（山场远离溪河）。幼杉封行郁地后，停止间作杂粮，然后主佃双方共同抚育管理。因租佃山场均要事先书写契约，故村人常将租佃山场称为“写山”。

有部分山主因无劳力等故，未能对山场及时栽杉。为免山场荒芜，遂主动招佃。山主招佃，所写契约称“招帖”。

1956 年实行农业合作化后，林地交归集体经营，佃山造林活动基本停止。

附 1：佃山造林文书

立租地栽杉合字人本房王应求名下。情因租到本房王荣鉴有地土一团，地名皇封坡脚，上依半岭，下依路径，左依冲处，右依王荣鉴之地为界，四至分明。此地租与王应求开垦栽杉。当面议定三年自修理幼林，满三年同薅修。当面言定四六分，栽主六，土股四。其木砍出河，地归原主，不得异言。恐后无凭，特立此租字为据。

内添二字。

代笔王太吉

民国庚午年八月十四日立

集体造林　1956 年农业合作化以后，山林土地归集体所有。此后至 1985 年，村里所有造林活动皆由大队和村民委员会组织集体进行。1963 年，魁胆大队开始组织在拉西坡大规模集体造林。1964 年春，大队在拉西坡创办全省第一个大队集体林场，创造出斐然成绩，被树为贵州省林业战线的一面红旗。此后，魁胆大队以拉西林场为基础，持续组织集体造林 20 年，共计造林 6700 余亩。1982 年，全村有集体林场 8 个，有场员 134 人，全年造林 1848 亩，人均收获粮食 378.5 千克、现金 147 元。1983 年林场增至 10 个，有场员 241 人，当年基本消灭荒山。1985 年县里实行山林分户经营政策，取消营林补助，村民造林积极性下降，部分成材林采伐后未能及时补造，遂出现荒山。1992 年春，县、镇两级政府号召植树造林，消灭荒山。魁胆村党支部和村民委员会积极响应，组织全村村民建立 6 个集体林场，对所有荒山实施造林绿化。至 1995 年，全村共造林 4000 多亩，在全县率先消灭荒山，实现绿化。

林粮间作 魁胆山多田少，田间所产稻谷不能满足需求，需在山上种植杂粮以弥补。木材贸易兴起前，人们在山上“刀耕火种”，获取小米等杂粮。木材贸易兴起后，人工栽杉造林成为村人的重要生产活动。人们纷纷在自己占有的山场上栽植杉木，期收木利。杉木生长周期较长，快则 18 年，慢则 25 年甚至更长。为不影响栽杉造林，又能解决粮食困难，人们遂在刚栽下的幼林间套种杂粮。于是，林粮间作成为村人有效解决林粮矛盾而长期坚持的林业生产方式，也是村人“靠山吃山”的主要表现形式。

传统造林前炼山（2004 年） 王宗勋 摄

小米与幼杉（2009 年） 王宗勋 摄

采收小米（2014 年） 王宗勋 摄

在幼杉林间种植的杂粮多为小米和玉米。种小米要将地挖深 8~10 厘米，种玉米则挖深 15~20 厘米。小米和玉米植株要与幼杉保持一定距离，勿使作物过近于苗木植窝，免与苗木争养分和阳光。作物长出后，要多次除草。除草时，要给苗木周边松土，并给苗木根部周边围培沃土。玉米等采收后，其秆叶铺在地上让其腐烂成肥。如此，种植管理粮食作物时，幼林得到很好管护。

林粮间作是魁胆人长期探索出来的一种人工林业生产方式，也是速生丰产林培育的宝贵经验，1965 年后被贵州省林业部门在全省推广。

木材与山林买卖

木材买卖 清雍乾时期清水江木材贸易兴起后，魁胆人亦积极参与其中。村民将自家或购买他人山上的木材采伐，放下到圭威溪或圭览溪边售卖给其他“山客”，或直接放下到王寨、茅坪“江”上通过行户转卖给“水客”，从而获利。但均为小规模经营，无因之而大发者。

1953 年以后，木材为国家统一经营，村里所有木材采伐销售均由村（大队）集体进行。村（大队）每年根据县里分配给的指标数和村里林木生长成材情况，组织社员到指定山场采伐木材，并拖运到县林业部门指定的地点（江边）交售给国家。向国家交售木材，国家按收购价给予相应报酬（1959 年每立方米为 16.98 元，1962 年为 23.21 元，1964 年为 23.62 元，1965 年为 26.04 元，1970 年为 25.19 元，1973 年为 28.87 元，1979 年为 30.97 元）。其报酬除钱款外，还有相应的奖售粮和布票。大队根据人口分到各生产队，各生产队再按人口和劳力情况分到社员手中。

1956—1964 年 9 年间，魁胆大队共计采伐交售给国家木材 8700 余立方米，获收入总计 21.08 万元。1962—1964 年 3 年间，集中全大队力量在高杰林区采伐，计采伐运出杉木 6800 多株、1800 多立方米，收获 42100 多元。其中，1964 年 33700 元，占总收入 60653 元的 55.5%。1985 年木材市场开放，集体经营木材停止。

山林买卖 魁胆村的山林买卖对象多为青山。青山指活立木，分为成材林和中幼林两种。成材林指栽植在 18 年以上可采伐利用的杉木；中幼林，俗称“嫩杉”或“子木”，系栽植 4~18 年的未成材杉林。1952 年以前，村里青山买卖甚为频繁。因杉木生长周期较长，最快也要 18 年才能成材收益。大部分林木栽植者等不到卖木材收益，而是因生活困难或遇突然变故被迫在成材期内将中幼林出卖，收取眼前利益。因中幼林距离成材收益尚有较长时间，还需投入相应成本进行管护，存在一定风险（主要为山火或盗伐），故价格普遍甚低。而幼林不断在生长，利益与日俱增，故稍有家资者，看到幼林潜在的利益，也热衷于购买青山。

过去村人买卖青山，也要签订契约文书。买卖双方及所请的凭中、代笔等，在订立契约之前，要到现场作实地踏察，确定边界。书写契约时，在写明青山所在地名、四抵、价格等基本要素后，还要作特别规定：买成材林者，要规定“出山关山”，即买主将山上成材林木一次性采伐并搬运下山后，山主即将山场收回，买主不得以任何理由再继续利用该山场；购买中幼林者，多写明买主要“借土养木”，因所买中幼龄林木距成材可采伐还有较长时间，买主须借卖者之土地将木材蓄养至成材采伐。在木材采伐之前，山主不得在该山内做任何经营。

山间待售木材（2006 年） 王宗勋 摄

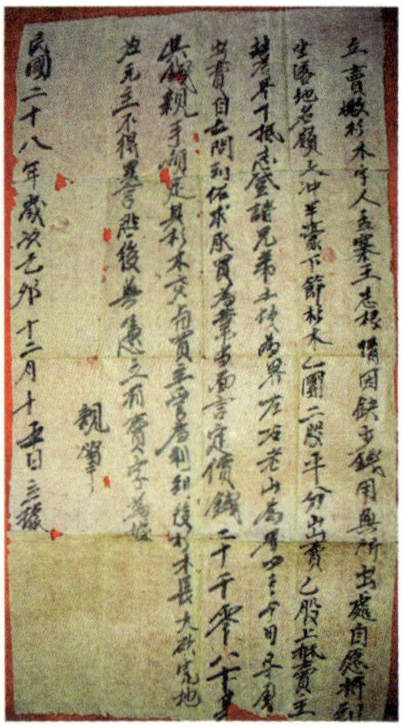

中幼林买卖契 王宗勋 摄

1956 年山林所有权交归集体后，私人青山买卖活动停止。

附 2：买卖青山契约文书

立卖嫩杉木字人本寨王华恩、海求父子。今因要钱使用，无所得出，自愿将到坐落土名叩类杉木壹块，栽主佔一半，地主壹半，王有得、王华恩共佔乙半，华恩父子将乙股出卖。自己问到本寨王显生名下承买为业。当日言定价钱贰仟四百八十文。其钱卖主领足，其杉木任从买主修薅管业。日后木登发卖出山，地归元（原）主，不得异言。恐口无凭，立有卖字为据。

外批：此杉木四股均分，出卖乙股。

亲笔

民国十八年十一月初四日立卖

1984 年 7 月，锦屏县人民政府实施林业改革，在魁胆村进行集体所有中幼林折价转让试点，将 1971 年拉西林场在叩横坡植造的 300 亩、45994 株中龄林木转让给县林工商公司，获价款 5.7 万元。魁胆村民委员会遂将此款按每人 200 元（外出工作人员每人 100 元），均分给全村村民。1992 年，魁胆村民委员会又以 46 万元价格，将王佑求等水库林场 1976—1980 年在水库、洪抗、赞勇一带植造的 3 片成材林木共 1800 亩（水库片约 900 亩，洪抗片约 600 亩，赞勇片 300 亩）木材，出卖给木商。水库、洪抗两片得款按全村人口均分，赞勇片则由该林场场员按劳分配。

1992 年年初，魁胆乡并入平秋镇。当年 9 月 17 日，平秋镇政府与原魁胆乡所属魁胆、平翁、高岑、孟寨、桥问、晓岸 6 个村代表，就原高岑公社林场林木签订“中幼林转让合同书”，将便大、四方山两林场计 1800 亩中幼林总折价 80 万元（含土地股），明确甲方（魁胆等 6 村）劳股占五成 40 万元、土股占二成 16 万元，乙方（平秋镇政府代表原魁胆乡政府）投资股占三成 24 万元。甲方将劳股和土股以 56 万元转让给乙方，扣除税费，乙方实付给甲方 53.8 万元。分两次付清，1993 年 6 月底前付 38 万元（用于架高压输电线），2000 年元月前付 15.8 万元。随后，平秋镇政府按合同组织将便大片亚独道一带和四方山片斗米坡两处林木材采伐，得 17.58 万元给魁胆等 6 村架设高压输电线。

2003年后，平秋镇政府组织木商陆续采伐。至2004年9月，平秋镇政府分两次将原高岑公社林场便大和四方山两处部分林木出卖。其中，便大片收获土地股款125748.7元，此部分款魁胆村占土股70%，其他5村共占30%；四方山收获土地股款14519.7元，此部分款晓岸村占50%，其他5村共占50%。

2004年10月25日，平秋镇政府和原魁胆乡魁胆、平翁、孟寨、高岑、晓岸、桥间6个村负责人集中在原魁胆乡政府办公楼召开会议，决定将佑求林场（原高岑公社林场）圭杀卖、岑苗、盘老雄、大他、岑强纠、冲架等主体部分约1500亩林木卖给木商陈有现，售价42.8万元。同时，出卖盘老雄公路下木材得7.38万元、四方山林场得4万元，加上镇政府2004年砍卖得5万元，计收入59.18万元。扣除镇政府管理费15.28万元和风险金7.1万元及看守、误工等费1.21万元，结余部分付给6个村土地股10.16万元、劳力股25.34万元。

2012年，魁胆村民委员会将拉西山场1200亩林木以192万元出售给湖南木商砍伐。其收益按30∶5∶65比例分配，即集体土地股占30%，村提成5%，林场场员劳动股占65%。

◉ 林海红旗

创办集体林场

拉西林场 1961年夏，集体食堂解散。因饥饿引起恐惧所致，当年秋，村人为解决糊口问题而大挖蕨根，村境内凡产蕨根的幼林地均被翻挖过遍，以至中幼杉林被毁严重。1962年春，继出现一场“向山要粮”的开荒种粮风潮，大多荒山和疏林地甚至幼林地被开垦种植小米、玉米等杂粮。是年，村境内遍地开挖，野火频仍，使上千亩山林被损毁。

1962年，针对全县性的毁林开荒风潮，县委多次严禁，但效果不佳。1963年春，高岑公社书记王世藩到魁胆大队蹲点，遂以魁胆为重点，贯彻落实县委制止群众毁林开荒、保护森林的指示。在王世藩的倡议下，当年春，魁胆大队党支部组织全大队295个劳动力到被村民挖蕨根而毁林严重的村西北拉西坡一带，整土造林867亩，抚育幼林700多亩。在县委致力制止民众毁林开荒现象时，魁胆大队组织集体造林并取得突出成绩，引起县委的高度重视。当年冬，魁胆大队被推荐评为全省林业先进单位。1964 年 3 月，大队支部书记王光模代表大队赴贵阳出席贵州省林业工作会议，接受表彰。

1963 年魁胆大队造林取得突出成绩，被上级肯定和表彰。如何再接再厉？1964 年春，蹲驻魁胆大队的公社党委书记王世藩，组织全大队党员干部和老林农，就如何发展林业问题展开讨论。在讨论中，民国时曾长期在圭览溪龙尾坡一带同小江山主佃山造林的老林农王清福提议，依照其过去在圭览溪佃山造林的做法，组织专门队伍到山上安营扎寨，造林管林。此意见立即为大队党支部采纳。大队党支部决定组织专业队伍到拉西坡管理上年营造的幼林，并继续植造新林。派共产党员、副大队长王佑求带领王田乐、王光谋、王必选、王清禄、王清福、王锡标、王锡焕、王先朵、龙延厚 9 位老林农和 12 名青年到拉西坡扎棚，创办全省第一个大队集体林场。9 位老林农年龄皆在 60 岁以上，最大者王田乐更是 76 岁高龄，且都与林木打交道数十年，有丰富的造林经验。

王佑求率领 21 人至拉西坡，克服极其艰苦的条件，一面扎杉皮棚、造家具，一面垦荒造林、管护上年所造幼林。大队林场亦予大力支持，农闲时组织社员到拉西助战。当年，林场新造林 230 亩，抚育幼林 615 亩。同时致力林粮间作，当年从幼林间收获小米、玉米等计 2893 千克，采摘杉种球 740 千克。1965 年，拉西林场继续创造新成绩：造林 430 亩，管护幼林 350 亩，场员人均从林间收获粮食 974 千克。拉西林场连续两年取得突出成绩，引起县、州、省领导和新闻媒体的关注，被树立为全省林业战线的一面

林粮间作收获的小米（2011 年） 王宗勋 摄

旗帜。当年12月12日，《贵州日报》所有的4个版面全部刊载魁胆大队党支部和拉西林场的先进事迹，将王佑求和王田乐、王光谋、王必选、王清禄、王清福、王锡标、王锡焕、王先朵、龙延厚10位老场员誉为“十大杉木王”，刊登其照片和事迹。同时配发题为《力争上游》的社论，号召全省人民学习魁胆人艰苦创业的精神。还将魁胆与大寨相提并论，提出“农业学大寨，林业学魁胆”的口号。当年，王佑求被评为州、省先进工作者。

1966年，拉西林场继续造林390亩，林场和大队共同管护幼林480亩，收获林间粮食9750千克。此外，还收获花生、油菜和棉花等，上调肥猪收入现金620元。至1970年冬，拉西坡一带3000多亩宜林荒地全部栽上杉木。

拉西坡实现造林绿化后，1971年春，王佑求奉大队党支部之命，率全体场员转战拉西坡西北4千米的叩横坡开辟新林场。当年，完成整地造林面积230亩，管护大队造林后移交的幼林592亩。至1975年，叩横坡2769亩荒山又全部栽上了杉木。

附3：老贫农带头艰苦创业——魁胆大队二十二个贫农社员上山办林场①

贵州省锦屏县高岑人民公社魁胆生产大队，在海拔一千四百米的高山区，有森林一万三千四百六十八亩，宜林荒山七千六百五十八亩，占了全队总土地面积的百分之九十三点五九。常言说得好：“住在山坡吃山坡，山里人要靠山坡过生活。”用什么办法才能把现有森林管好，把荒山都造起林来？为这事，大队党支书王光模和林业队长王佑求，亲自登门向队里的“杉木王”王清福老人求教。这个一生不知培植过多少杉木的老贫农，一听问的是他最关心的事，就说：“要想木头钱，必须跟木眠；要想树长大，四年不离锄头把。”王光模、王佑求都感到老人谈的很对，可队里人少，林子多，寨子离林子远，也不好办啊！想来想去，只有安排一些人上山安营扎寨这条道。

去年三月十一日，召开了大队队委扩大会，还邀请王清福、王田乐、王有吉、王恩林等老贫农列席会议，专门商议办林场这件事。会上，只有两个青年干部反对。有个说：“办林场困难事多啦！山上吃的，住的，啥也没有。”另一

① 作者：王世藩、王灿炳，原载《中国林业》1965年第2期。

个说："林业收益慢，远水难解近渴。等造林、抚育的季节来了，大家去突击一下就行了，何必去坡上吃苦？"听了他两人的话，老贫农王田乐气愤地说："年轻人坐在福中不知福，要不是共产党，要不是先辈栽树拌山，你们今天能过得这样快乐吗？过去是为地主栽树，今天是为国家、集体栽树，有啥子苦？"王必文说："栽树不管理，你哄他，他哄你。我们队林子多，离寨子远，每天跑来跑去，人累不说，还干不了多少活。我看硬要办林场才行。"大家你一言我一语，都说办林场好。田管不好收一半，林管不好没账算，两个年轻干部开始懂得了这个道理。特别是老人们的忆苦思甜，更教育了他们。最后，他们不但拥护办场，而且申请上山。

接着，大队又召开了全体社员大会。会上，大家通过忆苦思甜，又看到队里通过发展林业壮大了集体经济的活生生事实，都同意办场。贫农、下中农社员们，都争先恐后地要求上山办场去。王光模、王佑求看在眼里，乐在心里，但是不能全都去啊！决定谁去呢？尤其是围住王光模、王佑求要求上山的王田乐、王清福、王海求等十六个老贫农，更难办。他们都是在家养老的老人、五保户，哪能让他们上山去！老人们好像看透了支书、队长的心思，忙说："光模、佑求，莫担心，我们这些老头子跟山打了一辈子交道，去试试吧，不行就下来嘛！"老人们脾气拗，骨气硬，看来不让去不行，只好同意他们上山。

三月十三日，王佑求带领二十一个贫农社员到了山上，头顶青天，脚踏荆棘，在这从来没有人住过的地方办起了林场。没有住的，他们搭上草棚，以杉木皮为铺。吃的困难，他们抚育幼林，间作粮食。他们收集山上砍下的老脚木，卖给国家木材收购站，收入一笔钱，加上国家发给的扶持集体林业生产的钱，添置了锄头、镰刀、斗笠、蓑衣。剩下来的一部分，用来养猪养鸡，发展副业，以及场内人员的生活费用。到了七月，大队腾出手来，给林场盖了三间新木房，给每人添置了新床。并且，征得全体社员同意，到林场的人都由生产队补助口粮三百斤。有了国家的扶持，有了集体经济的撑腰，自己又以自力更生的革命精神创业，林场克服了种种困难，终于办起来了。

林场才成立不久，王宗相越来越过不惯艰苦的生活。这个只有十五岁的年轻人，从小没有父母，是在孤儿院长大的。大队把他接回来后，送他进学校读书。一九六三年，他从学校回队参加农业生产。报名上山时，他有一股热劲。

上山后，抬头望高山，低头见深谷，感到生活苦，老想回寨去，不安心生产。王佑求明白自己的责任，向老贫农们讨办法，要把这孩子教育好。一天晚上，草棚里燃着一堆柴火，大家围坐在火旁，给王宗相一五一十地讲述自己在旧社会的辛酸史。老贫农王田乐说："孩子！福在高岩，不苦不来。今天不辛苦，将来哪来福。你是在甜日子里长大的，不知道老辈人的苦。我从小就跟爹娘住在山上，给地主栽树。一栽几十年，到头来亲娘饿死了，树是地主的，家里拿不出一块埋葬她的薄板……"老人说起旧社会的苦，万分悲痛，讲不下去了，听的人都掉下眼泪。老贫农王海求擦去眼泪说："孩子呀！解放前我在人间地狱里度过了四五十年。爹娘死了，恶霸地主王彦科欺我年幼，牵走我的牛霸占我的田和房，还硬要我给他当长工。把我折磨病了，就一脚把我踢出门，害我跌伤了脚，那时没钱医，成了这只残废脚。解放后，大队供我吃，供我穿，共产党比我的亲爹娘还亲。你呀！今年才十五岁。你三岁没有父母，由国家把你养大，后来大队又送你去学校读书。如果在旧社会，像你这样的孤儿，不知死在哪个角落了。同旧社会比起来，今天的生活不是苦，是甜。"老人们一个接一个的讲下去，每一个老贫农都有一本在旧社会受苦的血泪史。王宗相听了老人们对旧社会的控诉，心里明白了许多过去不明白的事：为什么王田乐公公重孙都有了，不愁吃，不愁穿，还心甘情愿地来高山呢？啊！老人们原来是受过旧社会的苦，知道今天的甜，一心为集体，为我们年轻人的幸福。从此以后，王宗相在老贫

拉西林场杉林（2011 年）　　王宗勋　摄

农们的教育下成长起来了。他每天起早贪黑，天不亮就起来烧火煮饭，天麻麻亮就上山干活。每天收工回来，不是拾回一抱干柴，就是摘回一篓猪菜。并且进门放下农具，又忙着帮助龙延厚老人洗碗、扫地、喂猪。他再不贪玩了，再不怕苦了。他牢牢记住王佑求场长的话，永不忘本，要接好老人们的班。

现在，魁胆生产大队的二十二个贫农，在山上创业已经快一年了。去年，他们造林二百一十九亩，抚育幼林四百二十五亩，采集杉木球果一千四百八十斤，炼山整地七百八十六亩，生产粮食五千七百八十七斤。还养了一头母猪，一头大肥猪，八头小猪，二十二只鸡，蔬菜已经自给有余。今年，他们不仅林业生产计划任务大，而且提出不要队里补助口粮，要做到自给。他们表示决心要走大寨之路，用自力更生、艰苦奋斗的革命精神，造好林，管好林，为集体创家立业，为社会主义建设培育森林。

便大公社林场 1975 年春，锦屏县委提出在开修的锦彦公路沿线营造“五十华里一条线”杉林带。高岑公社党委根据县委部署，决定以魁胆便大为中心，组织全公社 6 个大队（魁胆、平翁、孟寨、高岑、桥问、晓岸）的劳动力（每个生产队 2 人）创建公社林场，林场的范围主要在魁胆村南边便大自然寨周边一带。至 1977 年，此一带 1500 多亩荒山全部造上杉林。当年春，公社又从此林场抽派部分力量到晓岸村南面靠近平略镇归皎寨的四方山开荒造林，当年造林 300 多亩。

水库林场 1976 年春，为配合公社党委的行动，魁胆大队决定派王佑求率拉西林场队伍转至锦彦公路 14~15 千米处北侧、洪抗至平林坡一带建林场造林。1979 年春，平林坡一带 1859 亩荒山全部造上杉木林，实现绿化。当年，王佑求又率领 18 名场员第三次转战到水库附近扎营，创建新林场。

1981 年，为鼓励群众造林，县委、县政府提高造林钱粮补助（每造林 1 亩补助粮食 18 千克、款 12 元），魁胆人造林积极性更是高涨。当年春，魁胆大队以佑求等所办的水库林场为基础，组织村民分别在圭威溪和圭览溪组建分场。1982 年春，分场增至 7 个，场员增至 134 人，当年造林 1848 亩。1983 年分场更是增至 9 个，林场场员达 241 人，其中有 7 个林场建有房子，全村每家至少有一名劳力在林场劳动。当年 10 月，时任中共中央顾问委员会委员、林业部部长雍文涛特意到王佑求所在的水库总场考察，并高兴地与王佑求以及场员合影。

林场大面积幼林（2006 年）　　　　县林业局　提供

魁胆林校

魁胆人历来重视林业生产知识技能的教育传授。青少年十三四岁，就随父母上山学习造林技能。

1964 年，魁胆大队因拉西林场造林成绩突出，获得上级表彰。为进一步培养林业方面的青年接班人，1965 年春，在公社党委书记王世藩的倡议并主持下，魁胆大队在离寨 5 千米的圭览溪下游龙尾坡脚溪边建立林校，从各生产队挑选出王宗锦（大队团支部副书记）、王炳江、王宗干、王有辉、王宗相、王宗梅、王光菊、王灿菊、王生莲、龙金兰、王元菊、王生丽、王金莲、王元柳、王五妹、王宗妹、王老晓、王培芝、王宗培 19 名优秀青年为学员。由县水利局下放的水利辅导员王生林担任校长，请拉西林场场员、老林农王光谋担任技术教师。

杨念一作品《魁胆林校女学员》
王宗勋　摄

学校实行半工半读制。学员的基本口粮由所在生产队提供，学校和学员的日常开支均由学校自行解决，县林业局、教育局帮助建立管理制度。学员每天上午 8 点至 11 点集中上课，12 点至下午 5 点上山造林抚育，统一记出勤，年终按出勤天数和平时表现确定收入分配。

办校初期，场员无住处，就将两间破牛棚改造成住房；无经费，学员们上山砍柴放运到溪口搭排放到县城出售，得 300 多元，购买生产和生活用具以及识字课本。到 1965 年年底，学校新造杉林 15 亩，抚育幼杉林 950 亩。在幼林间搞林粮间作，收获杂粮 4000 多千克、棉花 150 千克、现金 3200 元。此外，还喂有 4 头猪。

自 1965 年开办至 1968 年秋，林校共造林 840 亩，抚育面积 2766 亩。因成绩突出，1966 年被州林业局评为“育人造林先进单位”。当年 8 月，校长王生林、学员王生莲还被推荐为先进分子随县红卫兵到北京天安门接受毛泽东主席检阅。初到林校时，学员中三分之二为文盲。通过一年多学习，都能看报纸、写信，学会了打算盘，绝大多数都掌握了植造杉林的技术和管理方法。

1968 年春，校长王生林在生产中脚受伤，不能到场主持工作。此时，倡导办魁胆林校的高岑公社书记王世藩他调、魁胆大队革委主任王光模被批斗，公社和大队均无领导过问林校工作。当年秋，林校自行解散。

魁胆林校解散后，拉西林场继续以夜校形式对青年场员进行造林知识教育。

魁胆林校学员王求标在魁胆林校旧址介绍林校情况（2017 年）　王宗勋　摄

附 4：魁胆林校造林歌

全面整地宽打窝，阴天栽杉最适合。
宜用一年健壮苗，根散压紧填满窝。
打下桩片挡泥土，杉苗尖尖朝下坡。
林粮间作双管理，保证树苗快成活。

农林并举 1963 年春，在高岑公社书记王世藩的倡议下，魁胆大队组织劳动力，在前些年因挖蕨根而成荒山的拉西坡新栽和抚育幼杉林 1500 多亩，被评为贵州省林业工作先进单位，受到中共贵州省委、省人民委员会表彰。1964 年春，魁胆大队组织专门队伍，由副大队长王佑求率领，到拉西坡上安营扎寨，创办全省第一个大队集体林场。拉西林场建立后，1964 年、1965 年连续两年取得突出成绩，魁胆大队因而被树立为全省林业战线的一面旗帜。

为解决粮食问题，魁胆大队在致力发展林业生产之同时，积极发展粮食生产。1964 年 7 月，大队党支部副书记王必柱被县委派赴山西省昔阳县大寨参观。回来后，立即组织开展“农业学大寨”运动，带领全大队劳动力在平笨坡垦荒造田。在全大队干部群众动员大会上，王必柱说：“大寨对国家作出了这么大的贡献，我们老是要国家供应粮食，这怎么行？”他号召：“我们要走大寨之路，叫高山低头，让平笨坡成良田，五年计划争取一年完成。”

平笨坡缺水，要在该处造田须先解决灌溉问题。于是，大队决定修平笨水渠。平笨水渠源于晓岸村屋脚，经岑苗半坡、架列冲，全长 7000 余米，需翻 70 座山岭，越 65 条冲，其中 2000 米全是石坡。在王必柱的带领下，大队全体社员都参加工程劳动，紧张时甚至举火夜战。当年大年三十上午，王必柱等大队干部还冒雪凌奋战在工地上。水渠原计划用 3 年时间完成，结果仅用了 11 个月、1.6 万余工日，于 1965 年 6 月修成通水。在修水渠之同时，大队还分兵在平笨坡劈山造梯田。

为多收粮食，魁胆大队坚持并不断扩大林粮间作面积，改传统一年一季间作为两季甚至多季间作，幼林地里四季不断庄稼。1965 年，魁胆大队水稻收成比上年增加 19%，加上林间套种粮杂，粮食总产量达到 19 万千克，基本实现自给，猪、牛总存栏数分别比 1951 年增长 30% 和 40%。此外，魁胆大队积极向国家交售优质木材，1951—1965 年 15 年间，计向国家提供建设用材 9600 余立方米，仅 1964—1965 年即提供了 2000 余立方米。

1964—1965 年两年中，魁胆大队 295 个劳动力，人均造林 4.7 亩、抚育幼林 10.5 亩、在林间套种杂粮 6 亩，采伐和搬运木材 7 立方米，耕种田土 4.8 亩。

魁胆大队充分发挥集体的优势，创造出了突出的造林成绩，引起县、州、省各级领导和新闻媒体的关注，被树为贵州“高原林海的一面红旗”，各地参观考察团队、新闻记者、艺术创作生活体验者纷至沓来。1964 年 10 月，中共锦屏县委向全县发出“学魁胆，赶魁胆，超魁胆”的号召。11 月，全州林业工作会议结束后，中共黔东南州委书记处书记刘昌淮带领全州所有县林业局局长到魁胆大队参观取经。随后至 1965 年春，全州 13 个县基层干部和积极分子 2100 多人先后到魁胆学习取经。是年春，黔东南州歌舞团演员进入拉西林场体验生活，时间长达 10 个月。其间，演员们与林场场员同吃同住同劳动，编排反映林农生产生活的剧目。当年 9 月，贵州省省长李立亲自到魁胆大队蹲点，调查总结魁胆大队通过创办集体林场发展林业的经验。继后，锦屏县县长姜继源到魁胆蹲点调研一个月。

王佑求向全州社队林场会议代表介绍魁胆林场造林经验（1980 年）

侯迁烈　摄

1964—1965 年，《人民日报》、中央人民广播电视、《中国林业》杂志、《贵州日报》等多家新闻媒体和报刊多次报道魁胆大队的先进事迹。省委、州委领导多次在全省、全州会上号召“农业学大寨，林业学魁胆”。因带领青年参加造林，取得突出成绩，1965 年 12 月下旬，魁胆大队团支部被评为全省先进团支部，支部书记王光登出席全省“建设社会主义优秀青年积极分子代表大会”，并在会上作《做红色的林业接班人》的典型发言。是年冬至 1966 年春，中共黔东南州委在全州组织开展“学魁胆的革命精神，学魁胆的先进经验”的群众性造林运动。1966 年 3 月，贵州省林业厅将魁胆大队林业先进事迹编写成《林海红旗——介绍林业先进单位魁胆大队》一书，由贵州人民出版社出版。

附 5：解决四个矛盾，促进林业生产——魁胆大队发展林业生产的一些具体作法 ①

一九六二年，公社党委决定叫我常住魁胆大队。在魁胆工作的这段时间，我发现这个大队的林业生产之所以搞得好，一条重要的经验是，他们认真地执行了党的有关政策，解决了许多矛盾。

一、眼前利益与长远利益结合，调动社员林业生产积极性

近几年的植树造林运动，在魁胆大队是空前未有的。但是，问题也就从这里发生了：植树造林，抚林育林，每年都要用几万个人工。这些建设，当年都没有收入。这样一来，秋收分配的劳动日分值降低了。劳动日分值不高，影响到林业生产的积极性。有的社员说，植树造林好是好，就是眼前收入少。党支部认真讨论了群众的意见，订出了一些从事林业生产的原则。这就是：安排每年的林业生产，从长远着手，以长远促当前，以当前保长远。在安排林业生产时，坚持做到人力“对半开”，即从事长远利益的造林、抚林以及林区基本建设，所占劳动力控制在林业用工量的一半左右；从事当前利益的伐木、运输以及解板等林业副业的用工量，也占一半左右。在造林品种的安排上，既抓收益慢的成材林，又抓收效快的经济林；既注意培育缓生林，又注意培育速生林。在资金的使用上，严格控制用于长远的基本建设数目，大量用于当年见效的投

① 作者：王世藩，原载《贵州日报》1965 年 12 月 13 日第一版。

资。妥善解决了长远利益和目前利益的矛盾。

二、妥善解决林粮争时间、争劳力的矛盾

全大队全年从事林业生产的用工量，至少要三万五千多个，而每年的粮食生产至少也要三万四千多个工。可是，包括半劳力在内，全大队只有二百九十五个劳力，远远不能满足林、农业生产的需要。于是出现了林、农互争劳力的矛盾。又如，二月是最好的造林季节，但二月也是土头粮食作物下种的季节。这样一来，又出现了林、粮争时间的矛盾。为了解决这个矛盾，他们采取了四个办法：

1. 两套活路，一套安排，一套人马完成。如，林区要开辟防火线，魁胆大队在搞这项活路时，同时考虑到稻田用水，把防火线挖深挖宽，挖通到稻田边，把防火线变成拦山沟，做到了一举两得。

2. 大搞林粮间作，顾了林又顾了粮。过去年年都要开荒种粮食，每年开荒就要占三四千个活路。后来，根据老林农的经验，搞林粮间作，先在开垦的荒地上种上树，然后间作粮食，这样连作三年，粮也收了，林也管好了。

3. 打破常规植树造林，错开活路季节。魁胆的习惯从来是冬天整地，次年二月栽杉。因二月正是包谷下种的季节，以往常常顾了一头丢了一头。后来，党支部和有经验的林农通过试验，创造了九月栽杉的经验。从此，改一年一季栽杉为多季栽杉，解决了农林争时间、争劳力的问题，有劳力和时间多栽树。

4. 建立专门的林业队伍，

贵州日報

印軍二股越过中锡边界向我发动武装进攻
我国政府向印度提出强烈抗议
严正警告印度政府必须立即停止挑衅，否则将给以应得的惩罚

学习魁胆开展羣众性造林运动

学魁胆的革命精神　学魁胆的先进經驗
黔东南州大搞植树造林重視造林质量
中共黔东南州委要求各地在学先进活动中既要热热烈烈又要扎扎实实

象魁胆人那样苦干巧干加速綠化荒山
錦屏各地竞学魁胆掀起造林热潮

印尼右派势力虐待和杀害华侨的暴行愈演愈烈
我国向印尼政府提出最强烈抗議

解决四个矛盾　促进林业生产
——魁胆大队发展林业生产的一些具体作法

有关向魁胆学习的报道　　王宗勋　摄

做到四季有人管理。去年夏天，以大队为单位办起了林场、林校，一共四十一个人，专门负责管理幼林、半成材林。

三、贯彻党的分配政策，合理解决林、农业生产报酬

魁胆大队搞好林业生产的另一条经验是：凡是从事林业生产的一切活路，都按照“按劳分配”的原则，一律记工分，纳入生产队当年分配。因为有了合理的报酬，社员搞林业生产的积极性很高。

在解决这个问题上，也是经过一番争论的。开初，有些干部、社员认为造林、抚林花工太多，当年没有收益，主张林业生产用工逐年付给报酬，还有人主张搞林业生产要尽一部分义务工。这样一来，社员搞林业生产的劲头当然不高。针对这个问题，大队党支部采取先党内、后党外，组织干部社员学习党的分配政策。通过学习，大家认识到搞林业生产直接关系到社员的切身利益，有林才有木，有木才有粮，搞林业生产就是为粮食生产服务。在统一认识的基础上，各队都制订了合理的报酬。一般都是，搞林业生产的活路，与搞农业生产得同样的报酬，只有采伐运输木材的劳动强度特别大，规定搞这项活路的报酬，比搞农业生产的重活路高百分之十五。当年林业生产用工，全部列入当年分配，不打折扣。这样，社员个个都很满意，队里安排搞林业生产，没有人推三阻四了。

四、划分林权，解决大集体和小集体的矛盾

魁胆大队根据党的政策，对林权作了合理划分。距离较远、规模较大、成片的大林区，一个生产队没有力量经营，经社员大会讨论同意，由大队统一管理；距离近、生产队的力量可以管得过来的小树林，由生产队经管。大队与各生产队分管有哪些好处呢？第一，由大队统一管理，才有力量进行大规模的林区基本建设。为了便利运输，一九六三年大队在魁文溪林区建设了一条长达七华里的架厢，用工一千五百多个。如果一个生产队要建设这样大规模的架厢，没有三、五年时间无法搞起来。第二，大队统一经营，才能集中成片造林。成片造林便利抚育、便于今后进行林区建设。从前由生产队经营时，每年各自造一片，造得分散，所以出现了造得多管得少的现象。第三，魁胆大队的生产队规模较小，农忙时候，顾了粮食就不能顾林，更谈不上专人抚林、育林。由大队统一管理后，把各队有经验的老农集中起来，组织一支林业专业队伍，常年育林、抚林。专业队占用的人少，既不影响农业生产，又解决了林业生产上的重大问题。

贵州日報

GUIZHOU RIBAO

本报今日共四版

林区之歌

魁胆大队——越举越高的林海紅旗

侗族聚居的魁胆大队，一九六四年被树立为全省林业生产上的紅旗后，发揚不断革命精神，奋起学大寨、赶大寨，把林业生产推向一个新的高峯。这个过去被譏笑为“烂飯寨”的地方，今天是一派林茂粮丰、人畜兴旺的大好景象

林茂粮丰 山区面貌大改观

在大寨精神鼓舞下大踏步前进

若干巧干出奇迹

社论

力争上游

学习魁胆 不断革命 建设山区

魁胆大队林业先进事迹报道

王宗勋 摄

全国造林绿化"千佳村" 1985 年春，中共锦屏县委调整林业政策，取消了造林补助。同时参照农业分田到户经营的模式，将集体林场林木分到农户去经营管理。因取消了国家对造林的经济补助，村集体又拿不出钱粮支持。再者，将林木分到农户管理后，林场无林可管。于是，魁胆村诸集体林场纷纷下马。至当年秋，原来建有房子的 8 个林场，有 7 个将房子卖掉，仅剩下王佑求所在的水库林场未卖，但场里的财产均全部折价以拈阄形式卖给了场员（被褥每套 3 元，床每张 1 元，上级奖励的收音机 25 元，中央、省、州发的奖状镜框每块 1 元），只留下空房子。山林分户经营后，成材林多被砍伐，因无钱粮补助等故，村民未及时造上新林，遂陆续出现荒山。

1992 年春，撤销魁胆乡，原魁胆乡所属 6 个行政村划归新建的平秋镇。当时，平秋镇党委响应县委、县政府"六年消灭荒山，十年绿化锦屏"的号召，提出"弘扬佑求精神，重振杉乡雄风"口号，决定以原高岑公社林场为基础，将魁胆拉西、水库和晓岸四方山等 10 个林场合并，建立佑求林场。魁胆村党支部书记王必焯、村民委员会主任王生友等积极响应政府造林灭荒号召，组织全村劳动力创办了拉西、盘老雄、圭览溪、叩横坡、培力、问王 6 个联户林场。6 个林场皆有固定场员、固定场房、连片基地、规范的管理制度。此外，还有 10 多个由农户自行组织的小型松散式联户林场。至 1995 年，6 个林场共造林面积 2600 余亩。加上农户各小型联户林场，全村造林总面积达 4000 多亩，在全县率先实现灭荒目标。因造林成绩突出，魁胆村在 1992—1994 年连续 3 年被县委、县政府评为造林绿化先进单位，1995 年 3 月被全国绿化委员会评为"全国造林绿化千佳村"（锦屏县同获此殊荣的还有启蒙镇地茶村）。

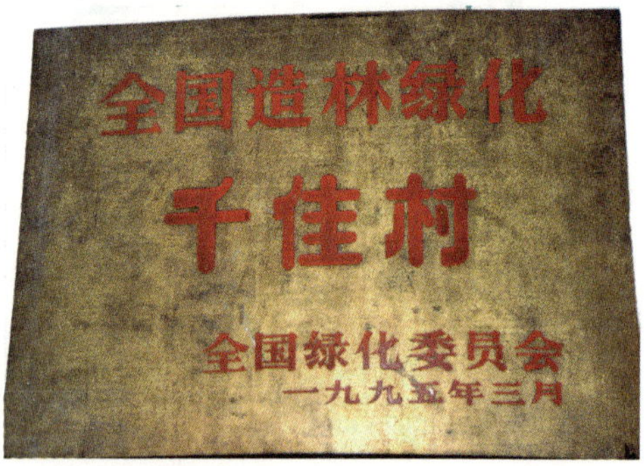

"全国造林绿化千佳村"荣誉牌　　王宗勋　摄

1995 年以后，魁胆村境内所有成片荒山均已造林绿化，大规模集体植造杉林行动暂告段落。此后几年，魁胆村的造林转为群众在其自留山上零星植造。2000 年，国家实施"退耕还林"政策，凡在耕地上造林的农户可享受县林业部门给予的相应钱粮补助。此时期，村里青壮年多外出务工，先前耕种的自留地多荒芜，在家的老人、妇女遂多在其自留地上栽植杉木。1999 年，魁胆、孟寨外出工作人员王宗永、王乾禹等组织资金 20 多万元，成立平云中药材开发有限公司，在平云坡承包荒山 300 多亩种植药材。因气候、土壤不符，以及技术不济、管理不善等原因，未获成功。2004 年 10 月，魁胆籍在县林业部门工作的干部王锦河，与魁胆村民委员会及 10 个村民小组长开会达成协议，出资在培力集体荒山上营造杉木林 76 亩。2006 年，该造林被纳入退耕还林项目，获得国家经费补助，所获补助经费扣除投资后，所余交给村民委员会作村务开支。至今，该山场林木已然成林。

2011 年，县林业部门资助 8 万余元，在魁胆水库附近已采伐木材的山场上栽植山核桃 563 亩、钩藤 200 亩。2012 年，拉西林场木材采伐后，村民委争取得州森林植被恢复项目资金 38.2 万元，在采伐迹地上混栽杉苗和楠竹 454.7 亩。同时，组织以组为单位，将所余山场悉造上杉林。2016 年，魁胆村范围内已无成片荒山。

◉ 魁胆经验

魁胆村人在长期的林业生产中，探索出了一系列造林和管理经验，自 1964 年起至 1984 年，多次被县、州、省林业部门大力宣传和推广。

采种　魁胆村采杉种时间选在霜降前后，因此时杉树种子最饱满。一般选择树龄 20 ~ 30 年，向阳的孤立木、林缘木或稀疏林中生长旺盛、无病虫害、无损伤的母树。采集方式多是人爬到杉树上，将结实好、球果大的枝丫砍下，剪摘果球。然后将杉果球摊在晒坪上晒干或室内阴干。待果球鳞片张开后，多次翻动捶打果球，将杉种从果球中捶打出来，再晒干簸尽，收藏作育苗之用。魁胆杉种质量优良，颗粒饱满发亮，发芽率高。1964 年，魁胆大队党支部副书记王必柱随团赴山西省昔阳县大寨大队参观，应大寨大队党支部书记陈永贵的要求，回来特地采摘一包优质杉种寄往大寨试种。惜因该地气候土壤不适，未能成杉林。

育苗　1956年以前，魁胆村造林规模不大，所需杉苗临时上山挖野生苗。1963年春，拉西林场创办时，造林所用杉苗仍由场员采挖野生苗，社员王光荣曾创造一天挖野生苗 1051 株的纪录。随着造林面积不断扩大，所需苗木增多，找野生苗不能满足需要，1965 年，王佑求等开始培育杉苗，并逐渐摸索成一套育苗经验。

苗圃地选在近造林地带，且坡度不大、土层深厚肥沃、排水条件良好的向东或向东北地段的坡面上，以新土为佳。在选定的地块上割除杂草，晒干后焚烧，深挖拍碎土块，浇人粪尿；覆盖树枝叶杂草焚烧，烧后翻挖；复浇人粪覆草焚烧，再翻挖。如此三

育杉苗（1983 年） 县林业局 提供

次，即所谓“三挖三烧”，其作用是松肥其土，灭草种和害虫。开沟筑床整平，撒上饱满有光泽种子，覆盖用格筛筛过的细土，细土层厚为种子的2~3倍。如此育出杉苗健壮，须根发达，无病虫害。

1970 年，王佑求等还在拉西林场成功探索出一年春三月、秋十月两季育苗的经验，解决了大量造林的用苗问题，深受林业专家关注。

造林

全面整地 在拟造林的地块上，于农历二月对上年砍伐木材林地的树枝杂草清理翻晒（也有当时新砍），晒干后，于阴天放火焚烧，然后全面整土，栽上杉苗。有经验者，头年不栽杉，只种小米。因小米根浅，只挖土 10 厘米许，待小米成熟收获后，马上全面整土，深挖 20 多厘米，让其风化过冬，第二年正月下旬至二月中旬将土打碎，捡除石块、草根，再栽杉苗。如此栽出杉苗，18 年即可成材。

选苗 魁胆林农在栽杉造林之前，都慎重选苗。标准杉苗是生长发育好、地上部分和地下部分均发达。过于弱小和受损伤、有病虫害苗不用。若苗普遍细弱，则每窝栽两株，以保证成活率。

栽植 栽杉苗时间主要为农历二月间。村谚云：“正月栽竹，二月栽木。”先按一定株行距沿等高线打窝，窝深 30~40 厘米，宽 30~45 厘米。挖穴时，表土与心土分开。栽苗时先把苗木放入穴内比试，穴若过深则填土，过浅则再挖，务使穴深等于苗木根尖到根茎上枯叶部分之距离。杉苗放入窝时，主根要直向穴心，侧根向四周舒展，均匀布于

栽杉（2015 年）　　王宗勋　摄

穴内。然后先填表土（打碎、除草根和碎石）。填土时，杉苗要正勿歪，根须勿弯曲。填表土后，用手拍实，然后再填心土，心土填到苗木叶干枯处为止，再用脚踏实。不能踏得过紧，以免影响苗木根部伸展。也不能过松，否则苗木因缺水分而易枯死。栽植后穴面呈凸起馒头状，以防穴内积水。栽苗时还要注意苗木原来的向阳面，即苗尖要朝下坡，否则苗木生长缓慢。栽后在距苗木 30 厘米左右上方插上一块长 40 厘米、宽 5 厘米左右木片（缓坡插一块，陡坡插两块），以防上面滚土石压伤苗木，同时也起到标志作用，使人管理庄稼时不致弄伤苗木。

链接：王佑求造林经验

王佑求一生总结出了许多栽杉造林经验。造林要全面整土，宽打窝，选良苗，散根压实填满窝。窝上插木牌挡石土，杉苗尖尖朝下坡。1964 年刚建林场时，为了多出快出木材，王佑求在造林时间上打破传统一年一季栽杉的习惯，于当年农历九月，带领拉西林场场员利用阴天试栽了 38 亩“九月杉”，获得成功。1965 年 7 月（农历六月）又试验性地利用下雨天栽植了 10 多亩“六月杉”，亦获成功。他认为，二月栽杉不论晴阴雨，六月栽杉要在雨天，九月栽杉则在阴天或毛雨天。

抚育 魁胆人对幼林管理素来精心。幼杉林地内间作小米、玉米等杂粮一般为两年，至多三年。因为三年后杉木已经高达3~4米，已接近郁蔽状态。且根部渐发达伸宽，不宜再种作物。第三和第四年农历三月份除草一次，六月份松土一次。此时松土不宜过深，以免伤及根部。松土时，在杉木根部周围加培一层表土，相当于给幼杉施一次肥。第五年后，杉林完全郁蔽，林内很少有杂草，不需再去除草。以后每年去看一两次，发现有藤条、灌木时，则砍掉，以免影响杉木生长。旧时，人们还在林地边上打上草标，以示“封禁”，禁止其他人进去活动。

木材采运

采伐 魁胆林农采伐木材，多选择在农历五至八月间，即春耕后至秋收前。此时采伐树木易剥皮，木材快干，尤其杉木皮是村人盖房、札棚的主要材料，人们历来珍视。再则，此时伐木错开农忙时节，不致误农。但也偶有秋冬采伐者，木皮不易剥离，林农则用刀具削皮，其树皮皆废，此木材称“花木”。

旧时，村人皆伐木材，一般要选择吉日。先到要采伐的山场焚香化纸，祈求山神保佑施工安全。当天，伐木工们准备好斧、刀、绳等工具，派两三个人到山上先砍倒一根或数根，以示吉日开工。当晚要备酒肉，招待工人宴饮，称“打平伙”。工头在晚餐前，

抚育幼林（1982 年） 县林业局 提供

皆伐（2017 年） 王宗勋 摄

先交代上山施工的规矩和注意事项，然后以拈阄的形式将工人分成若干组，每组 5 人（清场、拉绳各 1 人，施斧工 2 人，打枝剥皮 1 人，人手不够则免去清场工）。皆伐作业，均从山头依山势往下砍伐。清场工先将每株树根周围 1 米左右的灌木杂草砍除，以便施工。随后，前施斧工在树干上边平土处和高 1.5 米处割断木皮层，剥下头筒皮（俗称“脱裤”）。然后站在坡下方平土处起斧左右开砍，在树两侧砍成“∧”形三角斧口，形如象鼻，但不能使树倒下。拉绳工用系有棕绳的拉钩，从树的上坡方向抛至树的上半部，钩牢树枝根部，双手紧拉绳索，然后根据树的长势（树枝）和风向等情况，以“前斧”（即砍斧口前端）、“后斧”（砍斧口后端）等指令指挥后施斧工将树砍倒。后施斧工在树下边略高于前施斧工开口处 5~6 厘米处施斧，务必不砍断“象鼻”，又让树按拉绳工指挥的方向（往上）扑倒，而树木根部不离开树蔸，实现顺山倒。若砍断“象鼻”，树倒后易往下滑，易造成安全事故。施斧工每砍倒一株，即在所带小四方木条上划上一划，5 划为一组，备记当日所砍伐木数和计算材积。剥皮工随后将树径 8 厘米以下部分的枝丫打掉，然后剥皮，留上部枝丫以利水分蒸发，使木快干。剥皮时，按 1.5 米为一节（筒），用弯钩柴刀先横断分筒，再竖向划一线口，然后用剥皮棒从线口插入，横绕树木将皮剥下。剥皮工往往有一助手（即无经验的年轻人）协助搬运木皮，按上工人数分堆，收工后一人一堆扛回家。待树在山上晒干（一至两个月）后，便组织放木下山，以备厢运。

2000 年以后，村里人采伐和截断木材渐用油锯，工效大大提高。油锯的使用，使传统采伐技术逐渐失传。

运输　在通公路之前，魁胆木材外运，先是从山上下放到溪边，然后通过厢运至溪口小江边，再通过小江水运至县城王寨等地交售。魁胆人多不识水性，故多只从事旱运。木材旱运的形式主要有抬（扛）运、洪运和厢运 3 种。

抬（扛）运　系最常见的山间木材运输形式，一般用于木材短距运输。木材下山后，须抬（扛）运到木洪口或厢头集中，农户自用材则需运至屋边。大木用三人或更多人抬，一般三人抬较多。三人抬俗称“三肩拐”，即两人用钉牛杠抬木材头部，一人肩扛木材尾部。四人抬称“两杠”，六人抬称“三杠”。较小木材用两人抬，或单人扛。抬（扛）木材者，每人备有一根齐肩高一端留短丫的拐棒，侗语称“搭手”。有的还要特制用布叠缝而成的垫肩。抬木行走时，一边肩膀扛木，另一边肩膀搭拐棒，用拐向身后帮托木料，以减轻压力。抬木上下坡时，抬木者以拐棒撑地，可助脚力。半路歇气时，把拐棒尖端竖插地上，用拐棒丫口代人肩承受木头，用手稍助拐棒平衡直立即可休息。到集材地卸肩时，两人须调成同边肩，并齐喊“一、二、三”，喊到“三”字即同时抛卸木材。若抛卸时间不一，则会造成后抛者伤亡。

洪运　即从高山上通过槽道往溪河边滑放木材。滑放木材的槽道俗称“洪道”或“洪”，有时也写作“红”。洪道一般开在坡度60~70度之间、无陡坎和石头较少的山脊或斜坡间，忌开在狭窄冲沟里。先人工清理其间的石头，铲平凸处，挖成浅槽道。将木材运至洪头，然后根先尾后一根一根往下溜放至洪脚溪河边。洪运是木材最省力、快捷的运输方式，其缺点是常致木材折损（尤其生木）。旧时，村境内有3条著名洪道，即东边放下皇封溪的洪道（称“洪老”），西北拉西坡下圭威的大洪

木材洪运（1995年）　县林业局　提供

厢上拉木（2016年）　彭泽良　摄

道（此坡称“岑洪”），魁胆北边下圭览溪半坡的洪道。

厢运　系过去木材在溪边和平路运输的主要方式。运木之前，先用木材架设厢道。厢道形如铁轨，两侧各用一组（两根）条木按约 1.3 米距离平行架在支撑木（称“马脚”）上作轨木，然后按 0.8~1 米距离横捆小杂木作厢檩（如轨枕）。轨木互相衔接、檩与轨木均用野藤条捆扎固定。因沿途地势高低不定，故支撑木亦长短不一，以能支撑厢面平顺为度。根据支撑木高低和跨越水陆不同，厢有平厢、矮厢、高厢和旱厢、水厢之别。铺于地面者为平厢，架在水面上为水厢。厢面距地面 2 米以下者为矮厢，2 米以上者为高厢。越过悬崖陡坎处的架高厢，往往要设两层或多层厢（俗称“楼上起楼”）。厢过转弯处需加宽厢面，加密轨木和横檩。架厢耗费大量木材，运距较长的一般分段设厢、分段拉木，每拉完一段即搬厢，轨木、马脚、檩条等可重复使用。体力稍弱，或手足有缺陷不能在厢上行走拉运木者，则负责架厢或上山采野藤条。1963 年冬，魁胆人为将高杰大山的数千立方米优质木材运出，费 1500 多个工日在圭横溪至圭威溪口架设了一条长约 4 千米的厢道，堪称“宏伟工程”。

厢运木材时，依厢长度、人数分“杠”（每杠 2 人）和每杠应拉的厢板数（一根轨木长度为一板），短则四五板，长则一二十板不等。对于具体部位，通过拈阄排定。头阄或尾阄难度最大，头阄需将木材从大堆上放下来抬到厢头交给头杠拽运（俗称“发堆”），尾阄则负责将木头归集成堆（俗称“上堆”），两处均较中间接运者多费大量气力。拈阄遇到高厢，则险象环生，得倍加小心。若拈到头阄、尾阄或高厢者，自认晦气。有拈到头阄或尾阄的体弱不能胜任者，或拈到高厢的经验欠缺者，则往往恳求与他人换阄换工，但晚饭时须以酒肴慰劳。

拉木工具有杠、钉牛和牛绳。拉木杠为长 1.6 米许硬杂木，中部稍弯曲，一头上有铁箍，铁箍中心钉上几根铁钉。钉牛为铁制锥楔形大钉，长约 12 厘米，头部打孔串联一直径 10 厘米许铁环，铁环联结粗棕绳（俗称“牛绳”），棕绳长 2 米、粗 2 厘米。拉木时，两人为一杠。先用箍铁杠头将钉牛击钉入木头蔸部，绳挽杠上，各站在厢轨一边错步往前拽运，各呼一号，“嘿—嚯——嘿—嚯”，号声一扬一落，杠端一高一低，形成“花杠”以协调步伐。切忌同号和同步行进，否则人会落厢，非死即伤。厢道拉木，一杠一程可拉大条木一根，小条木可拉多根。为减少木材与横檩间的摩擦，还要派人上山找来滑楠皮（侗语称“能”）捶烂，涂在横檩上。

1976 年以后，随着公路的修通，靠近公路的木材逐渐改为车运（路弯多则锯成短

溪水放木（1981 年）　　县林业局　提供

筒），有的则安装钢缆索进行空运。但未通公路，又不便索运的山场，木材仍采用传统厢运。

水运　村境木材放至圭览溪或圭威溪边后，若遇到有水时节，则采用漂放。一般选在大雨、溪水涨过后一天，水位回落之时，将木材一根一根顺水漂放。由漂放点到汇集点，沿流各段均安排有人把守护送，一段送至一段。木材沿河道下流，在转弯处及水塘，需人工用啄钩引导，以免滞流或损坏木材。有时冬季也进行漂放，但需塞堰蓄水，泻流放运。

木材运到溪口江边（小江）后，则将之捆扎成小挂子排沿小江放到王寨交售。因村里人大多不识水性，故从事排运的人很少，只有少数胆大并识水性者敢承此活。

林谚　在长期的林业生产中，魁胆人总结出许多经验谚语。如：正月栽竹，二月栽木；钱在高岩，不苦不来；种田不管收一半，栽杉不管无账算；要想树子大，三年不离锄头把；要想木头钱，就得跟木眠；栽杉不套粮，杉木难快长；山当田种，林当粮管；三分造林，七分管理；栽树不管理，你哄它，它哄你。

和谐村寨

在魁胆村，自 1959 年至 2016 年，58 年未出现治安刑事案件。这里社会风气淳厚，社会秩序井然，村民团结和谐，整个村寨一派祥和，被称为“善地”，被国家治安管理部门树为典范。其中的秘密就是村人遵传统、守规矩、重教育、讲名节，以和为贵，以善为本。魁胆是传统侗族村寨，清代中期以后又受到清水江木商文化的影响，在很长的历史时期中，古侗族款规款约、契约文书是这里的“习惯法”，对人们的经济和社会行为起到很强的规范作用。至今，由款规款约和契约文书等“习惯法”演化而来的村规民约，以及“以和为贵”“以善为本”等优良传统对维护村寨的秩序发挥着重要作用。

魁胆村自1959年以来，58年未发生治安刑事案件，堪称村民自治典范。

◉ 村寨建设

交通

古道路　1976年以前，魁胆村境内的主要道路均为青石板道或鹅卵石花街道。诸道路大多在清乾隆至道光时期，通过村民捐资方式，统一修筑，在寨间行走无脏鞋之虞。

寨内道路　魁胆寨内主要道路有6条（段），即寨脚世塘居经盘我上至高捧约400米；世塘居经周家井上田坝、现村委办公楼上冲至登冲约500米；村委办公楼往北边上高捧至亳邓约300米；村委办公楼往东沿高捧侧边冲左上至高叩约350米；村委办公楼往南至黄甲至步岑约350米。

附1：魁胆寨脚世塘居修路碑文

修路碑记

尝闻阴骘文造千万人之桥，修崎岖之道路。今我处地名郎路坡、凉停边并水井三处，虽非铺溏车道，乃乡下行人之要路。长观行人难免跋涉，我等发心募化地境善男信女捐资金银，命匠甃砌，

青石板路（2017 年）　　王宗勋　摄

共成厥美，以途康庄，勒石刊刻。是为序。

化首　王起贵五钱六，王岩包五钱六，王朝景五钱六，王文兴五钱六，龙朝佐五钱六，龙光才五钱六，龙廷举五钱六，王正才五钱六，王连山五钱六，王凤魁五钱六，王朝文五钱六，王寿乔三钱九，王朝举三钱九，王福山三钱九，王应德三钱九，王惟建三钱九，王惟寸三钱九，王包乔三钱九，王德科三钱九，龙光文三钱九，王开先三钱九，王仲乔三钱九，王昌保艮二钱二，王正魁艮三钱九，王仲乔艮三钱九，龙正德艮二钱，周乔保艮二钱二，王朝榜艮二钱二，王关什艮二钱二，龙富乔艮二钱二，龙正仁艮二钱二，王□岩艮二钱二，王挠保艮二钱二，王林岩二钱，王福寿艮二钱二，王生乔艮二钱二，王连保艮一钱一。

嘉庆九年甲子岁冬月吉旦立

通外道路　通往外村的道路主要有 7 条：

至县城。东出高勇坳下捧格，越圭勇溪，过培力、盘亚马，下洪抗溪，上叩木学至叩洪老，下皇封冲涉溪至小江边皇封寨，然后沿小江右岸而下，经盘孟来、龙啦、龙埂，下毫赖过龙塘渡至县城王寨，总长约 15 千米。1976 年锦彦公路修通后，此路弃用。

至平秋。西出盘岑滥，经极壬坳、盘老雄、便大，纵穿桥问田坝，过桥问、略威寨边，上十二盘至平秋寨，总长约7.5 千米。锦彦公路和魁胆至便大公路修通后，此道弃用。

至石洞。从寨脚水口越下坝头翻郎路冲，上基瓦，下拉西，过腰祥冲头至凸寨，从凸寨下至小江过渡抵天柱县属摆洞，上岑广坡至槐寨，抵达石洞，全长 17 千米。天柱县境段多为青石板道，锦屏县境段多为鹅卵石兼毛石土道。旧时魁胆去石洞赶场贸易均走此道。1958 年秋“大跃进”时，魁胆、孟寨两村民众以夜战形式将魁胆至凸寨段 5 千米修成简易马路。1983 年冬，魁胆水库至孟寨林区公路修通，此路废弃。

至小江。从寨北周家坡后出发，经嗷邓，下岑赞、美卡至圭览溪，然后顺圭览溪右岸新盘路下至龙尾坡脚，翻叩沃坳，下至小江右岸瓮寨，全程约 8 千米。此道是旧时魁胆人往小江边经营木材、到江西街市场赶场贸易，以及到圭览溪两边管护山林的主要道路。原先顺圭览溪越跳岩而下，春夏溪水泛涨时不能通行。清乾隆五十七年（1792）春，魁胆、平翁、孟寨、瓮寨联合对此路进行修整。魁胆、孟寨、平翁负责修魁胆寨至圭览溪龙尾坡脚溪边约 4 千米，瓮寨负责修龙尾翻叩沃坳至小江寨边约 4 千米。为避免春夏涨水无法通行，魁胆将自岑圭览坡脚至龙尾坡脚约 2 千米改从溪右半坡经过（此段路称为“新盘路”）。此路全程为花街兼石板，岑魁胆坡脚上至魁胆寨大多为石板路，岑魁胆坡脚至龙尾翻叩沃至小江多为鹅卵石花街路。在龙尾坡脚跨越残

龙尾坡脚修路碑（2017 年）　　王宗勋　摄

耶溪和岜倒溪上，分别架有两座石板桥。1975 年，残耶溪口石板桥被平翁村龙根泽组织人力抬至该村学校下面溪上架铺。1980 年以后，此路渐少通行。修路碑至今仍立存于龙尾坡脚溪边。

附 2：龙尾坡脚修路碑文

路碑

俗有云："新路莫开，旧路莫塞。"此言何谓也？岂旧路崎岖，涉溪过水，而新路便直干爽，而亦莫开莫塞之谓哉？大约为憎旧喜新之言耳。我等敢以自信无碍，每人捐银五钱，新开是路，架是桥。因勒石列名于左：

吴光先、龙起芳，龙富旺、龙通极、王德科、王老关、龙富相、龙明极、龙富臣、王寄岩、龙朝宗、龙福生、王兆宝、龙乔岩、李文秀、龙秀文、龙正才、龙启才、龙富凤、龙朝显、王洪魁、龙正荣、龙秀杰、龙永才、龙富显、龙卜、龙富和、王云昭、王为政、龙富玉、龙朝进、龙可极

乾隆五十七年孟春月吉日立

至平翁。东出寨头高勇下捧格、越圭勇溪盘过培力坳下田榜至叩类，越涉残耶溪，上岑赞翁至平翁岑美班，长约 5 千米。清乾隆后期，平翁、魁胆两寨人合力修成，陡处砌铺石板，平处镶以卵石成花街路，圭勇溪和残耶溪均架设有木桥。

附 3：平翁修路碑记

尝闻王道荡荡，王道平平。此济人利物，圣天子御宇莫不而同风俗也。生处边隅，托迹平翁。如斯道也，上通鄙胆，下于屋脚。亘古以来，未闻成路，只循鸟道羊肠，或鹿途险阻。先祖束手无为，拭目独搓。于今烟户之有多，人力可予用也。因而谋诸老迈，约诸同人，持簿朝登，男有乐施……虔劬，□发善心，修成此路。山崎岖而砌成，不记其功；水淹湿而架桥，难记其事。耕种获其便……其康庄，皆承众之力，岂敢自以为功？是以勒名石碑，以彰姓氏于不朽。

吴禄汉一钱三分、王朝亮一钱三分、彭才旺一钱三分、彭才贵五分、龙陞锦、杨再林、杨再禄……王乔保、龙必林、龙必彩、龙必茂、龙朝太、龙东海、龙昌汉、龙昌焕、龙何书、龙何呈、王正保、王朝元、王玉安、王朝玉、王朝孟、李国贤……[①]

至高岑。魁胆走高岑道路有 3 条，一条由便大上岑苗坡至坡顶歌塘坳至高岑，此路过去是平秋等九寨上下县城王寨的大道，全为花街路，约 4 .5 千米。另一条从寨东南边亚荒翻花街岭下赞勇冲，然后上架列坡至歌塘坳至高岑，约 5 千米。再一条从他送盘过至圭勇水库翻西腊坡至下高岑，约 4 .5 千米。

至晓岸。有两条，一条从便大上岑大他至晓岸村平岑寨，长约 4 千米；另一条从桥问田坝头上坡至晓岸，长约 6 千米。

公路 1973 年，锦屏县委决定修筑县城至彦洞、贯通九寨侗区的公路。最初，线路拟从圭勇冲迂经他送、魁胆寨至便大上桥问。魁胆几名寨老认为公路从寨间经过会损坏“龙脉”，且车辆多危及小孩安全，便向测量人员请求公路勿从寨间通过，测量人员遂将线路取直，从水库走赞勇冲下便大。1985 年后，锦彦公路开通班车，魁胆人搭乘班车需到两千米外的便大或水库，颇觉不便，向县交通部门要求将锦彦公路主干线改经魁胆寨，交通部门未批准。

魁胆至便大公路　锦彦公路通车后，高岑公社党委积极争取将公路接通魁胆寨。1977 年，经县委批准，由锦彦公路民兵团选线并派技术人员设计，从魁胆寨修公路经盘老雄至便大与锦彦公路连接。1978 年，锦彦公路指挥部提供炸药及钢钎、大锤、人力车等物资，由高岑公社征调魁胆、孟寨、平翁、桥问、晓岸、高岑 6 个大队民工负责修通。全长 2.5 千米，路基宽 5 米，路面宽 3.5 米。2012 年，县交通部门投资改成水泥硬化道路。

水库至凸寨公路　为能将著名的拉西林场及孟寨村的木材运出，1982 年锦屏县林业局向省林业部门争取修筑圭勇水库经魁胆寨、拉西林场达孟寨村的林区公路，得到批准。当年夏，省林业厅派技术人员勘察设计，11 月由县林业局招浙江省专业施工队和当地部分民工施工建设，1983 年 12 月竣工。该公路从锦彦公路 14 千米 +200 米处起，经

① 此碑存于平翁村岑美班。20 世纪 70 年代前期被彭姓人挪之铺路，1976 年秋寨火时被烧损，碑左侧包括落款时间在内两行字损失。捐资投劳修路者，左（上）系平翁人，右（下）为魁胆人。从王朝亮等人名可推系清乾隆后期或嘉庆前期立碑。此碑文系从平翁村王祥宗所纂族谱内转录。

经过拉西林场的公路（2017 年） 王宗勋 摄

魁胆寨中部，从魁胆寨西边喇叭口向西北修通至凸寨止，总长 7 千米，路基 5 米，路面宽 3.5 米，黔东南州林业局投资 36 万元。2015 年县交通部门投资将此路改造成水泥硬化公路。

赞勇至高岑公路 1999 年，高岑村以集体木材销售款 100 万元修通村公路。首次从锦彦公路 5 千米 +500 米处架桥跨小江沿王寨至九寨古道修上高岑，然桥梁连架两次均被水冲毁。第二次在锦彦公路 13 千米 +600 米处上岑包鸠修上高岑，又因坡过陡而弃。两次失败，耗费该村大量财力。2001 年，在魁胆村民委员会支持下，从魁胆村南边赞勇半冲锦彦公路 16 千米处占用魁胆村山场修上架列坡至岑苗坡头山坳通高岑，再下破鼎罐至各龙。2002 年，晓岸村投资 12 万元，又从岑苗坳接高岑公路往西过计热坡脚、大他至晓岸村。2015 年，该路实现水泥硬化。

寨间公路 2004 年，魁胆村民委员会筹资修筑从寨中心球场经坝脚周家井至学校长 220 米、宽 4 米水泥校路。2010 年以后，魁胆村民委员会通过多种渠道争取国家资金，对寨内各居住团间道路扩宽成简易公路，村民物资运输大为方便，但因缺乏统一规划，致村寨自然环境面貌受到一定损坏。

桥梁渡口 魁胆村境内曾建有 3 座桥梁、1 处渡口。

世塘居石拱桥 位于寨脚水口世塘居，系清道光年间（1821—1880），村人为关拦

石板桥（2005 年）　　王宗勋　摄

圭览溪木桥（2005 年）　　王宗勋　摄

水口，回聚神气，捐资请湖南省宝庆（邵阳）匠人修建。该桥高约 3 米，跨长约 4 米，高出路面约 1.2 米，全用长 60 厘米、宽 30 厘米、厚 20 厘米规格料石，用石灰浆砌，玲珑小巧，为魁胆寨重要古迹。此桥建成后，村里还组织有拱桥会，置有会山。20 世纪 90 年代初，村民委员会请湖南人将此桥拆除，改为水泥平板桥。

圭勇溪木桥　位于魁胆寨通往平翁和县城王寨要道的圭勇溪上，跨越宽约 12 米、高约 8 米的溪涧。其上用大杉木拼联成桥。1958 年，大队集中力量开发平笨坡，遂集资架设木桥，用 3 根巨大杉木作梁，上铺枋板，桥头建有简易亭子，并有村人王昌靖撰文并刻的石碑立于桥东端。1970 年以后，此桥渐朽坏。1980 年以后不能通行，村人去往培力生产劳作需下溪涉水前往。

皇封渡　位于今三江镇皇封村脚。清代中期，为方便村人至王寨赶场贸易，村人集资在此建设公渡，雇请皇封人摆渡，凡魁胆十六甲人过渡不收费。十六甲人还在皇封溪半冲置有渡船山，用此山收益资养此渡。民国初年王寨成为县城后，新辟县城沿小江右岸至盘孟来上马号冲、各龙、高岑下岑苗坡的大道，魁胆从皇封下王寨遂改走小江右岸，此渡遂废。

房屋　魁胆传统房屋均为杉木建造，柱、枋、板均为杉木，房顶所盖亦为杉木皮。一般杉木房屋寿命在 50 年左右，料好（指杉木树龄在 30 年以上）者可上百年。杉皮盖房，一般可用 5~6 年，老龄杉皮和盖厚者可用十多年。

1952 年以前，村里房屋盖瓦是富裕象征。1952 年土地改革时，魁胆全村只有 3 户人家房屋盖瓦（其中一户被划为地主成分，两户被划为富农成分），其余均盖杉木皮。因盖杉木皮不利防火，1980 年以后，逐渐杉木皮被换成陶瓦。

1976 年以前，魁胆居民均结团而住，住房密聚，房屋互相间隔很小，横向大多紧挨，前后两房则往往共用阳沟。因密集而居，采光、卫生及防火条件甚差。为保护粮食安全，村人多在居住团边缘（距房屋几十至一两百米不等）建有谷仓。谷仓多为单间两层，仓里除堆放谷物外，首饰、衣物、契约文书等较贵重物品多存放仓里。为防偷盗，上二楼楼梯为活动单梯，平时放在家里，需进仓时才抬去安架，有的晚上派人在仓里值守。

1975 年和 1976 年，村里步岑和黄甲两居团先后发生火灾。此后，在公社、大队干部动员下，村人渐向村寨周边散开，密集而居状况得到改变。1980 年后，村人经济状况不断改善，遂竞相将原老旧木房拆除作旧木料卖给外地木商（一幢三间两层房屋旧料可卖 4000~6000 元），改建新木房。1981 年，村里建新房 22 幢，1982 年 18 幢，1983 年 21 幢，1984 年 12 幢。1985 年实行山林分户经营，村里将拉西林场的成材林木分到各农户，导致全村性的乱砍滥伐。村民所砍木材少数出卖，大多用于修建新房。当年，全村新建房屋达 40 余幢。次年新建 25 幢。至 1990 年，村里 20 世纪 50 年代及以前建的房子，80% 已经改建成新房。

1976年以后新建的木房，幢与幢间距离普遍拉宽，通风采光度增强；两层楼房和盖瓦房增多，建筑面积普遍加大，楼层普遍加高；窗户基本改为玻璃窗，房间普遍宽敞亮堂；猪牛圈舍和厕所均移到房屋周边；普遍讲究卫生，堂屋及卧室都拖洗干净，进屋室需换鞋；火塘间普遍打节柴灶，火塘传统功能减弱。除火塘间仍保留先祖神位外，多数人家在堂屋安设神龛和天地祖宗牌位。

2012年，县政府在村里实施村貌亮化工程，即对所有盖瓦房屋进行美边（将房屋外檐脚镶涂成白色），使寨貌形象得到一定改观。至2016年年底，全村还保留有杉木楼房95幢，除盘我王必然（1952年被划为富农）户房屋系1950年以前建的盖杉皮杉木房外，其余均为20世纪80年代以后建的盖瓦木房和砖混洋房。

民国前期，村里4支王姓都修建宗祠，其中王堂桥支、王万寿支宗祠为徽派建筑，外墙封砖，内为杉木结构，有头门、天井、祭拜厅、神龛、厨房、祭拜厅，大门上方有雨板、卷板，上盖陶瓦，整个建筑在魁胆寨堪称雄伟。此亦系魁胆较早的砖木结构和盖瓦建筑。时魁胆人既不会烧制砖瓦，更不懂建造技术，均系用价请湖南人来完成。1945年秋，九寨乡政府强行拆除魁胆两幢封砖宗祠，将其砖瓦运平秋修建碉堡。此后50余年，魁胆村内无砖结构建筑。

1990年以后，村民渐将原木质楼房层底外围封砖，打水泥地坪，或另加配砖混结构厨房、卫生间，使房屋更加安全卫生。2007年，村里在浙江务工村民王贤明，率先在岑滥修建三层砖混结构楼房。此后，村民渐将老旧木房改建成砖混结构楼房。至2016年

寨边谷仓（2014年）　　王宗勋　摄

寨边民居（2017年）　　王宗勋　摄

12 月底，全村砖混结构楼房共计有 96 幢，约占全村房屋总数 50%。新建砖房均为三间三层别墅式楼房，设计新颖，色彩明亮。新建砖房大多保持传统木楼房特点，一楼功能普遍较弱，有的堆置杂物，有的甚至空闲。二楼为家人起居活动层，中间为堂屋，两侧为厨房（火塘）和卧室。但三楼利用率大为提高，所有房间均用作卧室或客房。一楼和二楼均设有卫生间。有的人家原火塘间祖宗神位消失，完全为堂屋的祖宗牌位所取代。

饮水、消防、电力设施

泉井　魁胆村传统饮用水均取自泉井，牲畜（多指牛）饮水则多在小溪里或田沟间。村境东、南、西三面地势较高，森林植被较好，除非特大干旱，所产地下水基本能供应村里人畜饮用。村里冒出地下水井泉十多处，长期供人们取水的有五处。

周家井（2016 年）　王宗勋　摄

周家井　村人亦称“老井”。位于魁胆寨中部脚田坝下部溪边。井为长方形，长约 1.2 米，宽约 0.8 米，深约 0.7 米，六面用青石板镶围。此井水质清冽甘甜，四时不涸，为魁胆寨最主要饮用水源。

周姓系魁胆开寨之姓，元代前期迁至魁胆开寨后，即开凿此井。清嘉庆九年（1804），周姓人捐资对此井进行整修，捐资者有周岩生等 13 人，共捐银 6 两 2 钱。此井整修后不久，周姓人全部离开魁胆。2016 年秋，县环保局资助资金 10 万元，对之进行改造，清理井基，将水位提高米许，上盖钢筋水泥结构井亭。经改造，此井水质甘甜如初，且使村民汲饮无日晒雨淋之虞。

附 4：周姓修井残碑碑文

《易》云：“改邑不改井”。井……寒泉食。昔我周姓之……代，初开避基，建立此……往者来者皆井，世世……之以养后人之良法。……系我周之井。命匠甃……岂以私而独云，亦宜……众姓之后者，而应便……为记。石匠谢玉海□

周岩生艮七钱，周文秀艮七钱，周文现艮七钱，周文茂艮七钱，周文开艮七钱，周汉仔艮七钱，周阑保艮七钱，周光纹艮七钱，周元汉、周元贵、周元才、周元荣兄弟四人共捐艮一两一钱，周凤岩艮二钱。

嘉庆九年甲子岁吉□□[①]

苗家井　位于魁胆寨北边岭言坡下，四面镶青石板。相传此井系今龙姓苗族人开凿。龙姓人于元朝中期从湖南迁至魁胆，居住在今魁胆寨北边岭言坡头。因先居住于此的周、杨等姓侗家人不准其汲用寨脚老井之水，遂就近在居处屋脚半坡开凿此井。龙姓人离开岭言他迁后，渐成荒井，村人称之“苗家井”（侗语“闷冷谬”）。至今，此处树林茂密，该井已成一小水凼，但四时不涸，水质甚好。

步岑井　位于魁胆寨东南边步岑田冲田坎下，凿自清代中期，亦为青石板镶围。水质稍欠，久旱则涸。

卫生院井　在村卫生院旁边，用石板镶边，水质亦好。2016 年用县环保局改造周家井的少许资金对之进行改造，状况更佳。

登洞井　在村西南边登洞水田里边，原系村人耕作时取水解渴草井。1977 年后，步岑部分村民因火灾迁至登洞居住，遂将此井改造成标准饮用水井。

此外，寨间还有狼路冲井、希耀井、冲马井、毫老井等。诸水井均系 1980 年以后新凿。

自来水　1980 年以后，部分居住靠近水源的村民，自费购买胶管将水接进家，用以洗衣、洗菜，此系村里最早的自来水。2002 年春，县水利部门投资 15 万元，为魁胆村架设自来水，解决村人饮水困难问题。水源取自魁胆村南面高苑，架设水管总长度为 4.1 千米。该工程于 2002 年 9 月动工，至 2003 年 7 月竣工，全村 248 户 1028 人受益。工程竣工后，村民委员会还制定《魁胆村人饮工程管护制度》。而该处水源较小，加上设计和施工有缺陷，工程竣工不久即不通水。2008 年，再争取到县水利部门资金支持，从魁胆村南面 5 千米处大他溪头铺设塑胶管引水进村，再次解决全村饮水问题。2013 年，邻村孟寨得县革命老区转移支付资金项目经费 20 万元支持，从魁胆喇叭口接此水延至孟寨村，解决该村孟、凸两寨饮水问题。

消防设施　魁胆村总体上水源缺乏，消防条件先天不足。每次发生寨火，均无水可救，任火魔肆虐。为防火灾，清代后期，村人在村东边岑亚坡顶、西北边冲包坡以及北边

① 此碑已破为两截，上半截镶在新修井上，下半截不知去向，故碑文缺下半部。

按颇岭上安置水德金星位，置蓄水缸，借以镇火魔。还不定期组织打清醮推寨火活动。

历史上，村里曾多次发生火灾。最为严重的是1929年夏，嗷便（田坝边）妇女王爱花用火不慎引发全寨性火灾。全村92户，仅1户幸免。灾后，为重建家园，全村贱卖桥问大坝和培力坡、盘亚马、圭览溪等处水田100余亩，卖植杉山林1000多亩（多卖给平翁村），魁胆村整体经济实力下跌一个台阶。

1950年以后，亦发生多次火灾。1953年，高捧有一户人家孩子玩火引发火灾，因村民扑救得力，仅烧毁高捧半坡南岳庙。1967年7月9日中午，盘我周家坡脚王必运家失火，得魁胆小学教师龙政榜、王祥宗等奋力扑救，仅殃及4户。1974年，大队组织打制十多个高约1.5米，直径约1.2米的大木桶，安置在村里各居住团高处，桶里挑满水。同时还派老人敲锣喊寨巡逻。尽管如此，仍未能完全阻止火灾发生。1975年11月，步岑王有沛家失火，8户房屋被毁。次年10月，黄甲龙生柱家失火，黄甲17户住房及高岑公社两幢办公楼悉被烧毁。

1977年以后，村民吸取教训，新建房屋逐渐往两边散开，且房屋间距拉大，重大火灾遂不再发生。2003年架通自来水后，村中建有4座消防水池，设有4个消防栓，配有4根总长200多米的消防带，置有2台高扬程抽水机。村民委员会与各组组长签订《防火安全管理责任状》、与村民签订《防火安全公约》，并定期作安全检查，责令有电线隐患的民户更新输电线，禁止房屋旁边堆易燃杂物。村干部每天早晚用广播或黑板进行安全宣传，并安排人早晚鸣锣喊寨，防患于未然。2004年、2012年分别有一家失火，因消防设施发挥作用，未殃及邻居。

通电 1973年，魁胆大队响应上级“大力发展农村小水电”号召，在村寨西3千米处高杰溪涧修建水电站。引水渠由各生产队派劳力开挖，钢管、发电机、电线等设备由大队斥售木材提存款1.2万元购买。当年秋，电站建成，发电量20千瓦，由社员王乾照负责管理。随后，大队添置打米机、磨面机、压面机、玉米脱粒机等农产品加工机械，为社员服务。然因水力小、设备差、无变压器等原因，供电甚不正常。1980年报废。

20世纪80年代中期，天柱县在与锦屏县平秋镇万丰村交界莲花山修建水电站，引起两县村寨土地权属纠纷。1987年8月贵州省人民政府以〔1987〕黔通字195号文件批复，责成天柱莲花山电站向锦屏县平秋镇万丰、平秋等村寨供电。1992年春，魁胆乡并入平秋镇，莲花山电站供电范围遂扩大到魁胆村。当年，平秋镇以便大原高岑公社林场林木作抵押，贷款从平秋架高压线通魁胆等原魁胆乡属各村。1993年春，魁胆村始用上

2008 年解放军在魁胆水库抢险救灾　　杨秀廷　摄

莲花山电站的照明和加工用电。1999 年，县电力实施农村电网改造，魁胆村遂用上国网电。2008 年春，魁胆等九寨地区发生持续 40 多天的罕见严重雪凝灾害，电线、电杆被压断，停电月余。3 月上旬经成都军区解放军战士抢修，方恢复通电。

公共场所

文昌阁　位于魁胆寨脚水口处，是魁胆村最早的公共文化设施。该阁始建于清乾隆十八年（1753），由村人捐资和木料建成。阁高约 12 米，为三层重檐结构。一楼大殿供文昌帝君及观音菩萨等像，二楼放些杂物，有楼梯相通。整座楼阁由湖南宝靖（今湖南邵阳）工匠建造，所盖青瓦亦由湖南人烧制。建阁结余资金用于购置山场土地，村里成立文昌会，经管土地和文昌阁，文昌阁会地产生的效益用于文昌阁的维修。文昌阁建成后，兼有庙的功能。嘉庆年间（1796—1820），文昌阁颓坏。道光年间（1821—1850），村人复集资重修，置有文昌阁会地，由村头人王朝礼、王朝海、王朝见、王三保、王贤锦、王通贤等 8 人经管。清末，文昌阁又严重朽坏。1915 年，魁胆款总理王世杰等倡议重修。村民复献工献料，在原址重建文昌阁，仍为三层重檐结构，一楼大殿两侧建有厢房，曾兼作村学。至 20 世纪 50 年代初期，此阁自然倒塌。最初建阁时，用规格青质石料从溪边石基上砌起来的 5 米多高坎至今依然保存。几次建阁所刊刻的石碑均于 1958

南岳庙（2016 年）　　王宗勋　摄

年“大跃进”时，被挪用建碾坊，现已无法寻找。此阁楼朽垮后，1962 年大队在此坪上建铁具厂。2009 年，村民委员会在文昌阁原址上修建回龙风雨桥。

南岳庙　南岳庙在村东北高捧半坡上。始建于清后期，民国中期重修，为纯杉木结构，三间，中间为神殿，供南岳帝君等像，两侧为厢房。村人还成立南岳会，置有会山和会田。由该会不定期主持举行打清醮等集体祈福禳灾活动。1953 年，高捧王灿元家小孩玩火引起火灾，此庙被毁。1954 年，村民复集资请平秋木匠龙章武主持在原址重建南岳庙。1974 年，此庙颓垮，村人继续到庙坪上祭祀。1994 年，寨老王光富、王世光等倡首，组织村民捐集 2000 多元，在原址重修南岳庙，并刊立石碑。现南岳庙为砖房，单间单层，设有南岳神位。稍后，村里信士王选权出资添置南岳、菩萨等神像。此庙香火四时不绝。

戏台　位于村中心水泥广场北侧，1974 年修建，其所盖陶瓦来自没收 1952 年被划为地主成分的社员王邦林家。戏台为两层半纯杉木结构，底层为抬高戏台而设，高 1.5 米，空闲。中层为戏台，其高约 4 米，面积约为 60 平方米，旁边设一间房用以置放物件。戏台之上层设房间，为村民委员会使用。此戏台原位于水泥广场外边，20 世纪 90 年代中期因在该处建村委办公楼，而移于今址。

杉王亭（2003 年）　　王宗勋　摄

村办公楼　魁胆村委办公楼经多次更址。20 世纪 60 年代建在今寨中心水泥广场东边，即高捧坡脚和把冲之间（王劳团一支宗祠原址）。时为两层 4 间木楼，底层为供销社商店用房，二楼为大队办公用房。1973 年迁至今卫生院处。1974 年将位于今寨中心水泥广场处的王裕宗一支王姓宗祠拆除，在其场坪外建戏台兼办公楼，场坪大部分辟作广场。1993 年，村民委员会组织投入 7000 元和价值 30 立方米木材，将原戏台兼办公楼移至球场北侧，在原址上修建三间三层砖木结构楼房。因资金不济，一、二两层为砖木结构，三层为杉木结构。一层设两间门面租给村民开商店；二楼为村委会办公室，中间为可容 20 余人的会议室，两侧各有两间办公室；三楼空闲，偶作接待办伙食之场地。

村中心广场　此广场位于村寨中心，面积约 1000 平方米，是魁胆村最重要的公共场所。此处在原为魁胆王裕宗一支王氏宗祠所在，1958 年大队将之用作集体活动场所。1974 年，大队将此建筑拆除，以其地辟建大队球场。1993 年，村民委员会斥资将其水泥硬化，兼设篮球场。此广场至今已成为魁胆村之中心，其周边有村民委员会办公楼、戏台和 6 家商店、1 家小食店。村里所有群众集会和接送上级领导的仪式多在此进行，村里老人去世亦都在此发送上山。

杉王亭　位于便大自然寨田坝间小山堖上，锦彦公路从其南边经过。亭为六角形，高约 5 米，内宽 3 米，为水泥构造。亭东边栽有两株翠柏。

1992 年，平秋镇党委提出“弘扬佑求精神，重振杉乡雄风”口号，特斥资 5 万元在此建“杉木王”王佑求纪念亭，将原立于魁胆水库林场场部的“杉木王”王佑求纪念碑移立于亭内，成为锦屏林业的一处重要纪念设施和景观。

附 5：王佑求纪念碑碑文[①]

王佑求，贵州省锦屏县魁胆乡人，1913 年 6 月 12 日出生于一个贫寒的林农佃家。一生性直品端，勤勉朴实，爱杉成癖。1952 年任农会副主席，继任农业社副主任 。1955 年 3 月加入中国共产党，曾任党支部委员、副大队长。1964 年春，受大队支部委派，率王田乐、龙延厚、王必选、王清禄、王清福、王锡焕、王锡标、王先朵、王光谋等 16 人上山扎寨，披荆斩棘，拓荒造林，艰苦创业，办起了第一个队办林场，并亲任场长。佑求以场为校，传道授业，树木树人，勇于探索，首创了一年两季育苗三季栽杉的奇迹，先后培养了 241 名营林技术人才。回溯 21 年办场的峥嵘历程，佑求年均劳作 340 余日，15 个除夕留场巡山护林。其间三次转战，四建新场，在造、抚、管上狠下功夫，杜绝山林火灾，蔚成新林 6776 亩，林粮间作收粮 333181 公斤。可谓林茂粮丰，兴旺发达。因功劳卓著，佑求受县、州、省、中央表彰嘉奖 18 次，当选为锦屏县第八、九两届人民代表大会代表和常务委员，黔东南州第七届人大代表和常务委员。1979 年冬，佑求飞抵北京，领袖接见，获全国劳动模范的最高荣誉。从此，"杉木王"的美名传遍京华，响彻苗岭。1983 年 11 月，党和政府送佑求息烽疗养，他身在胜地，心系林海，于次年 2 月提前返场。面对满目青山，美好夕阳，自感时间不多，更不遗余力，全倾心血于林场，直至体不可支，上下规劝，才离场居家休养。1987 年 5 月 3 日，终因积劳成疾，久治不愈，与世长辞，享年 73 岁。佑求同志数十年如一日，艰苦奋斗，不断创造，为国绿化，为民造福，奉献毕生，堪称祖国经济建设时期的民族英豪，锦屏林农的万世楷模！

锦屏县人民政府　立

1987 年 12 月 28 日

① 碑文为时锦屏县委书记兼县长单洪根、锦屏县委宣传部副部长陆景川撰，并经锦屏县委、县人大常委、县人民政府、县政协、县纪委领导讨论通过。

回龙桥　位于魁胆寨脚世塘居，横跨水口溪上，将周家坡和希耀坡两座山脉连续。清代中期至民国初年，村人曾三度在此修建文昌阁。

2005 年春，村籍在外工作人员提议在此处修建侗族风雨桥，以作为村寨关拦水口，回澜聚气之设施，得到全村民众响应。当年下半年，村民委员会组织动工，当年完成基础部分工程。因原基面较低，遂在原基上用砖砌成高 1.5 米的钢筋圈梁架，上铺水泥预制板作桥面。2009 年 3 月中旬，请黎平县肇兴乡陆安邦等 8 名建筑工匠，以每人每天 90 元工价按黎平侗族风雨桥风格建造。5 月下旬竣工，计用工日 300 余个，费工钱 3 万元。桥分 7 间，全长 26 米，宽 5 米，高 8 米，两边设有靠栏。当年 7 月 9 日，村党支部和村民委组织举行盛大的庆典活动，县人大、县政协有关领导和县委宣传部、县交通局、移民局、平秋镇等 20 多个单位及邻近村寨亲友数千人应邀临会，当天还举行民歌赛、篮球赛等活动，热闹空前。

回龙风雨桥建造所需资金，由村党支部书记王生友、村民委员会主任王必玖等组织捐集。计募得 13 万元，其中县交通局、文广局、国有林场、平秋镇、审计局等 24 个单位集得 42300 元（县交通局最多 15000 元）；村内外 717 人捐资计 87700 元，王

2009 年魁胆风雨桥竣工庆典　　杨胜屏　摄

有来捐资 3000 元，其余人 30~1000 元不等。稍后，村民委员会在风雨桥里侧建水泥灯光球场，并在球场北边刊立由 5 块石碑组成的碑群，将建桥情况及捐资者姓名、捐资数量刊刻于上，以作永远纪念。2017 年，魁胆村籍干部王宗勋联系资金对此桥作小度维修，并将中山大学校长黄达人 2010 年所题桥名和村内王裕庆等人所作的 3 副对联、6 首诗词镌刻于上。

魁胆回龙桥是九寨地区第一座南部侗族风格风雨桥。此后不久，黄门、石引、平秋、彦洞、采芹等九寨各村寨纷纷建造。至今，九寨地区风雨桥廊已数十座。

魁胆歌廊 在魁胆寨北面益祥坳外侧，为南部侗族风雨桥式建筑风格，长 25 米，宽 4 米，高 8 米。2016 年秋，县革命老区办公室投资 30 万元，由平秋镇政府负责实施，魁胆村人王天星中标组织黎平县工匠承建，2016 年 12 月下旬竣工。廊靠村寨一侧正中挂有“魁胆歌廊”木匾，廊柱上挂有两副抱柱联，一联为凯里学院教授傅安辉所撰“云霞捧日四时见，歌声随风九霄闻”；另一联为锦屏县人大常委会副主任王明相所撰“凭栏遥望千山景，举首迎来万壑风”。

魁胆歌廊（2017 年） 王宗勋 摄

益祥坳为魁胆寨北边一坳口，村人历来视为自然缺陷而欲填补，然因经济不力而未成。此廊建成，如一堵藩篱挡在坳口之外，弥补了此缺陷。临此歌廊，但见近处满目青翠，远处平翁乃至数十里外的天柱县地良等群山连绵，令人产生豁然开朗之感，把酒临风，别有感受。

览秀亭　位于魁胆寨脚世塘居风雨桥北端周家坡山嘴上古树修竹之间，六角单檐，内径 2.5 米，高约 5 米，系县革命老区办公室革命老区转移支付资金项目魁胆歌廊的配套工程，亦由平秋镇政府实施，魁胆王天星组织黎平工匠施工，2016 年 12 月竣工。挂

览秀亭（2017 年）　　彭泽良　摄

有县老年大学原校长王光俊所撰对联“魁星指引青云路，胆气催开月桂花”。坐此亭间，沐浴清新山风，往上可感受魁胆侗寨魅力，往下可饱览青山田园风光，为世塘居风景锦上添花。

◉ 家庭管理

家庭 魁胆传统家庭，一般三代同堂，少数两代或四代同堂，五代同堂者甚少。在清代中后期，曾出现少数三四代不分家、人口达数十人的大家庭。如嘉庆时，冲随周年吼家（当家者为周姓老年妇女，其家庭中极有威信，因说话声音大，村人私下给其取号“周年吼”），为村里大户，人口 20 多人。稍后，道光至光绪前期，高捧王见怀家亲堂七兄弟不分家，人口亦 20 余人，吃饭需鸣锣通知（光绪前期因失火而败落）。

魁胆家庭成员在分工上，一般是男主外，女主内。“男人扛斧，女子扛锄。”在家庭中，持家者多为辈分高和年富力强者。子女婚事、建房、买卖家产等重大事务，以及木材采运等能挣钱养家的重大体力劳动，多由男子主持完成。当家妇女主要负责照管小孩和操持家庭一般日杂事务，种管田地，纺纱织布。妇女辛苦程度远胜于男子，常常起五更，睡半夜。一年到头，少有休息时间。老年人则在家协助照看小孩和干些力所能及轻活。

旧时，新媳妇在家里地位较低，有“半边媳妇半边奴”之说。新媳妇在婆婆的安排下，从事各种较重的生产（砍柴、割草、造林等）和家庭事务，一般没有发言权。吃饭时，得为全家人盛饭；家里有客人时，需待客人吃罢方可上桌。饭后，还得负责收拾桌子碗筷。1970 年以后，此种状况逐渐得到改变。至今，新媳妇的家庭地位有了极大提高，多数甚至掌握着家里的经济支配权，家里的重大事务都由其决定。但少数老年妇女仍保持不同男客人一起上桌吃饭，需客人吃罢才吃的习惯。

过去，家庭的房屋、山林田地等财产由男子继承，女儿无份。稍有家财者，考虑女儿在家辛劳和出嫁后生活困难，在其出嫁时分送部分山林田土作为陪嫁物，书写契约文书送给女儿带去夫家。山林田地等陪嫁品，有的永远送给女儿，有的则只准女儿有生之年享受，去世后需退还娘家。但只有女儿没有男儿家庭，女儿出嫁后，亦可继承其父母财产。妇女基本没有独立处置家庭财产之权利，若实在要处理财产，亦需房族叔伯代理或签署其名。

魁胆民居（2017 年） 王宗勋 摄

附 6：送女子土地契约文书 4 则

龙廷彪与侄女龙玉娥卖田契 ①

立卖田契人孟寨龙廷彪、侄女龙玉娥。今因要钱使用，无有出处，自愿将到本业坐落地名窑瓦买主田坎却下田乙丘，收禾十五稨。要钱出卖，请中问到本寨王金石名下承买。当日议定价钱四千四百文，其钱当面交完足，其田交与买主永远管业，不得异言。恐口无凭，立卖字存照。

凭中代笔龙廷彪

同治三年五月初一日立

王通贤父子送田契

立送食字人父亲王通贤、胞兄邦俊父子二人。为因妹子出嫁，恐后日食难度，父子自愿培食吾妹，将田种花。其田乔冋布子凹大田乙坵，收花十五捞五稨；登洞秧地田乙坵，收花乙捞二稨。付与王晚枝名下耕种收花度日。父愿百年之偕，随食随用。南山之固，东海之包。其田在生所食，告终退还。两下意

① 本契中侄女龙玉娥父母皆故，其出卖田产，遂由其叔父龙廷彪出面代理。

愿，并无勒逼等情。恐后无凭，立此送食字为据。

昌烈
凭亲房王秀喜
永怀

亲笔

同治九年十一月初一日立

王志洪兄弟送山契

洪
立送契约人兄弟王志　等。情因弟妹姣月命途判遇，家寒不得何物相送，二
□
比兄弟情愿将到地名八濠老嫩杉木一团，拾股均分，出送七股，界至分明。而弟妹亦可允要待后木大伐卖，地复本主。自送之后，不得异言。恐后无凭，立有送字为据存照。

亲笔

民国拾伍岁在丙寅七月贰拾一日立送

王康清送田遗嘱

立甘永送田契人父亲王康清。名下寿近六旬，仅生六女，长曰蟾娥、次曰姜娥、三曰昭娥、四曰内晚、五曰小晚、六曰细晚各女名下，趁父存时，可许永送田业。六女总共承耕地名墓地田大小叁坵，收花肆捞。又地名上冲泻田大小叁坵，收花叁捞。自己上门请侄代笔。自送之后，不得异言。恐后父临终之后，指分堂侄、堂孙，谁人不许生计翻送，该业亦不得房兄、堂弟生悔磕退之情。任凭六女轮种收花永业，不得姊吞妹瞒之故。恐后无凭，立有永送契约一纸付与六女执照为据。

贵标
凭中人王
包林
代笔人王志宏

外批：田待父亡之后，六女方进田种。此批。

民国贰拾伍年腊月初一日立送契

婚姻 清光绪以前，魁胆等九寨地区各村寨盛行“姑舅表婚”。姑家之女，必“还娘头”嫁到舅家。舅家因无适合男子或其他缘故准许，外甥女方可他嫁。外甥女他嫁，须到舅家“卡舅公”，即向舅家送上一笔不菲的礼金，以谢舅家之恩。光绪时，在官府的支持下，九寨各地兴起一场反对“姑舅表婚”的运动，禁止“舅霸姑女”和舅家借“舅公礼”勒索，规定“舅公礼”为白银 12 两，民国时期改为大洋 12 元。进入民国以后，“姑舅表婚”逐渐退出婚姻舞台。取而代之是父母包办婚、媒人说合婚、自由恋爱混合婚制，以父母包办为主。

魁胆家庭历来实行一夫一妻制。个别因女方不能生育者，也纳妾，实行一夫多妻。如清末民国初村人王岩荣，因妻子陆氏不育，遂娶滚氏为妾。又如，民国中期村人王生乾，英年去世，只生育一女，其妻王三妹遂将在村里给人当长工的龙爱良（更我村人）招赘。后王三妹因自己年长不能再生育，遂亲自为龙爱良至大同乡锦所村说得第二房杨氏，并一起生活数年。1951 年以后国家实行新婚姻法，禁止一夫多妻，王三妹遂主动与龙爱良和杨氏分居。

夫妻感情不和，可以离婚。妻子亡故，丈夫可再娶。丈夫亡故，妻子亦可再嫁。但亡夫家下有弟者，亦常转嫁给其弟作妻，魁胆旧称之“弟留兄嫂”。寡妇因亡夫家无兄弟或不愿移嫁给其兄弟而欲外嫁，得归还原夫家的财礼银钱。如果男方因故嫌弃妻子，则书写“请书”（即休书），然后“四门开放”，“礼请”妻子主动离开他嫁。有的妻子则提出要求补偿其一笔钱，魁胆旧时称之为“刮”。

妇女带孩子改嫁，孩子到新夫家后，可改从夫姓，也可保留原姓。在继承财产上，有的享受新夫家孩子同等权利，有的则与新夫家孩子稍次。孩子随娘改嫁长大后，若不想在继父家继续生活，经生父所在房族同意，亦可回生父家生活。

附 7：婚嫁类文书 5 则

王岩荣妻妾分家文书

立妻妾不合字人魁胆寨王岩荣。今因娶有滚、陆二姓之女，奈因不合，愿将田产分派。其妻滚氏与女子分落土名他宋田大小四坵，各欃田乙坵，乔问母田乙坵，高杰买荣福油山坎上田乙坵，盘金猛买荣福秧田乙坵，共计收禾三十□捞五边。其田任从滚氏与子炳炉女媳管耕。外有冲马田乙坵，收禾五捞四边，除与三老送终。凭有地方乡团房族其舅滚承昌、林贵等为据。其妻若有私心，任凭地方娘家驱逐，不得异言。恐口无凭，立有分字为据。

外批：添五字，涂贰字。

外批：其夫二家经管。

凭乡团王永灼　照吉　永文

房族王宏灼

请笔王通栢

光绪三十贰年十一月初六日立　恭贺人占地合

王延光退婚书

立退婚字人魁胆寨王延光。先年凭媒求到本寨王引益之女，名唤贵柳与配王延光为妻。至今六命不合，前缘不修，日夕将闹，男不喜妻为室，女不愿夫成家，因所嫌弃。故此，转请地方乡团龙武略、王秀荣等悔退王氏贵柳归与娘家，转退彩财银贰拾肆两整。此女任从娘家四门开亲，凭其两团等地方，今我亲夫自愿中证，并无强压。以后二比不得藉妻翻悔，行事争端。倘有父子人等若有藉妻翻磕诈，俱在夫家嫌妻退之人一面承当，不干嫁家之事。日后不异言。我亲夫自愿立有退婚字约一纸永远杜后为据。

请笔龙来旺

请乡团龙武略　王秀荣

宣统三年八月二十日立退婚字

杨老明嫁儿媳文书

立主婚书字人塘客村杨老明。之子□□先年娶有三德村周耀祥之女，名焕周氏昭弟为室，无奈去岁之子亡故，存妻周氏青年无子，意欲再醮。今有魁胆寨王贵发请中向我父子问娶此妇，我父子问媳，心喜愿悦，父子等承应主婚。言定礼金银柒拾八两整。其银当日凭中领足开消葬费，不欠分厘。

□周氏昭弟移嫁与王贵发为室，集房族人等谨中较议，自今已后不得异言。若有人藉妻搕索，俱在我杨姓父子一担承耽。恐口无凭，立有主婚书移嫁字一纸存照为据。

择恩
凭中王和元
杨俊坤

大中华民国八年岁次乙未四月十三日杨□□亲笔立主婚字

龙王氏彦娥嫁媳书

立主婚售字人平秋寨龙王氏彦娥。情因先年凭媒娶到本寨刘连宏之女名唤刘氏引花配与龙昌祖为妻，被龙吉灿拐匿。是后，刘连宏亲到泽边寨将此女归于龙昌祖。无奈昌祖亡故。经请地方理论，此女龙吉灿拐去数年，生育一女。母女二人无处停靠，又经地方中证理论，系能愿将母子四门开放。今有魁胆寨王庚庆请媒王康佑向龙姓并地方中证较议，自愿将刘氏引花售嫁与庚庆为妾。当凭地方中人议定售礼钱二十仟文整。其钱当凭地方人等亲手领足，分文不欠，其刘氏引花售与王庚庆永配偕老。倘后不得异言。恐口无凭，立有主售婚一纸为据是实。

内添乙字。

平秋寨甲长龙成祥
中证刘宗茂　罗开晚
族长龙武梁　武润
亲笔龙海球

民国十七年后二月乙日立主售婚

王永谟休妻书

立请帖字人魁胆寨王永模。情因先年凭媒娶到黄甲小寨龙延渭之女，名唤爱银为妻。过门数载，夫妻反目，六命不合，琴瑟不调，迄今奉因亲夫身染一病之灾，年余。吾奈，将命推算，夫妻命运不合，无法可也。现今家寒缺食，难以□留。只得请本寨王华恩将此妻四门开放改嫁。古道言“抗死不如放生”。

今我夫妻二比诚愿甘心分离，永不悔退异论等情。恐口无凭，立请帖字为据。同偕。

亲笔王永模

民国十九年后六月二十八日　亲手立请帖字

分家　在魁胆，凡多子家庭，父母逐个为诸子操办婚事，然后让其分居独立。或成家一个分居一个，或全部成家后一次性分家。父母则跟随最小儿子居住。过去，有田地山林（特别是田）的家庭，分家时要留出两份田后再分配，一份是给大哥的长子田（因长子较早随同父母参加劳动，较诸弟辛苦）；一份给父母的养老田（多选条件较好的田）。长子田分后不再动，养老田则由与父母同居、并负责父母生养死葬的儿子拥有。若众兄弟一起赡养、安葬父母，养老田则由众兄弟平分。

旧时，兄弟分家，要请父亲的兄弟、房（族）长和母舅、姑父等族戚召开家庭会议，将家里所有的山林田地和房屋等财产理清，列出清单。在留出长子田、养老田后（有的还留部分给年幼小妹作为嫁妆田），按好搭坏、近搭远原则，按兄弟人数均成若干股，最后拈阄落实到人。阄上书写吉祥字样，如两兄弟则写“人兴”“财发”，如四兄弟则写“人”“丁”“兴”“旺”等字。财产分配清楚后，书写“分关”（即分家文书）作为永久凭

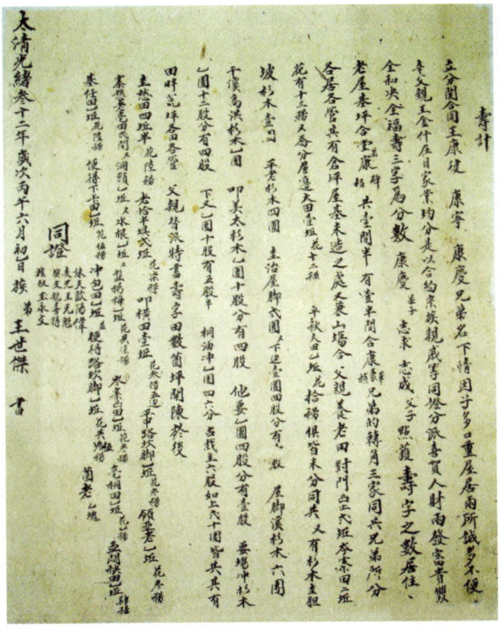
壽計
大清光緒叁十二年歲次丙午六月初□日　族弟　王世傑　書
同證

分关文书　　王宗勋　摄

据。分关根据兄弟人数，每人一份。每份文书都将特意留出空白处（一般靠左边）对折，然后拼在一起，在中间书写“分关发达”等字样，保证每份都有“分关发达”四字的一部分，以免日后有人弄手脚而生纠纷。家产分到个人后，一般不再调整变动。

附 8：分家文书 3 则

王乔生兄弟分关

立分关字人丕坦寨王乔生、乔保。情因兄弟不和，愿商议择期各居。其有田业当凭房族人等均分，至公无私。所有地名：便大故大田乙丘，又溪边田一丘，又地名盘岑滥田一丘，又地名布吉溪边田二丘，又地名仓荣路坎下田一丘、又小田四丘、上节田一丘，又地名下孟下节田二丘，又乔问下墓田一丘，高苑田二丘，又地名下方路坎下田一丘、买岩四田一丘，又地名岑阶沟上田三丘，以上大小田二十一丘，分落乔生管业；所有地名：仓荣路坎上大田一丘、上节田二丘，又地名下孟上节田一丘，又地名冲甲田二丘，又地名下方买周姓田一丘、买朝亮田一丘，又地名岑阶沟下田三丘，又对门岑滥田三丘，又便故鱼塘一丘，登洞田一丘，又地名布吉田一丘，又地名吉忍田一丘，又盘吉母田一丘，此田大小一十九丘，分落乔保管业。自后各业各管，不得异言。今恐无凭，立此分关是实。

启明　益贵

凭族人王乔寿　乔元　代笔王正宇

清才

道光二十二年二月三十日立

王庚寿兄弟分关

稽古大禹治水，以分九畴。《中庸》云：“父作之，子述之。”是皆佑启后人。考朝廷有州府县之分，家庭有分居各业之分，由是该分各管各业。此是明理也。

寿

据兄弟庚　而分山场，非是不睦，希冀各得其所，各管以出权利，岂不美哉？是

求

以财发人兴，为序。

特以处所开陈于左：

庚寿点获“人兴”二字之阄：岑赞大路上乙团，叩岑昧乙团，叩问王干沟下坎乙团，对门路坎下乙团；盘新路乙团；惭衰乙团；夏孟乙团；魁用的谰乙团；其发岭大上乙团；油山基发共乙团值右边。

族笔世杰

中华民国二年七月二十日立

王永臣兄弟分关书

臣、子庚

立分关字人王永　　林兄弟二人。情因先年人中地开，分居各烟，均分

文、子茂

茂

业。除有魁胆溪并及秧田作为养老之田未分。今又　林将二处之田二股均分，茂

庚

林股魁胆登岑大田乙丘并及高毫乙丘，大溪边乙丘。又秧田半丘（右边），乙共三丘半为股。自分之后，不得异言。恐后无凭，立有合同分关为据。是实。

立有分关合同为据是实

代笔永亨

民国十年十二月初三日立字

承祧　因男子享有家庭财产继承权，故在很长时期中，村人坚持“不孝有三，无后为大”的传统理念。不婚、婚后不育，或有女无男的家庭，则认为是自己命中注定所致，往往为继承香烟问题苦恼，通常采取过继形式解决。寻找继承人，一般顺序是亲兄弟—堂兄弟—更远的房族。如平辈成员中无合适侄子，有的也考虑从孙辈中找继承人。有女无男且女儿长大的家庭接继子承祧，还要征求女儿的意见。

分继子（孙）承祧，是家庭的重大事件。先是请房族族长和母舅等作中证，写过继文书，有的还要办几桌酒席以示庆贺。过继仪式结束后，继子即离开父母到继父家生活。但有的也只是形式上过继，以便修宗谱时在被继承者名字下有继承人的名字，继子未真正到继父家生活。

附 9：过继文书 4 则

王永见父女接祧书

立分关继子接祧字人王永见、女王求引二人。情因年晚无靠，命独多舛，不可袖手旁观。幸蒙亲族王宏元、宏文登门求到胞兄王秀光之子，名唤德旺，过继与永见为儿，今房族母舅言定其有田地、山场、六畜、财物等件一概付与王德旺一人领受，继后养老送终，永远管业。日后不得异言。恐口无凭，立有分关接祧是实。

凭房族王德焕　邦智

亲戚王官吉

请笔王通云

光绪十四年三月初九日立

王包林分子过继书

立过继人胞弟王吉林名下。荷蒙祖宗生养二子，长曰有缘，次曰有会，皆长大。窃兄包林命诞不辰，宗祧莫继，念在手足相亲，思兄伯道，不忍，情愿以长子有缘过继王包林承宗继祖。子孝孙贤，千年继述，百子多孙。立有过继为据。

笔吉生

证恩然

民国庚申年正月十二日立

王包林分子承祧书

立付约人王包林名下。情因命诞不辰，男女无面，常怀伯道之忧，于前年曾分次弟王吉林之长子有元承其烟祀。至于民国甲子年凭媒求娶王康发之次女娇月为室，过门数载。继子亡故，遗下其妻年龄幼稚，欲寻异门为家。然胞兄弟面同磋商，所谓弟留兄嫂，□将区区之业付娇月，令月常作胞兄之子媳，然有干不弃吉林之亲儿，以二人合成一家，接着后代。幸得男女意愿，成就一家。而兄一切田园业产，一概付给娇月管理。孝养翁公，此兄生有为养，死有为礼，安居落心。一世百年之后，□□付约不得亲房、此儿□□争端，而有干亦不得生厌倦养之情。待兄千年之后，恐有邻近争业，情由凭有房戚人待立有付约遗嘱为据。

胞三弟王吉瑞　胞四弟王吉生

戚人王秀栋　戚人龙相斌

笔人王昌宏　戚人王志林

民国二十七年癸酉二月吉日立付约

王光元过继书

立过继承祧人王光元名下。情因二继母王氏有连、刘氏晚丹名下，奈因祖宗德薄，四子已故，无人肇其烟祀，于是王光元见其苦痛，自愿移花接木，承祧祖宗管理业产兴家，将来二母养生送死，各项家务一担负责，不得倦孝怠耕之故，不得浪汤分文。当即凭有房戚人等，立有过继承祧字据。

亲房王光祖　房下王光显

房族王田禄　王炳茂

戚人王有德　王包林　刘汉邦

请笔族人王昌宏

民国甲申年三月初五日立

◉ 村寨治理

款约　在“输粮附籍”、被纳入封建国家统治体系之前，魁胆款处在完全“自治”的状态中。在长期生产生活中形成的款规款约，是其“自治”的重要工具和手段，是村里的“法律”。诸款规款约多体现在人们的日常行为习惯和禁忌里，重要的则以易懂易记的念词或歌句等形式口口传承。如，不准对官家无礼，不准面生人进寨；不准不敬父母；不进他人有庄稼的田地和菜园，不进他人鱼塘，不进打有草标的“禁山”，不动别人界岩；不准砍伐风景树木，忌烧风景林木枝丫；不损坏路边土地祠，不在庙宇、坟墓前大小便；不准夜晚行歌坐月，等等。诸规约具有极强的约束力，规范着人们的行为。

对这些规约，全款人都普遍认同并自觉地遵守，包括款首在内无人例外。为让款规款约长驻人心，款首每年或数年要借六月尝新节或九月重阳节等重要节时聚齐款众，重申款规款约。一旦有人违犯款规款约，款首则聚集款众按相应条规予以处罚。

魁胆对古款组织和款规款约均称为“款”（侗文“guant”），讨论制订款规称为“议款”。对犯“款”行为进行处罚称“吃款”（因要用罚没犯款人的财产聚集款众吃饭，宣布对犯款的处罚），集中全款人的重大行动称“齐款”。在魁胆人心目中，款和款规极具权威性，只要提起“款”，人们心中就会产生肃然感。当有人不遵守款规，胡作非为，人们或在背地议论“这人会被吃款的”，或当面提醒警告他“注意莫被吃款”。大人教育孩子，要品端行正，千万不要犯款。一旦家人因违犯款规被“吃款”，就会感到无比羞耻。凡对犯款行为进行处分，都需经款首会议决定。对违反款规款约较轻者，一般处以“吃款”；对严重违犯、影响恶劣者，则处以活埋、“见家一块柴”和“推格勒洞”等极刑。魁胆村西北边的格勒洞，是一处高约80米的崖洞。旧时对严重违犯款规款约（多为破坏人伦）者，均拿到此处处置，即将人捆绑双手，从崖顶推下去。至今，村里老人对做坏事不知悔改者，仍往往用“这人要被推下格勒洞”进行诅咒。

魁胆村黄甲片（2017 年） 王宗勋 摄

1925年，村人王彦科因假官之名在魁胆团款内强征契税，魁胆寨总理王世杰劝阻不住，激起民愤，遂被按古款规召集十六甲民众以“勾外烂里”罪施以“见家一块柴”极刑烤死。在九寨乃至锦屏地区引起极大震动，对魁胆寨的影响尤其深远。此后至今90余年，在原魁胆十六甲范围内，再未有过类似王彦科的行为。

村规民约 清雍正前期，魁胆头人与九寨各寨头人一道赴黎平府“输粮附籍”。随后，黎平府逐渐加强对九寨的行政管理。同时，随着木材贸易的发展，汉文化不断传入。因地方贫穷，对官府和汉人的畏惧，加上受汉文化的影响，魁胆人逐渐形成内敛守法、不与人争的行为习惯。道光十六年（1836）五月，魁胆寨人王见海因受外村人唆使，将堂弟媳拐卖。其父得知，遂大义灭亲，亲率堂弟王岩闰、侄子王正宇等将王见海捆送至黎平府请官依法究罪。

进入咸丰年间（1851—1861），清水江流域社会动乱。为维护地方秩序，黎平府要求各地组织保甲团防。依据官府要求，魁胆十六甲头人始制定文字条规，发至各村寨要求民众遵守。光绪二十六年（1900），因受域外影响，魁胆十六甲内治安状况一度较差，赌博成风，偷盗事件不时发生，村人居不安，业难乐。鉴此，魁胆总理遂组织十六甲各寨头人聚集魁胆“议款”。依据官府律令，结合十六甲古款规款约，制定八条禁约，并刊成石碑，立于各寨。

附10：十六甲禁约

尝思国有法家有规，吾魁胆十六甲各寨，近来地方紊乱，多滋雀角，民怨载道。为靖地方，各寨首人公议，新定八条禁约，仰共同遵守，毋致违犯。

——禁延误公家粮款。违者，送官治罪。

——禁勾外烂里。违者，行见家一块柴古规，逐其家人出寨。

——禁偷牛盗马、滥伐他人林木。违者，罚银十两入众聚款。

——禁犯火。焚毁他人房屋、林木者，赔偿损失；故意纵火者，丢入火场。

——禁私留面生歹人祸害地方。违者，送官处治。

——禁不孝。违者，罚交族处治。

——禁乱古礼。男婚女嫁须凭媒妁，违者交族处治。坏伦者，行坠崖古规。

——禁寨内外行歌坐月、女子夜行。违者，交族按坏俗处治。

大清光绪二十六庚子年孟春月榖旦　立

民国初年，清置黎平府行政瘫痪，新行政体制尚未建立，锦屏等地治安混乱，盗匪横行。为维护地方秩序，1913 年 10 月，三江九寨联合成立团防总局，根据地方传统规约习惯，制定“团防章程”和“治安条规”，发到各村寨要求遵守。

附 11：三江九寨团防总局治安条规

——议不准放火烧山，违者罚款拾千文。如烧及杉、油桐、茶等各木，除处罚外，仍按照木数多寡饬令加倍还。

——议不准偷砍杉、油桐茶等各木，违者罚钱十千文。

——议不准偷盗禾谷田鱼，违者罚钱十千文。

——议不准窃取瓜果蔬菜，违者罚钱叁千叁百文。

——议不准浪放牛马猪羊践踏植产，违者罚钱三千文。

——议不准聚赌抽头，违者拿官处治。

——议不准酗酒滋事，违者公议处罚。

以上罚款以四成充赏，以六成充公。

自“附籍”官府后，魁胆十六甲便成立有由保、甲长和自然领袖（村里较有威信、处事较公正者，一般为各房族族长，侗语称为“货老”）组成的“地方”，负责监督执行国家律令和地方规约，催办粮税徭役。村寨邻里之间偶有纠纷争执，当事者便请“地方”头人出面调解。“地方”头人处理纠纷，一般也有当事双方亲戚参加。调解原则按传统习惯，以劝和平息为上，不轻易处罚，更不随便上报官府。调解结束，负责调解者还要写“和息书”给双方作为凭据。1917 年，魁胆村王志奎之妻王爱团被人拐卖至邛水县（即今贵州省三穗县），王志奎遂央族人王清洪、王岩荣追赴邛水县衙状告，获对方赔补白银 120 两，然而王清洪二人未将此银交给王志奎，后来“地方”头人王永亨、王世杰等前往调解，最后王清洪等补给王志奎光洋 160 元，并写“清白字”了事。

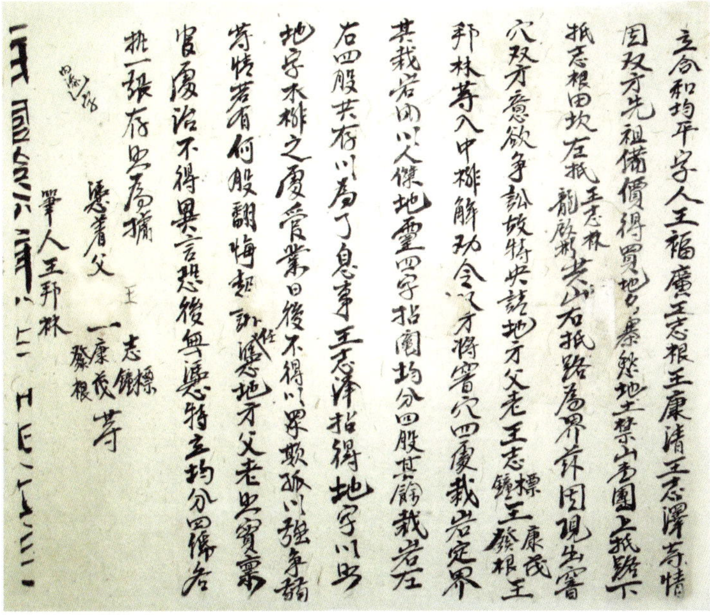

纠纷和息文书　　　　王宗勋　摄

附 12：乡团调解纠纷 2 例

王通柏等与王寿洪圭愁山场纠纷劝和书

柏　　科

为劝和以免争端事。据本寨王通　、彦　等有祖遗山场土名圭愁，上抵小

泮　　珍

地坳，下抵溪，右抵小冲与宏相、秀敖等山连界，左抵凭小坳直下至水沟与王寿洪山连界。今因通柏等与寿洪相争界限，二比遵依团、中等劝和，右抵仍旧，左抵遵凭栽岩为界。据寿洪老契，左右抵岭。今右边上节仍旧抵岭，下节亦遵栽岩为界，而契约当凭团绅批解。此系二比欢遵劝和，而劝中不得偏党等弊。恐后无凭，特立劝和一纸为据。

品元

团伸王世杰

宏庆

保长王宏相

民国五年九月二十四日立

王世杰兄弟与王延标冲甲山木争执调解书

杰　　　　　　　　　　　　　　杰

为相争了息事。据王世　与王延标相争冲甲山木。据王世　之契，左抵以

彦　　　　　　　　　　　　　　彦

坳而上，界限分明。据王延标之契，四抵不符，当即将契焚化，以免日后相争。倘有日后再造契争，须可禀官，按律严究施行。

特录劝中姓名如左：

王显明
乡团王凤华　笔
王彦科
保甲王开相

民国十三年六月二十三日立字

受清咸丰、同治年间（1851—1875）战乱影响，至及清末，锦屏等清水江下游地区社会一直处于动荡之中，匪盗横行。魁胆寨内赌风盛行，一些人以赌为业，有的则借机放高利贷，以致寨内打架斗殴、偷摸扒窃之事时有发生，村民怨声载道。1927 年，魁胆“地方”头人向县政府报告，要求政府禁革此恶风恶习。是年 9 月，锦屏县政府以县长邓卓汉名义专门给魁胆寨下发一张禁赌告示，严令“诸色人等一体遵照。嗣后务各洗心涤虑，早出迷途。切勿仍蹈前非，自干咎戾！”

附 13：锦屏县政府禁赌告示

锦屏县长邓

为出示晓谕事。照得士农工商各有恒业，不得自甘暴弃，流荡忘归。访闻县属魁胆寨有等不肖棍徒，竟以聚赌抽头为营生之计，或斗叶而弹钱，或郑骰而雀战，俾昼作夜，输赢多金。或因赌博兴讼，挟隙行凶，彼此仇视，酿成巨案，荡产倾家，即由兹起。此种恶习实堪痛恨，亟应严行禁革，以清本源，而昌正业。为此示，仰该处诸色人等一体遵照。嗣后务各洗心涤虑，早出迷途。切勿仍蹈前非，自干咎戾，倘敢故违，一经查觉，定即从严惩办，决不轻饶。

懔遵，慎之毋违。特示。

右谕通知

中华民国十六年九月十九日　告示

实贴魁胆寨晓谕

经过王彦科事件和政府明令禁赌后，魁胆十六甲受到极大的震慑，人们无不敬畏并自觉遵守国家律令和地方规约，村寨治安状况迅速好转。此后至民国末期，十六甲各村寨秩序井然。1949 年年底，人民解放军进入锦屏县，推翻国民党政权，建立人民政权。1950 年 3 月，国民党锦屏地方残余武装发动叛乱，在以后的 10 个月中，其他地方动荡不堪，魁胆十六甲内秩序井然，未出现大的波动。

1951 年年初县人民政权重新建立后，魁胆村人积极拥护新政府，自觉执行国家政策和法规。1959 年“大食堂”时期，村人王光培等 4 人（魁胆 3 人，孟寨 1 人）因饥饿缘故，在平秋村盗宰耕牛，被国家依法处以刑罚。此后，王光培等人之行为和被国家刑罚之结果，成为村人教育子女的反面教材。1965 年以后，村（大队）根据国家法律和当地实际，多次制订和修改村规民约。每次制订和修改后，均以张贴布告或在群众大会上宣布等方式，让全体民众对诸条规入眼、入耳、入心，并自觉遵守。20 世纪 70 年代中期，大队党支部、革命委员会先后依据村规民约处理了几起偷盗和破坏村寨周边风景林木事件，起到很好的教育作用。在传统习惯的作用和村党支部、村民委员会以及寨老的教育引导下，“以和为贵”“以善为本”逐渐成为魁胆人的处世原则和行为规范。各家家长对孩子从小进行守法遵规教育，让孩子分清善行与恶习、合法与违规，使之从小明白是非曲直，树立积极向善的人生观、价值观，成年人更是在遵规守约方面做孩子的榜样。偶有雀角，村民委员会便及时化解。自 1959 年至 2016 年，魁胆村里未发生治安刑事案件，

鸣锣喊寨（2008 年）　　姜绍明　摄

参加魁胆村寨管理经验座谈会人员（2016 年）龙见锋　摄

姓氏房族之间、邻里之间关系和谐。

魁胆村依靠传统习惯和规约有效管理村寨，受到县、州、省社会治安主管部门的高度评价，2004 年 4 月被贵州省公安局评为“群防群治”先进单位。自此，县、州、省有关领导就社会管理创新工作多次到魁胆村进行调研和总结经验。2016 年 7 月 15 日，中共锦屏县委常委、县委政法委员会书记何昌平还特别邀请魁胆村干部和寨老到县政法委员会开座谈会，听取魁胆村寨管理的经验介绍。

省公安厅颁发的“群防群治”先进单位荣誉牌
王宗勋　摄

2000 年以后，因受外村影响，魁胆村内滥办酒席、滥放鞭炮之风逐渐泛起，除传统的婚嫁丧葬、三朝满月、起造乔迁、寿诞等酒宴外，参军、升学、考取公职、建仓、配屋厦、开业、买车、再婚等均要办酒请客，有的甚至打制棺椁、干部退休也要请客办酒。每办酒席，宾客除送礼金外，还要燃放大量鞭炮。而且，酒席每桌上菜十五六个，结果剩下大半。大办酒席造成很大浪费和村民的经济负担，大量燃放鞭炮给村内环境造成污染。对此，村民普遍要求禁革。2016 年 1 月下旬，魁胆村民委员会因时制宜地制定了旨在禁止滥办酒席、滥放鞭炮的村规民约，深受村民欢迎。规约公布后，得到大多数村民的自觉遵守。

附 14：魁胆村规民约 2 则

村规民约

我村在上级党委和政府的领导下，认真贯彻执行党的各项方针政策。为确保社会治安长期稳定，促进我村两个文明建设，推动我村各项事业的正常发展，现将原制定的村规民约略作修改，特立本规条款，共同遵守执行。

第一条　对拉帮结伙、打架斗殴、酗酒闹事、侮辱妇女或施行流氓行为，造谣惑众、煽动闹事、故意扰乱社会秩序、抗交国家各种税款和集体集资款（通过全民同意的工程建设集资）、打击报复村组干部，故意破坏公共财物等，罚款 50~100 元。

第二条　盗窃他人财物或木材，除退还原物外，处罚 100~500 元。

第三条　以盈利为目的的惯赌、豪赌，罚款 100~500 元（老人打牌娱乐除外）。

第四条　未到婚龄、未领取结婚证的事实结婚，包办、买卖、干涉婚姻自由，虐待老人，无证生育、逃避计划生育、不接受妇检，遗弃孩子和不愿意承担义务抚养自己老人者，罚款 50~100 元。

第五条　对荒芜耕地、侵占公共场所、破坏水利、供电设施和人畜饮水、电视设施、公路、校园，放浪牛毁坏庄稼、树苗等，罚款 30~50 元。

第六条　对用火不慎、不讲究卫生，无消防安全和安全生产措施，发生火警的，罚款 50~100 元（野外火警罚 50 元，村寨火警罚 100 元）。

第七条　对不是出纳员而保管现金，发票不经村领导签字同意，会计、出纳或其他人任意挪用公款、以权谋私、不接受群众监督的，罚款 50~100 元。

第八条　村内组与村、组与组、户与组、户与户所发生的纠纷，由村委调解，调解不下的上交镇司法机关或县级以上司法部门处理。但无故任意闹出纠纷的肇事者，应罚款 20~50 元。

本村规民约自公布之日起执行。

平秋镇魁胆村民委员会

二〇〇四年元月二十六日

酒席操办公约

本着纯净地方风俗，崇尚节约，反对浪费，减轻负担和保护环境，现特就酒席操办制定以下公约。

第一条　酒席操办规定

允许办的酒席包括：一、婚嫁（初婚嫁）；二、老人丧事；三、竖（迁）新居（上梁或乔迁只许办一项或两项合办、在外地购买新房者须凭房产证明）；四、小孩三朝或周岁酒（只许办一次）。除此之外，再婚和再嫁、老人高寿、打制寿材、迁坟安碑、配屋厦、开大门、安楼梯、发新火、新屋奠基、商店开业、新购车辆以及参军、升学、考取公职、干部职工退休等一律不允许办酒席和收受礼金礼物。

第二条　节约规定

第一款　节制烟花鞭炮燃放：红白喜事禁止客人燃放烟花鞭炮，红喜主人家只许燃放鞭炮十卷、烟花五箱，白喜孝家允许放落气炮二封（卷）、入殓炮二封（卷）、出门二封（卷）、起灵放烟花二箱、落圹烟花二箱，在待（发）丧地和抬送沿途严禁燃放鞭炮烟花。燃放烟花鞭炮产生的垃圾，当事户在事后必须清扫。

第二款　白喜除孝家子侄孙等外，不准向亲友散发孝帕。

第三款　所有酒席，每桌只准办上十菜一汤、上本地米酒，禁止超过十菜一汤、上瓶装高度酒和饮料。

第四款　亲友送礼本着增进感情出发，随意多少。反对互相攀比，互相递增。

第三条　监督和惩罚措施

第一款　本公约由魁胆寨移风易俗委员会负责监督实施。

第二款　凡公约禁止举办的酒席，主人不遵守规定强行操办的，房族、亲友不得去送礼捧场，并由村监督委员会组织村民去白吃。

第三款　对不遵守公约强行操办的酒席的人，村民委将取消那家当年所享受国家给予的各项优惠、扶贫款项和物资。一年之内，村里不给出具任何困难之类的证明手续。

第四条　以上公约，希望全体村民共同遵守。

第五条　本公约于二〇一六年正月初六日起执行。

附：魁胆寨移风易俗委员会成员名单（略）

魁胆村民委员会

二〇一六年一月二十二日

族规家规

族规　清乾隆、嘉庆时期，“三江”及天柱等地修谱建祠之风传至魁胆，村内王劳团、王裕宗两支王姓先后编纂族谱，要求族人和宗族、序上下、正纲常，不干国家律例，孝父母，悌兄弟。此系魁胆村内族规治理之起始。民国前期，村内 4 支王姓先后都修建宗祠，编纂族谱。至民国中期，魁胆村内的宗族秩序已基本上建立。所有 4 支王姓，均有宗祠，各有族谱，各有族规。如王万寿一支王姓在 1941 年所纂族谱中就引用清雍正时期的《圣谕广训》作为族规："敦孝弟以重人伦，笃宗族以昭雍睦；和乡党以息争讼，重农桑以足衣食；尚节俭以惜财用，隆学校以端士习；黜异端以崇正学，讲法律以儆愚顽；明礼教以厚风俗，务本业以定民志；训子弟以禁非为，息诬告以全善良；诫逃匿以免株连，完钱粮以省催科；联保甲以弭盗贼，解仇忿以重身命。"一些族规条款还被写在新修宗祠里，如重葬祭、禁非为、勤耕读、睦宗族、敬官司、敦孝友等，并强调宗祠财产不可侵犯。民国中期，村人王世荣曾在族祠内写一对联作族训："一等人，忠臣孝子；两件事，读书耕田。"1945 年后，诸宗祠陆续被拆毁，族规遂只存于族谱里。

除族谱里明文族规外，魁胆各房族均有"隐性族规"。"隐性族规"多为魁胆古老款规款约之延续，无明文，然作为成年族人，无不心知肚明并自觉遵守。诸族规对维护魁胆村秩序的作用，较多体现于婚姻、家庭和族务方面。若此方面出现问题，族规的作用即会显现。如族人与外族发生婚姻纠纷变故，当事人首先考虑宗族，请族内头人出面撑腰和解决。若族内有人违犯族规严禁的乱伦行为，则将当事者逐出族籍；若子女对老人不孝，族长便会出面对当事者进行批评教育，多次规劝无果者，则对其实行孤立（其家有红白喜事，族人不予帮忙）。

附 15：王有敖认错认罚书

立犯祠修祠、犯木培木字人本祠王有敖。情因于民国辛酉年五月中旬买得本寨永茂田乙坵，地名毫老，上左抵祠上嫩杉。一时愚业，冒砍杉木。因此可犯祠上之条，甘愿罚酒食一餐，扣钱贰仟贰百八十文，亦愿将地名坝王杉木地乙团上抵开志土坎为界，下抵金益土坎为界左抵开祥土坎为界，右抵清炉杉木为界，四至分明，交与祠上等永远管业。凡犯毫老之处，日后不敢重犯一株。倘有重犯前辙，仍然照旧愿罚不得短少。恐口无凭，立有犯木培木字约为据。

代笔世标

民国辛酉年六月十二日立字

家规 魁胆村内各家皆有家规，但均不成明文。由家长（尤其是祖辈）在日常生活中，对子女教育灌输。魁胆家规内容繁多，可大致概括为：尊老爱幼，勤劳节约，谦恭礼貌，远离赌博，勤奋读书，手脚干净等。

尊老爱幼　魁胆俚云："家有老，是个宝。""喝酒排老，做事排小。"对老人要有礼貌。老人在场，年轻人不能大声说话，不得跷二郎腿，不能随便从老人面前经过。吃饭时，同桌有老人时，由老人喊吃或先动筷后，年轻人方可动筷。

家里有老人，除男儿要供养孝敬外，嫁出的女儿也要常回家探视。若谁不孝敬老人、不赡养老人，村里人则会用"屋檐水落旧处""乌鸦知反哺"等古训向其委婉提醒，亲友则会上门规劝。多次规劝不听者，村人则对其鄙视和孤立。

妇女背婴儿外出听到乌鸦叫时，立即返家；晚饭无论如何要留剩一口，以防小孩半夜遭"饿鬼"缠；小孩不得吃鸡爪，否则字写不好（实则担心卡喉）；大人不背着孩子吃东西（尤其是好吃东西）；严禁遗弃孩子。

勤劳节约　因粮食困难，长期以来形成了勤俭节约、爱护粮食的传统习惯。过去，只要不是有紧要事或身体不适，每天都要做对家庭有益之事，不轻易休息。多数人一年到头极少休息，尤其是妇女，白天上午忙舂米、煮猪食等家务事，下午则带小孩上山做田地生产之事，晚上则点松槁纺纱织布，往往是睡半夜，起五更。不浪费粮食，小孩吃剩的饭食、掉的饭粒，大人要捡吃。若小孩损毁粮食，大人会心痛地骂："你糟蹋粮食，会被雷公劈的。"

谦恭礼貌　魁胆人历来谦虚礼让，不好张扬；不说大话、脏话；走路遇对面来人，主动打招呼并让路；晚辈给长辈端茶递饭（包括妻子给丈夫），必须是双手；吃饭时不争座，主人要给客人劝菜；重酒礼。

远离赌博　魁胆人认为，赌博轻者蚀财，重者败家，历来严禁，家长都严格要求子女勿得沾染。若有青年参与赌博，都要被家长斥骂，甚至打罚。所以，魁胆村的赌博风气相较于周边村寨，都要轻很多。

勤奋读书　因过去生活条件艰苦，魁胆大多数人未有机会读书，因而饱受无知识文化之苦。民国时期，魁胆一深受无文化之苦的老人遗言："有书不读子孙鱼；读书才能上高枝。"即子女不读书，就要被别人当鱼当肉般欺辱；只有勤奋读书，才能飞上高枝头。

手脚干净　魁胆老辈人常教育子女，做人要手脚干净，不要贪图"相音"（侗语意为不通过劳动而轻易得到的东西），不贪人钱财；不是自己的东西，拿了会得灾病。

从民间收集的契约文书（2005 年）　　王宗勋　摄

◉ 契约文书

清康熙以后，清水江流域木材贸易兴起。木材贸易的不断发展，可供采伐的木材日益减少，于是出现人工造林、山林土地权属的买卖和转移。与此同时，湖南、江西等省的汉族商人和贫民不断涌入，商人主要从事木材贸易，贫民大多从事人工造林。在汉人和木材贸易的影响下，产生了大量有关山林土地买卖转让和佃山造林等方面的契约文书。诸契约等文书，有相当部分被保存了下来，成为研究中国近古林业发展史和清水江流域社会发展史的珍贵文献资料。1964 年，诸民间契约文书被贵州民族研究所杨有耕等“发现”。2001 年后，锦屏县政府部门与中山大学合作，开始从民间收集诸文书并加以整理。因在锦屏县率先发现，并最早进行收集整理和研究，诸文书遂被贵州省有关部门命名为“锦屏文书”。2010 年，锦屏文书入选“中国档案文献遗产名录”。至 2016 年，清水江中下游地区的锦屏、天柱、黎平、剑河、三穗、台江等县公藏部门收集到的文书已计 23 万余份（件），仅锦屏县即收集到 6 万余份（件）。

文书产生　魁胆村山林土地买卖契约等文书最早产生于何时，已无法考证。目前能看到的契约文书最早时间为清乾隆十一年（1746），但产生的时间肯定要提早若干年。

魁胆山场广袤。清康熙以后，以茅坪、王寨、卦治“三江”为中心的清水江下游地区木材贸易迅速发展，来自王寨、小江等地的“山客”频繁来到魁胆等山村，低价向村民求购木材。雍正年间（1723—1735）朝廷武力开辟清水江中上游“苗疆”后，清水江木材贸易更加繁荣。此时已“附籍”于官府的魁胆人，在王寨、小江等河边村寨的影响下，也积极投入木材贸易之中。在木材贸易的带动下，魁胆人遂大力植造杉木林，山林土地买卖和租山造林等活动日益频繁起来。此时，村里已出现掌握汉文化知识人。于是，村里的契约文书逐渐产生。

过去，家里出现急需用钱而又想不出解决办法，于是多出卖山林田地。一般是由需出卖者放出信息，然后请亲友或亲自上到有可能购买者家中确认。买卖双方达成买卖意向后，择日书写契约文书。书写契约文书，除买卖双方当事人外，还须请在村寨里较有威信、公道正派、双方都信得过的一人为中证，请一有文化且较公正者代为书写。若买卖者或中证有文化，也不必另请代笔。有的还要请自已至亲戚友参与见证。

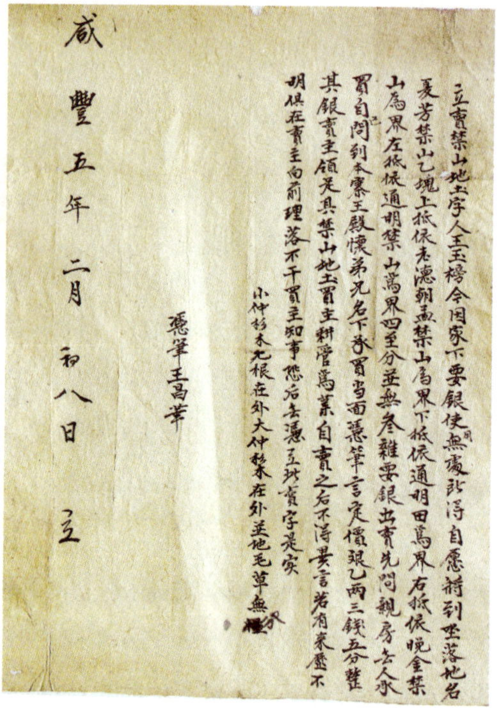
立賣禁山地土字人王玉榜今因家下要銀使用無處設得自愿將到坐落地名夏芳禁山乙塊上抵依老德朝孟禁山為界下抵依通明田為界右抵依晚金禁山為界左抵依通明禁山為界四至分並無叅雜要銀出賣先問親房無人承買自己問到本寨王殿懷弟兄名下承買當面憑筆言定價銀乙兩三錢五分整其銀賣主領足其禁山地土買主耕管為業自賣之后不得異言若有來歷不明俱在賣主向前理落不干買主知事恐后無憑立此賣字是实

小仲杉木无根在外大仲杉木在外並地毛草無分

憑筆 王昌華

咸豐五年 二月 初八日 立

卖山林契约　　王宗勋　摄

签约参与人员确定后，双方还需到所买卖山场土地上进行实地详细踏察，确认边界四抵，有无权属纠纷。若买卖农田，还需确认面积、产量以及承担的皇粮数目。回到家中，双方协商价格。若双方在价格上不能达成一致，中人遂从中协调。书写契约，要详细写明何村寨何人，因何故出卖何处山林土地，该山林土地上下左右四面各抵何人土地或何物，价格若干等信息。最后还要写“自卖之后，由买主永远管业，卖主不得异言”之类的声明文字。若是佃山栽杉契约，则还需加写所栽杉木的分成比例和“三年成林，四年同薅”之类的互相约束文字。书写结束，书者要当着买卖双方将契约文书诵念一两遍。

签订契约文书的中证人和代笔者，大多公道正派，在契约文书签订的过程中以及今后买卖双方对契约的执行都有监督责任。然而，也有个别代书者利用买卖双方和中证人无文化，在收受当事一方贿赂而心存偏颇，在书写文书时做手脚坑害另一方。如，民国前期，村人王海求卖一丘田给同族王彦科，议定卖价四十八吊八百文。王海求不识字，彦科遂暗中勾通代书人，将四十八吊八百文写成八百文。契约写毕，彦科对海求说手上现钱不够，先给八百文，余下四十八吊过几天再付。过几天，王海求向彦科追讨欠款。王彦科拿出契约说：契约上写明卖价是八百文，我都付清给你了。王海求欲哭无泪。另一次，村里有一户向本族人买房屋并地基，卖主请村里某人代笔，并与代笔者暗下授受。契约上写明“上卖房屋，下卖地基”。代笔者书在写“下”字时，有意多着墨。写罢收拾笔砚契纸，代笔者趁人不备，用指甲醮积墨将“下”字左边加上一撇，成为“不”字。契约签订后，买主即拆除旧屋，准备在地基上建新屋，卖主便持契约来阻，说他只卖房屋，不卖地基。买主翻契约来看，果然写有“上卖房屋，不卖地基”，吃了闷亏。

文书形式 1952年以前，村人对契约等文书非常重视，整理和存放也十分规范。为便于保管，都将契约文书折成长10~15厘米、宽5厘米的长方块。契约文书较多的人家，都将契约按山场田块进行分包，同一块山场田块的契约以及与其有关联的文书统一包或扎在一起。在同一包或扎中，往往包括有该山场田块的买卖、租佃、股份分配和收益分配以及权属纠纷处理等所有文书。然后又把几块相近山场田地的契约文书包或扎集中包在一起，放在箱柜里。有的人家特意用有防虫功能的樟、楠等木打制成精制的小箱子存放。有的用布包捆，往往是大包里面有小包，小包里面还有小包。小包则用废弃的契约书写纸包，用麻线或糯草芯捆扎，包面上书写山场田块名称和包内契约的大概内容，如某某山卖契、某某田契等。

文书内容 在已经发现和收集到的魁胆契约等文书，大致可分为9种类型：水田园地权属买卖文书、山场和林木权属买卖文书、佃山造林文书、地基房屋产权属买卖转移文书、财产分关文书、家庭收支登记文书、借贷文书、山林权益争讼文书、其他文书（包括官府文件、私人信函、宗教科仪记录等）。其中，以山场和林木权属转移类数量最多，约占总数的57%；田土、房屋地基权属转移类的文书约占总数的20%；佃山造林类文书约占总数5%；权益纠纷类的文书约占总数的5%；借贷方面文书约占2%；包括财产分关、继承等方面文书约占2%；其他方面的文书约占总数的9%。

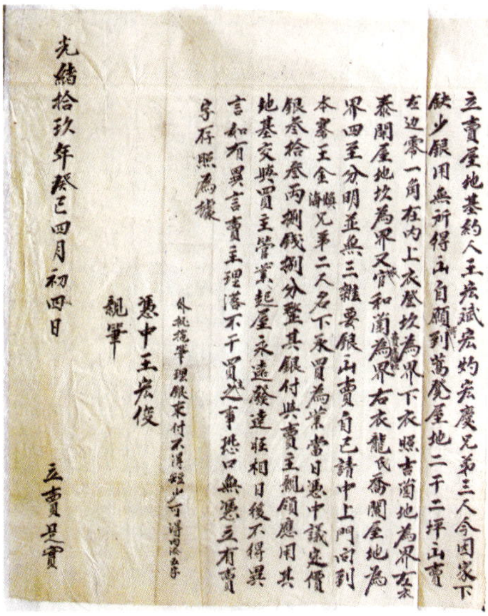

卖屋地基契约　　王宗勋　摄

魁胆村的契约等文书有两大特点：一是用汉字记侗音，尤其是在地名方面，约90%系用汉字记侗音（10% 是汉译音）。因侗语译成汉语有相当的难度，加上契约文书的书写者多数文化较低，对汉语的表达欠准确，保留有较多的侗语语音残余（即所谓“夹侗”），以致文书中很多地名、人名的记法具有明显的魁胆特色，非但汉族人读不懂，即便是魁胆邻近村寨的人也难以弄清。二是白契多红契少。魁胆遗存的契约等文书中，90% 为未加盖官府印戳的“白契”；加盖有官府印戳的“红契”不到总数 10%，且大多为水田买卖类契约。魁胆等村山多田少，人们历来重田轻山，官府课税也往往只按水田计征，山林基本无税。清乾隆以后至民国时期，官府多次要求民众将契约到官府验证交税，取得证明文书粘连于契约尾部，但魁胆村人响应寥寥。1925 年，村人王彦科奉命到村里强征契税，村民普遍反对，最终演成命案。只有当山林土地发生权属纠纷，诉请官府裁决后，这些山林土地契约才加盖官戳。

文书功用 契约文书的功用主要是规范人们的经济行为和社会行为，明确人们在其中该做什么、不该做什么，如何去获取利益。如，山林土地买卖契约文书，要求卖者清楚说明所出卖山林土地的来源和四抵，保证不得存在任何权属不明等问题。银契两下交割后，卖者即放弃该山林土地的所有权利，且还须将此前形成与该山林土地有关联的契约文书交给买者，该山林土地任由买者处置，卖者不得再有任何主张。再如，在佃山契约中，首先要求山主的山场来源清楚、四抵清楚，其次规定佃者在山场内栽何树、间种何粮、林木几年成林，其三是明确主佃双方的利益分配比例。尽管林业生产周期很长，但由于有契约文书的保证，实现林业生产权、责、利的有机统一，使利益各方都吃下了“定心丸”。所以，人们都相信契约，并自觉遵守和履行，久之便形成良习。一旦出现山林土地权属纠纷时，契约文书就被用作工具去调解和裁判。

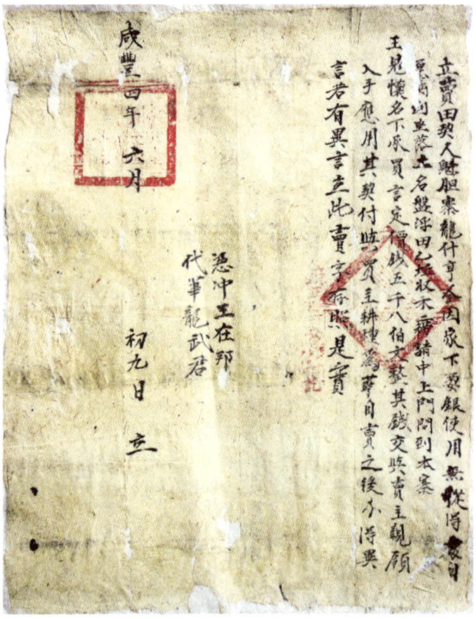

卖田契约　　王宗勋　摄

在魁胆，山林土地权属或木材买卖发生矛盾纠纷时，当事人往往先请契约签订时的中证人从中调解，中证人则请双方拿出契约来对证。若中人物故或调解无效，则向“地方”申诉，请求解决。“地方”解决纷争的重要依据即是双方所签订的契约文书。先是向当事双方调取争执标的的契约文书，然后向契约签订中证人了解，然后根据契约记载和双方争执情况进行研判调解。若“地方”调解无效，人们则赴官府打官司。到官府打山林土地权属类官司，要在诉状后附上所争执山林土地契约文书的抄件，有的还附有争执山场图形，此即所谓“执字赴官”。官府接到诉状后，先将双方呈送的争执山林土地契约文书仔细审阅，如契约文书写载不明，则派员到实地进行勘查，最后才进行裁判。若对官府的裁判仍不服，人们便请神了断，俗称“鸣神”。双方约定时间，持争执山场契约文书和鸡或狗到所争执之地或庙里，诵读契约，指出对方错误，提出诉求，发毒誓，而后将鸡或狗宰杀，请神决断。

文书遗存　过去，魁胆民居均为木房，曾多次发生寨火。每次发生寨火，都造成重大损失。最严重的是1930年全寨性火灾，因发生在中午，人们大多在山上干农活，导致大多数人家的契约文书被焚毁。魁胆契约文书损失还有一个重要原因，即是1952年土地改革后，山林土地全部收归集体所有，契约文书的凭证作用消失，人们对契约文书的态度随之改变，即由先前的珍视逐渐变得无视。虽然如此，但魁胆寨里至今仍保存有契约等文书数千份。

2001—2004年，村籍在县工作干部王宗勋主持锦屏县人民政府与中山大学合作开展的民间契约文书征集工作，数次到魁胆村里征集。先后将王必炎、王宗桥、王生友、王昌海、王求川以及孟寨村王乾植等户所保存的契约等文书500余份收集到县档案馆代管，并将诸文书复制件返还给其本人。因多数文书持有者对将文书交由国家机构收藏心存疑虑，少数人还幻想通过诸旧文书谋求经济上的利益，故不愿意将之交出。2004年，中山

魁胆村民家收藏的契约文书（2004年）　　张银锋　摄

大学人类学系副教授张应强派其硕士研究生张银锋到魁胆村做为期半年的田野调查。其间，张银锋深入各户走访调查，对魁胆村的历史情况进行细致了解。在调查中，张银锋对所访及的王德生、王生乾、王求炉、王裕炎、王炳江、王乾绪等12户旧文书保存户所存的契约等文书都进行了数码拍照，使之得以数据保存。2009年，张应强、王宗勋主编的《清水江文书（第二辑）》由广西师范大学出版社出版，在该辑第5（后半部）、第6、第7、第8、第9、第10册中，共计收录魁胆村文书影印件2700余份。

魁胆村所遗存的契约等文书，较全面地记录和反映了清代乾隆以后至民国末年两百多年间魁胆村的经济和社会发展情况，是深入了解和研究魁胆侗寨社会发展轨迹不可或缺的资料。

附16：契约文书12则

王地文等十六甲卖计热荒山契

立卖荒山字人魁胆寨王地文、王岩四、王贵初、周文开、周文秀、周文现、李荣全、彭红锦、龙秀吉、周文茂、周岩生、黄孝坤、周汉孝、王和炳、黄红顺、龙荣吉壹拾陆人等。因跟小江相争地界，无银使用，将到坐落地名季热荒山一块，上登马鞍山岭，下抵冲为界，左抵马屁股山中岭，右抵马鞍腰冲为界，四至分明。问到本寨人王文凤承买为业。当面议定价银四两捌钱整。其银领足，荒山交给买主永远管业，壹拾陆甲自卖之后，不得有任何异言。恐口无凭，立有卖字为据。

内添二字。

黄孝坤笔

乾隆十六年辛未岁五月初八日立卖字

王元坛卖油茶山契

立卖茶地人鄗胆王元坛。今因要银使用，无从得处，自愿将到土名高铁路堪茶地乙冲，要银出卖，先问房族，无人承买，自己问到高办寨吴亲祖名下承买为业。当日议定价钱叁钱整，其银交与买亲手领用，其茶地交与买主耕管。自卖之后，不得异言。若有异言，俱在卖主理落，不干买主之事。恐后无凭，立有卖字存照是实。

代笔伍朝光

乾隆二十二年六月初四日立存

王贵包卖田契

立卖田契约人鄙胆寨王贵包。今因家下要银使用，无从得处，自己商议，自愿将到土名坐落岑滥冲大路边田壹坵，计禾乙百二十梻整，先问亲房，无人承买，自己请中上门问到留己寨龙计岩名下承（买）。当日凭中议定价银二十六两八钱整。其银卖主领廻应用，其田付与买主耕管为业，卖主不得异言。若有异言，俱在卖主尚理落。今欲有凭，立此卖契是实。

凭中王乔岩

代笔王文远

乾隆三十年二月廿六日立

王乔相、王重保等分关清白书

立分关清白约人大公王乔应之子王福保之子王乔相、二公王三应之子重保、晚保二人之子福刚、乔寿兄弟二人。今凭房族人等立分田地产业，山林茶树屋墙地基园地杉木一慨分清，各管各业。自分之后，不得异言。情因于道光十六年三月内大公王乔应之子福保子王乔相又言有冲马田乙丘未分。自请中人理讲。自之理亏，自愿自悔。凭房族亲戚人等立此清白分关字约为据。

龙光泰　龙秉义　王乔玉

凭中王朝赞　正仁　正榜

乔才　乔招　正贵

代笔王正和

道光十六年三月初十日立

王宏福卖房屋契

立卖房屋字人魁胆王宏福。今因家下银少钱用，无所将到出处，自愿到坐落土名登冲房屋乙间半、又转角，出卖房屋不卖地基。请中问到本祖侄儿王开

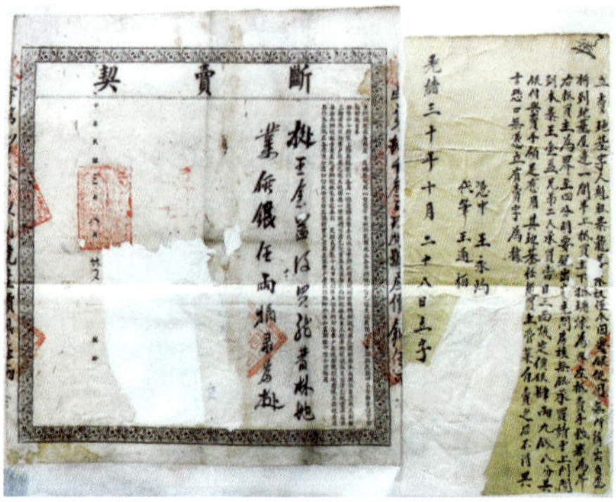

卖地基粘边契　　　　　　　　王宗勋　摄

焕名下承买房屋居。当日凭中言定价钱五千文整，其钱卖主领足应用，其房屋字约交与买主管业。自卖之后，不得异（言）。恐口无凭，立有卖字为据是实。

凭中　璞斌

王

代笔　加臣

大清宣统二年十月十四日立有卖字

龙步喜等错砍魁横溪山木认错书

喜　　　　　　　　　　德

立甘心退字人天柱县冷水寨龙步　、步高兄弟等。情因先父用价得买本属龙茂　地

云　　　　　　　　　　财

主杉木乙所，土名魁横溪。此地乃系黎属魁胆公山。其年将此杉木砍伐陆百余株，因

章

等阻止，经得黎、柱两属中证龙见　、陈再吉等向二比察其情理，谁是谁非。况我兄

仕

弟之卖主并不买获魁胆众纲之契。幸获中人等解劝，我兄弟所买地主退与魁胆众等，以为原土。其有我兄弟先父所买字约概当中人焚化。日后我再有契存，以为伪契。自退向后，不得异言。恐口无凭，立有退契甘心为据。

亲笔龙步喜

凭证龙宏标　绪恩

中华民国元年十乙月初五日立

谢和余承包魁胆宗祠砖瓦合同

民国戊午年五月初七日王通栢立　立承认湖南甫市谢和余。包至魁胆寨王通栢、王邦乐、邦宇、彦勋、彦泽、彦德、通泮、荣斌众等所造家祠，砖定捌万、瓦定六万。两面言定其砖贰伍八，价每万钱四拾一千八百文；瓦照旧造，每万玖千四百八十文。砖、断瓦、三角熇照数点收。主人砍柴、踩泥、打坯子，帮工五十天。棚主人、草木至进棚，食钱仍首人收。若有烧窑欠柴，其货不美，主收。恐口无凭，立有合约为据。

白笔

民国庚申年十一月初□日立合同

王茂元卖园契

立卖园地字人魁胆寨王茂元。今因缺少铨用，无所出处，自愿将到坐落地名盘闲祖地壹团，界限上抵周家，下抵大路，左抵□□，右抵瑞珍、瑞炳、彦□共地为界，四至分明。要钱出卖，自己问到本寨王炳清名下承买为业。当日凭中言定价钱贰仟四百捌拾文整。其钱付与卖主领足，其园交与买主管业。自卖之后，不得异言。恐口无凭，立有卖字为据是实。

凭中代笔彦珍

民国乙丑年五月卅日立卖

王康求典田契

立典田人锦屏孟寨王康求。今因父亲作古，无钱应用，无处所出，自愿将到魁胆地名格烈坡脚田乙丘出典。其田上抵冲土，下抵王石党田，左右抵山。请中上门问到天柱木杉寨龙王氏妹柳承典。当中言定典价贰拾千文整，其钱亲手领清，田付王氏耕种为业。限丁卯年二月赎约。自典之后，并无异言。恐口无凭，立字为据。乙丑年康求当谷乙百伍拾斤，丙寅年王氏自耕收花为利。

中人王康文

亲笔

民国乙丑年六月十三日　立字

王应求租山约

立租地栽杉字人本房王应求名下。情因租到本房王荣鑑有地土一团，地名皇封坡脚，上依半岭，下依路径，左依冲处，右依王荣鑑之地为界，四至分明。此地租与王应求开垦栽杉。当面议定三年自修幼林，满三年同薅修。当面言定四六分，栽主六，土股四。其木砍出河，地归原主，不得异言。恐后无凭，特立租字为据。

内涂二字。

代笔王太吉

民国庚午年八月十四日立

王志珠卖活立木契

立卖嫩杉木人王志珠名下。今因要洋使用，无所出处，自愿将到坐落土名圭得杉木一团，贰股均分，出卖壹股。上抵王生求土坎，下左抵卖主，下右抵志登嫩杉，左抵志庚岭杉，右抵老山为界，四至分明。要洋出卖，自己请中上门问到王娇月名下承买管业。当议价洋贰拾贰元整，收足。自卖之后，不得异言。日后木大伐卖，出山关山，地归原主。恐有不清，卖主向前理落，不涉买主之事。若口无凭，立有卖字为据。

凭中代笔王志洪

民国二十六年三月十四日立

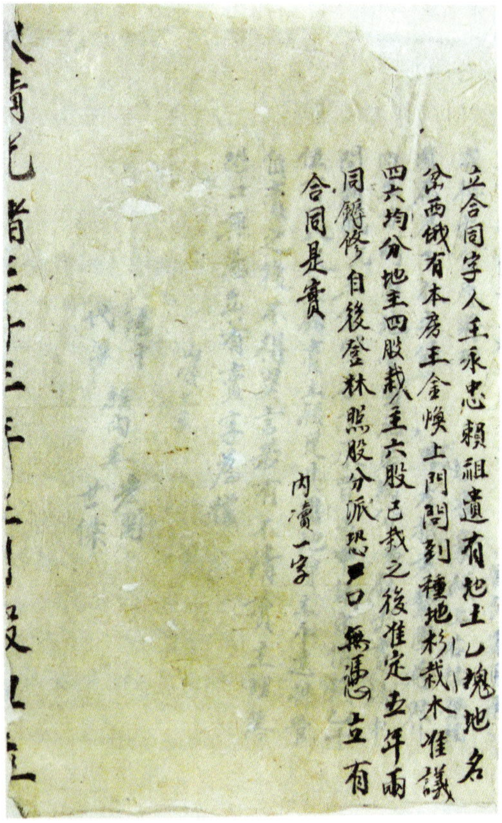
立合同字人王承忠赖祖遗有地土山塊地名
岔西峨有本房王金焕上門問到種地杉栽木准議
四六均分地主四股栽主六股已栽之後准定五年兩
同解修自後登林照股分派恐口無憑立有
合同是實
内讀一字

佃山契约　　王宗勋　摄

王贵祥等招佃契

生

立合同招帖字人王贵祥、王贵　等。有山场壹团，地名塘考，上抵地主，

荣

内有板力树为界，下抵地主土坎，左右抵小领为界，四至分明。栽杉三年成林，四年同薅。招到王岩妥、王贵荣二人开山栽杉。日后伐木出河，出山关山，地归原主。不得异言。立有合同为据。

笔王贵生

民国三十八年三月十七日合同

◉ 崇文重教

兴办私塾　魁胆学校式汉文化教育始于明代，具体时间则无法考证。办塾是最早的教学方式。在清代，村里办塾，以房族为主，用族内空闲房屋为塾舍，组织族子弟集中接受文化教育，学生人数多则十多人，少则三五人，且甚不稳定。教师则聘请本村或小江及天柱县高酿、石洞等侗寨有文化者充任，酬资多为谷米，亦有铜钱。乾隆以后，村里私塾教育成常态化，十六甲村寨子弟皆集中到魁胆各自族塾就读。嘉庆以后，平翁、破鼎罐、高岑等寨也先后办起私塾，子弟不再远道至魁胆就读。民国前期，村里登冲、冲随和高捧都办有私塾。1935 年，县政府在魁胆建公办小学，私塾教学告止。1948 年，魁胆小学因教师缺乏而停办，村里又复办私塾至 1951 年。村里王通化、王正学、王通咸、王世杰、王彦福、王邦林等人，均担任过塾师。

魁胆小学　1935 年，锦屏县政府批准在魁胆保设短期国民小学校，由龙安燕、郭选元创办，魁胆村始有公办教育。

魁胆村小学创建之初，无专用校舍，遂借用村里冲随王万寿族祠堂。1945 年，该祠堂被九寨乡政府强行拆除。根据村民强烈要求，魁胆保长王云求遂组织全村（含孟寨、凸寨）民众献料、出工和捐资，在铜锣坡头兴建一幢两层三间四面倒水、二楼有环通走廊的木质校舍。该校舍由村里匠人王兴荣掌墨设计，系时村里规模最大、所在位置最高的建筑物。学校择建此处地势高凸，意为希冀子弟能登高望远、出类拔萃。次年春，新校舍投入使用。1948 年因缺乏教师，小学被迫停办，又恢复私塾教育，直至 1951 年年

魁胆小学（1975 年）　　王灿林　提供

底。自 1935 年始办至 1948 年停办，魁胆小学计培养学生约 100 人。

1952 年春，县人民政府整顿和恢复教育机构，委派从县知识分子训练班结业的教师刘荣显到魁胆村恢复初级小学校，开设一至二年级，实行复式教学。次年，刘荣显他调，在偶里小学任教的魁胆籍教师王永益调回村小学主持工作，仍实行复式教学。此阶段，魁胆小学常年保持学生 20 人上下。三年级以上学生转至平秋小学就读，不久继转至黄门九寨民族小学就读。1956 年九寨民族小学第二届毕业班（40 人）毕业考试中，前三名悉为魁胆村学生，皆入县中学就读。1956 年，魁胆小学老师增至 2 人，班级扩至四年级，五、六年级学生转至平秋小学就读，常年保持学生 50~60 人。1959 年“大跃进”时，魁胆小学扩大规模办成高岑管理区中心完全小学，学生保持 80~90 人。1961 年改称高岑公社中心完全小学。

扩大为完全小学后，学生增多，校舍紧张。1961 年，高岑公社在铜锣坡魁胆小学教学楼操场前新建一栋 5 间两层楼办公楼。为解决校舍紧张问题，公社领导遂将新建办公楼让给学校作为教学用房，公社转至魁胆大队旧仓库办公。因铜锣坡区域狭小，学生活动场地严重不足，1964 年，高岑公社书记王世藩决定并亲自主持在寨脚西耀坡（今魁胆小学校址）新建校舍，新建学校所需木料全由魁胆大队无偿提供，同时拆除民国时期所建旧校舍，将部分旧房料用作新校舍的装修材料。1965 年秋，新校舍竣工，魁胆小学迁至西耀坡，铜锣坡校舍复作公社办公场所。

1969 年，根据上级“贫下中农管理学校”的指示，魁胆小学下放到魁胆大队管理。学校不定期请大队干部和贫下中农代表到学校给学生上政治课，忆苦思甜。学校教师在响应上级号召开展“文化大革命”的同时，注重抓教学质量。“文化大革命”对魁胆小学的教学未造成明显影响，其教学质量在九寨区一直名列前茅。1969年秋至1975年夏，魁胆小学断续兼办附中。1975年秋正式开办附中，所需教师均从小学中抽调。1978年秋，锦屏中学面向全县招收学生，魁胆小学王振良、王乾禹等3名学生考入锦屏中学初中部。1979年，在全区10所完全小学毕业升初中的统考中，魁胆小学囊括前7名。

1981年秋，魁胆小学附中停止招生，魁胆小学复成为公社中心完全小学，1984年改为魁胆乡中心完全小学。1985年，魁胆小学校小学毕业班参加全州统考，总评成绩人均总分名列全县乡级完全小学第一名，受到县人民政府表彰。

因1964年所建学校木质教学楼已成危房，1986年，学校向上级申请建新校舍。时锦屏县实行分级办学制。根据国家“三个来一点”的资金筹措原则，县教育局拨给建校经费3万元，魁胆乡政府匹配2万元，魁胆村民委员会拿出售卖木材提成4万元，再加上拆卖魁胆小学3幢旧木质校舍（小学教学楼、附中教学楼、厨房兼学生宿舍楼）房料所得3万元，共筹得12万元。1987年秋，新教学楼竣工并投入使用。新建教学楼为砖混盖青瓦结构，总建筑面积1100平方米，分为教学楼和教师宿舍以及厨房3幢建筑。教学楼为2层，每层有教室4间；宿舍楼为3层5间，二、三层为教师宿舍，一层为学生宿舍；厨房为2间小平房。此外，还修建面积约600平方米水泥广场和长40米、高2米围墙。1993年，教学楼顶部漏雨严重，学校多次向平秋镇和县教育局要求拨款解决未果，村民委员会遂组织向村民募捐，共得捐款2237.98元，解决漏雨问题。

1997年3月，为迎接贵州省人民政府对锦屏县普及九年制义务教育工作的检查验收，县教育局给魁胆小学配备实验室仪器。实验仪器计49个种类，共212件，价值

魁胆小学教师集体备课（1975年）　王昌海　提供

3700 元。当年 12 月，魁胆小学通过省九年制义务教育检查组检查验收。

为使校园建设更加完善，2002 年 2 月 8 日，魁胆村民委员会主任王必玖、校长王宗安等与村民王宗灿协商征用其在学校教学楼后面的菜地，用以扩大校园。王宗灿深明大义，给予鼎力支持。同年，县教育局拨款 2.5 万元，为学校砌保坎、续修围墙，新修宣传橱窗和校门，学校环境进一步改善。2003 年，国家推广远程教育，魁胆村民委员会将远程教育室设在魁胆小学，村民委员会和学校共同筹资对该教室进行装修，并完善配套设施。

2004 年春，经魁胆籍在县工作的王宗勋引领，中山大学副教授张应强偕夫人广州企华教育中心董事长滕萍等到魁胆小学考察，并在魁胆小学设立企华奖学金，每年 1000 元。同年夏，由魁胆村民委员会牵头，筹措经费约 4 万余元（其中，魁胆村籍在外工作人员王有来个人捐款 1 万元，其他村民共捐 8000 余元），修筑了自村民委员会办公楼至学校长约 220 米、宽 4 米的水泥校路。

2005 年 3 月，经王宗勋和张应强引荐，香港金城营造慈善教育基金会干事周金生、中山大学副校长陈春声、中山大学教授刘志伟等赴魁胆小学考察，应魁胆小学请求，决定资助 8 万元给魁胆小学新建实验综合楼。2005 年 9 月，该实验综合楼竣工。2006 年 7 月 27 日，香港营造慈善教育基金会董事长王锦辉偕同夫人、孙女，在基金会总干事

魁胆小学校园（2016 年） 王宗勋 摄

周金生和中山大学副校长陈春声、教授张应强等陪同下，到魁胆参加竣工典礼仪式并剪彩。仪式上，王锦辉再给魁胆小学追加5万元，用于进一步改善学校的设施。稍后，该基金会再次助魁胆小学8万元，用于扩大学校运动场地。

附17：魁胆小学实验综合楼竣工纪念碑碑文

魁胆金城小学校园西侧教学楼，是香港金城慈善教育基金会捐资援建的希望工程，是中山大学学者关爱的体现，是县政府高度重视农村教育的又一丰碑。二〇〇四年初春，经我村在县工作的王宗勋主任牵线引领，中山大学教授张应强偕夫人广州企华教育中心董事长滕萍女士、研究生张银锋等到我校考查，慷慨设立魁胆小学企华奖学金。同年夏，企华教育中心为我校赠配二十台电脑。二〇〇五年三月十一日，中山大学陈声春[①]、张应强二教授偕香港金城慈善教育基金会总干事周金生先生到我校考查，初步落实援建我校教学楼。同年五月十一日，周金生先生专程到我校举行工程奠基。工程由锦屏方正建筑公司承建，于同年六月十六日动工，至九月底落成。次年七月二十七日举行竣工典礼，王锦辉偕夫人叶秀莲亲临我校参加剪彩，与村民和师生共庆功成。

教学楼建成得到县、镇党政领导鼎力支持。县长黄甲鸿、县委副书记曹庆五、副县长龙立俊、教育局长姜大海等多次到校指导。教学楼建筑面积三百四十三平方米，工程造价十六万元。其中香港金城慈善教育基金会捐助八万元，县匹配五万元，魁胆村匹配三万元。

魁胆金城教学楼的建成，将永远记载关爱子孙后代、振兴中华之义举，将永远凝留恩厚泽远，仁者爱人之芳名！颂愿勋业与高楼齐辉，芳名共义举长存。

碑文撰写 王裕庆先生　镌刻书写　冷水德达龙之灵

魁胆村民委员会

二〇〇七年十月吉日立

碑两侧联：慈善勋业垂百世，希望工程载千秋。

① 碑文误将“陈春声”写为“陈声春”。

此后，魁胆小学建设在县有关部门的帮助下不断完善。2013 年 4 月，贵州省教育厅“侗语教学”项目资助 3 万余元给魁胆小学用作办公、宿舍改造经费。同年 11 月，县教育局给魁胆小学安装“班班通”电脑设备（65 英寸触摸电脑）。2013 年下半年，县教育局投资 35 万元，在原魁胆小学附中校址上建魁胆小学幼儿园。该工程于 2014 年年底竣工。

2014 年 4 月，魁胆小学利用县民族宗教事务局补拨的 2013 年“双语教学示范点”工作经费 2 万元，将教学楼与操场间斜坡实施绿化。2015 年，又利用县民族宗教事务局拨给经费 8000 元，创办魁胆小学教学成果陈列室，以专栏形式展陈魁胆小学创建以来的教学成果，还辟有“杉木王”王佑求资料专栏，并在村里收集传统生产生活用具、侗族服饰 120 余件。此外，还将收集到的王宗勋等校友的著作、成果建“魁胆名人书角”。此陈列室成为魁胆小学的特点和亮点，受到上级部门领导和专家学者的好评。

2016 年年底，魁胆小学占地面积 5498 平方米，建筑面积 2091 平方米；全校有学生 82 人，其中女生 40 人；有教师 9 人（男 8 人，女 1 人，均为大专以上文化，有 8 人获小学高级教师职称）。

魁胆小学附中 1969 年秋，根据县教育主管部门要求，魁胆小学开办短期戴帽初中班。不久，因初中授课教师王裕庆等调入平秋中学，初中学生亦随之转入平秋中学就读。1971 年 9 月，魁胆小学再次开办戴帽初中班，有学生 20 人。因缺教师缘故，此班

魁胆小学幼儿园（2017 年） 王宗勋 摄

小学生在课堂上（2012 年） 王宗安 摄

学生初中一年级读两年，1975 年夏毕业。

1974 年，县教育部门要求各公社完小附设初中，让学生就近读中学，魁胆小学遂筹建初中部。当年秋，初中部正式开办，但缺少教学楼。于是，高岑公社党委号召各大队干部群众支持新建魁胆小学附中教学楼。附中教学楼建设以全公社 6 个大队献工献料方式进行，魁胆小学全校师生也积极投入其中，从砍树到搬运木料、挖地基，无不参与。1975 年秋，附中新校舍建成并投入教学使用。

1975 年魁胆小学附中学生给军属送柴　王昌海　提供

魁胆小学附中开办后，为提高教学质量，学校根据教师和学生实际，制定了一套“苦教苦学”制度。每天清晨，全校教师和学生（含魁胆寨内走读生）统一晨练早操；早读课教师坐班，指令读背课文；中午除作业外，从小学一年级至初中三年级各班教师必须布置并督促学生写大小字[①]，对学生所写的字要一天一批阅；晚上小学三年级以上学生一律到校上晚自习，教师坐班辅导。每学期除认真开展教研活动外，还在本校举办有上级领导和学生家长参加的教师教案和学生作业、测试卷、大小字练习本展览会，让教师的教学和学生的学习接受领导、家长的监督和批评。因初中部教师学历都较低，为提高其教学能力，常请平秋中学骨干教师到校开展教研活动和现场指导。

1978 年，魁胆小学附中第二届毕业班学生在升学统考中，语文成绩名列九寨区 10 所中学（附中）之首。1979 年，魁胆附中毕业生，有 5 人考入锦屏中学高中部重点班。1980 年，魁胆小学附中毕业生参加升学统考，以人均 190.02 分的成绩名列全区 10 所学校之首，有 15 名学生被县重点高中录取。是年，魁胆小学被县政府评为教育“先进集体”。1981 年秋，县教育布局调整，魁胆小学附中停止招生，魁胆小学学生毕业后至平秋中学读初中。

自 1969 年始办初中至 1981 年停办，魁胆小学附中共有 4 届初中毕业班，毕业生计

① 大字为毛笔字，小字为钢笔字。

153 人，其中考进县重点高中 20 人，考进中专学校 37 人；经深造考入大专院校 35 人；参军 11 人，考进军校 3 人，荣立一等功 1 人、三等功 3 人。

附 18：建附中综合楼纪略[①]

1972 年冬，锦屏县教育部门组织“教育革命参观团”到湖南参观考察一个月。1973 年春，锦屏县革委决定每个公社完小附设初中班，以落实上级“农民子女就近入学方便”的精神。当时，魁胆中心小学没有办附中所需的教室和宿舍，高岑公社党委书记彭世杰便召集全公社魁胆、平翁、晓岸、高岑、桥问、孟寨 6 个大队领导协商，决定以群众献工献料形式，自己修建附中校舍，公社供给一定的粮食作补助。

随后，由公社和 6 个大队干部以及从魁胆小学抽出的教师组成建校领导小组，制订详细计划和方案，包括平地基、砍木材、运木料木皮、加工枋板、制作房架、立房、装修等等，将各项工作任务落实到各大队，明确完成的具体时间和具体负责人，分到各大队的工作任务由各大队党支部书记直接负责。魁胆学校安排教师刘光淮专职管理施工，并负责劳力调配，按计划督促按期完成分工任务。建校所需木材由公社划定在便大的叩轮大路两边和培力叩类两处砍伐。

在各大队干部社员和学校师生（三年级以上学生也参加枋板等小件材料搬运）的艰苦努力下，经 1974 年一年的艰苦劳作，一幢宽敞的两层附中综合教学楼在魁胆小学教学楼对面坡塪上建成。该楼贯通主楼和两边厢房的 8 匹千斤枋长 14.3 米（四丈二尺八）。主楼 5 间宽 16.6 米（五丈），厢房宽 5 米（一丈五尺），长 8 米（二丈四尺），共设置 4 个大教室，1 个保管室，正屋楼下是大礼堂。1975 年 3 月全面竣工，同时交付使用。

勤工俭学 20 世纪 70 年代初，魁胆学生家庭大多贫困，每年都有辍学者（尤其女生）。同时，学校教学经费颇为紧张。为解决学校教学所需的笔墨纸张及灯油等经费，1973 年开始，校长王昌海率全校教师和三年级以上学生，利用劳动课和周末（星期天）

---

① 作者：王昌海。

1973 年魁胆小学用勤工俭学收入给学生发衣服后合影　　王昌海　提供

开展勤工俭学活动。开展勤工俭学活动主要围绕林业生产进行，夏季到大队林场抚育幼林（锄头抚每亩国家补助 1.5 元，刀抚每亩 0.8 元）；秋季则搞“小秋收”，上山采集油茶籽和桐油籽，挑运到县城交售给收购部门。通过开展勤工俭学，使学校有了一定的经济收入，除开支教师办公外还有结余。1974 年秋，学校利用勤工俭学收入对全体学生实施免费入学，同时还为全体学生购置衣服（小学高年级、附中学生每人缝制一件绿色军装，小学低年级学生每人一件短袖棉衫）。这年，学校被县教育局评为全县“勤工俭学先进单位”，授予锦旗。

此后，勤工俭学成为魁胆小学的办学特色。师生一边教学，一边劳动，教师基本上没有休息日。在生产劳动中，教师带头在先。1975 年建附中教学楼时，教师带四年级以上学生上山砍树、锯方板，整幢教学楼的“千斤”枋，均由教师组成的 4 组解工在便大完成，除柱子和“千斤”枋等重大材料构件外，所有枋板等小件材料均由四年级以上学生搬运。1975—1979 年，魁胆小学及附中师生抚育的幼林，东起洪抗坡，南到计热坡，西到圭威溪，北到圭览溪，面积千余亩。此外，还在架列坡播植松树，在圭览溪原魁胆林校基地上搞林粮间作，在幼林间种植黄豆和玉米。这 5 年，学校勤工俭学计收入 3000 余元，其中抚育幼林收入 2000 余元，采收油桐籽收入 1000 元。1976 年，在学校的要求下，魁胆大队将魁胆寨西边冲朋隆一带 100 余亩山场划给学校作为勤工俭学基地，教师带学生在基地里开展采种、育苗、栽植和林粮间作等传统林业生产所有程序的教学。

魁胆小学组织开展勤工俭学活动，一方面增加学校的收入，解决教学经费不足问题；另一方面使学生学到了林业生产技能，培养了学生自力更生、艰苦奋斗的优良品格。

1981 年春，魁胆大队贯彻实行上级的林业“三定”政策，魁胆小学在冲朋隆的勤工俭学基地被划作社员自留山。同年秋，魁胆小学附中停办，学校勤工俭学活动亦停止。

双语教学 1979 年，中共中央发出 52 号文件，指示“一定要重视使用和发展少数民族的语言文字，这是体现民族平等的重要标志”。1981 年冬，锦屏县政府成立县民族语言推行工作领导小组。次年春，由锦屏县民族事务委员会主持，始在全县推行苗族侗族文字教学工作。1984 年 8 月，魁胆村回乡知识青年王远涛、王求英被推选参加县民族事务委员会举办历时一个月的苗侗族双语教学师资培训班学习。结业后，回到村里开办侗文扫盲班，以夜校形式开展侗文教学。侗文夜校班学员多系村里文化较低的青少年（以女性居多）。因青少年较少接触汉语环境，大多不懂汉语，直接用汉语教学有一定困难。用侗汉双语教学，可以帮助学生很快掌握汉语拼音，进而掌握汉语文，提高其学习成绩。

王远涛在上汉侗双语课（2010 年）　　王宗安　摄

魁胆小学历任校长（部分）合影（前排左起：王昌海、王永益、王昌干、周光和；后排左起：王宗楷、王宗显、王宗安、王振德）　　魁胆小学　提供

1986 年上半年，贵州省民族事务委员会停止下拨双语教学经费，转改为办试点，魁胆小学成为锦屏县汉侗双语文教学试点之一。当年 9 月，锦屏县教育局和锦屏县民族事务委员会联合下文，将侗文教学纳入全日制小学教学。当时九寨区有魁胆、平秋、黄门、高坝 4 所小学被列为汉侗双语教学试点，分别聘请王远涛、刘荣锋、吴桂鸿、彭泰登为双语教学教师。不久，平秋、黄门、高坝 3 个点停办，只有魁胆小学继续开办双语教学，直至 2016 年。其间，王远涛一直担任双语文教师。自开办双语教学始，学校每学期均开设有一个双语教学班，从一年级开始，由教师王远涛负责跟班教学，直至六年级，周而复始进行。双语教学使用的教材主要是贵州民族出版社出版的《侗汉一年级课本》和王远涛自编的《九寨侗族语言教程》。自开展双语教学起，魁胆小学负责双语教学的教师王远涛多次参加州、省有关部门组织的民族语言知识培训。因教学成绩突出，1997 年王远涛被评为民族文字教学先进教师，受州民族事务委员会表彰。

魁胆小学在 1986—2016 年的 30 年间，侗汉双语教学共有 5 届毕业生，计 160 余人。2014 届毕业生，学习成绩突出，获县教育主管部门颁发的教学质量奖。

2004 年秋，贵州省民族事务委员会恢复下拨双语教学经费，县民族事务委员会仍将魁胆小学列为侗文教学试点。此后，每年拨给一定的教学经费。2014 年，魁胆小学被定为省和州级两级“双语和谐教学”示范学校。

为传承民族文化，2014 年，县民族宗教事务局和教育局要求民族文化进课堂。当年，魁胆小学成立一个双语教学综合班，学生从三至六年级选出，计 40 余人，教授内容扩大到侗族大歌、侗棋、侗绣和编织、侗族舞蹈、侗族故事等。侗族文化传承教学每周 2 节课，除本校教师王宗焕、王若云等主要教授外，还聘请村里歌师等授课。

链接：魁胆村历史上考取大中专学校人员情况

清乾隆后期，村人王通化赴黎平府考中文秀才，系魁胆人考取国家功名之始。稍后嘉庆年间，王正学亦考取秀才。因文献资料缺失，其他考试情况不得而知。光绪中后期，王凤昌步行至黎平府参加童子试，取得生员资格。王凤昌系魁胆最后一名秀才。

光绪后期国家取消科举制度，及至民国末期，囿于经济原因，魁胆学子均未出外县求学。1952 年魁胆恢复公办教育，1956 年王昌海、王昌干、彭仁珠三人考取凯里民族师范学校（初师），此系魁胆学子考取国家中专学校之始。此后，考起师范学校者频繁有之。1959 年王裕庆考取凯里民族师范学校（中师），1964 年王有滔、王灿林、王乾先考取凯里凯里民族师范。1965 年，王才英考取黎平师范学校，开魁胆女子考上大中专学校之先河。1972 年，彭仁和考取凯里师范。1973 年，王

1971 年王佑求在魁胆小学校门口栽植的银杏树（2017 年）
王远涛　摄

宗楷考取黎平师范。1974 年和 1975 年，村回乡知识青年王求三、王远森相继被推荐到南京林产工业学院和贵阳医学院读书，系魁胆学子读大学之始。

1977 年，国家恢复高考。当年，村人王碧源考取贵阳医学院镇远大专班，系魁胆第一个考取的大学生。次年，王有来考取贵州工学院，系魁胆第一个本科大学生。同年，王宗锡考取黔东南民族师范专科学校、王锦河考取贵州农学院林业大专班。1980 年，王远金考取贵州民族学院。1981 年，王宗勋考取黔东南民族师范专科学校、王才禹考取中央民族学院预科班。1982 年，王述正考取西南民族学院、王天柱（改名王明华）考取贵州民族学院。1984 年，王延乐（又名王振良）考取贵州师范学院。1985 年，王宗永考取黔东南民族师范专科学校。1986 年，王宗钧考取贵阳医学院、龙建海考取黔东南民族师范专科学校。1991 年，王远滔考取贵州财经学院。1992 年，王宗然考取重庆建筑学院、王宗康考取贵州民族学院、王生义考取贵阳师范学院、王必相考取贵州工学院。1993 年王述金考取黔东南民族师范专科学校,1995 年王远镇考取贵州民族学院，1997 年彭普涵考取贵阳医学院。

1999 年，王先梅考取山东建筑大学、王芳屏考取合肥工业大学。2001 年，王远海考取贵州民族学院。2003 年，王宗隆、王必武同时考取贵州民族学院。2004 年，王振锋考取武汉理工学院、王振銮考取贵州财经学院。2005 年，王月清考取西南师范大学。2007 年和 2008 年，王海燕、王宗炎分别考取贵州师范学院。2009 年，王妹庚考取烟台大学，王芳屏考取合肥工业大学。2010 年，王芳锦考取嘉兴学院。2011 年，王远福考取天津城建大学预科。2012 年，龙艳考取贵阳学院，王德镇考取西北民族大学，王振梅考取遵义医学院（珠海分校）。2013 年，王芝佳考取遵义医学院（珠海分校），王述忠考取贵州师范大学，王述林考取西北民族大学，王家樱考取江西理工学院，王孝明考取贵阳中医学院。2014 年，王生彬考取青岛理工学院，王甸蓉考取贵阳学院，王述令考取安顺学院。2015 年，王承燕考取郑州轻工大学，王振江考取萍乡学院，龙敏、王定然考取凯里学院，王述平考取南昌学院，王银菊考取贵州商学院。2016 年，王定礼考取湖北民族学院，王定昌考取海南热带海洋学院，王秋蜜考取遵义师范学院、龙德坪考取福建工程学院、王承钛考取凯里学院、王承桂考取安顺学院。

魁胆小学陈列室（2016 年）　　王宗勋　摄

1956—2016 年，魁胆村从魁胆小学读书后考上大中专院校计 112 人，考上中专学校 48 人。其中，1999 年以后考上大专院校的 97 人。

此外，魁胆村外出工作人员子女考上大专以上院校计 23 人。其中，2004 年，王锦河之子王芳兴考取贵州大学；2006 年，王远森之女王畅考取复旦大学医学院（八年制本博连读），王有来之女王栾华考读英国利兹大学；2007 年，王远泽之女王兆云考取南京大学；2014 年，王宗永之女王旬宇考取厦门大学，王政炎之子王振乾考取西南大学；2015 年，王远泽之子王兆龙考取中南财经政法大学；2016 年，王延乐之子王家澄考取陕西师范大学，王宗勋之子王述熠以锦屏县第一、贵州省第七之成绩考取清华大学。

人物

汉文化传播到魁胆侗寨较晚，以致在很长历史时期里，这里除了林区特色的能工巧匠、奇异能人外，没有出现掌握汉文化的人才。清乾隆以后，村里开始出现文化人才。魁胆真正出人才是在 1951 年以后。1964 年，魁胆大队创建贵州全省第一个大队集体林场，造林成绩突出，被评为林业红旗单位，涌现出了以王佑求为代表的“十大杉木王”。此后，魁胆“树木树人”同时并举，并成为全县“用木材换人才”的榜样。自 1977 年国家恢复高考以来，魁胆村人才辈出，成为小有名气的“林区人才村”。

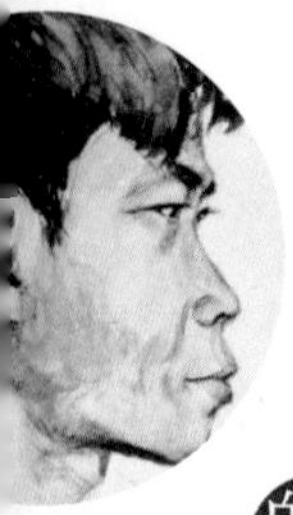

特殊的自然和历史环境，造就了魁胆人朴实勤劳，积极上进，力争上游的性格。

◉ 人物传略

王通化（1789—1855） 魁胆冲随人。青少年时刻苦读书，二十岁赴黎平府考中秀才，系魁胆寨较早的文化人。道光时期，曾在本寨和“当江”之地卦治以及小江等地任塾师课授学徒，亦兼从事小量木材买卖。通化善于乡党应酬，曾在王寨、卦治等处万人缘盛会上执掌文坛。晚年回乡，出任魁胆十六甲总理，致力维护地方秩序。

王通谟（1836—1886） 魁胆冲随人。幼年师从堂兄通化启蒙。中年时，湖南法师蒋觉全游至魁胆等各寨传授佛道法艺，通谟跟随蒋公学法。出师后，成为魁胆村第一代掌坛法师，遂以法师为业，常在魁胆十六甲各寨及小江一带主持法事。晚年，传法于其子太华。至今，其传人已至第六代（太华—邦宇—彦瑜—德显—裕魁）。光绪前期，通谟曾奉黎平府委出任十六甲总理。

王世杰（1875—1927） 又名恩祥，魁胆高捧人，生于清光绪元年（1875）。幼年聪明好学，过目不忘。练成一手好字，常帮人书写对联、契约文书等。

王世杰为人正直公道，敢说敢为，四十岁时被推为“地方”（管理村寨的寨老会议）组成成员，协助总理、族长管理村寨事务。民国初年被委为魁胆寨总理，负责魁胆十六甲的治安和粮款收缴诸事务，颇有威望。

在官府势力进入之前，魁胆等九寨均沿袭古老款规款约自我管理，对违反者按款规予以严厉处治，轻者罚款，重者逐出村寨，极重者处以活埋、火烤、溺水、推崖等极刑。民众视款规为神圣铁律，不敢稍有触犯。1925年，村人王彦科通过在县城赤溪坪房族关系，向盘踞在赤溪坪的地方强人龙青云谋得代征契税差事，带领6名兵丁上魁胆十六甲各村寨征收山林土地契税。十六甲各寨山多田少，历来贫穷，仓无积粮、柜无储银者十居八九。所有山林田土契约文书，除少数有权属争议者主动到官府纳税盖印外，大多为无官印的“白契”。当年适逢罕见大旱，九成田土绝收。彦科前来征收契税，无异雪上加霜，引起村民恐慌。彦科要求世杰以总理名义通知十六甲各寨交税。世杰以严重旱灾、民众贫苦为由，拒绝彦科所请，彦科遂令兵丁将世杰捆绑吊了一夜。次日晨，愤怒的村民将世杰救出，将彦科捆绑。

古杉（2015年）　　王宗勋　摄

世杰遂传令十六甲头人齐聚魁胆，

决定按“勾外烂里”罪对彦科处以“见家一块柴”极刑。行刑当天，十六甲各寨每户派一代表持一块干柴，集中至魁胆西边的略利坡脚召开“审判大会”后，将王彦科执行火刑。

处死王彦科后，王世杰抱有去无回之心赴县城向龙青云陈述情况，听任其处分。龙青云听陈述后，认为世杰对彦科的处分虽然过重，但系沿承旧规，且彦科有错在先，遂将世杰释回。

王彦科死后，其两个儿子王茂元、王茂生逃至剑河县小广（一说滴洞，即今南明）。不久，茂元加入行伍。1933 年 6 月中旬，茂元随部队驻扎锦屏县城。6 月 18 日夜，茂元私带 8 名兵丁以公事为由，潜至魁胆寨，声明“子报父仇”，将王世杰之子光泽劫杀于寨边。

王世杰兼从释道，热心公益。任总理期间，主持重修寨脚文昌阁、倡修族祠和寨间高捧南岳庙。晚年充塾师在村里课授学童，首纂族谱。

王永求（生卒年不详） 魁胆高捧人，出生于清光绪初年。自幼从父习得一身武艺，青年时学木工，且唱得一腔好侗歌。

青年时，王永求到天柱县石洞游玩，通过唱歌，吸引该地一已订婚女子与其私奔。之后，女子未婚夫家找到二人，永求以武艺赢得胜利，并与妻恩爱到老。

1921 年，魁胆寨王瑞珍等因在圭横溪做一单木材生意与天柱高酿强人龙大光等发生纠纷，龙大光遂派怀有武功的刘光文率一个班兵力到魁胆勒索瑞珍银圆 120 元。魁胆总理王世杰见状非常气愤，密令王永求“退敌”。永求组织王田乐、王瑞珍等凑了十来块大洋和十来吊铜钱送到刘光文等住处。在交接银钱时，永求趁刘光文不备将其打倒。王田乐等将其他兵丁打倒。随后，永求等又将刘光文一行押（抬）至县城交给县衙以“盗犯”依法处理。

1931 年前后，永求逝世。

王全林、王有林 王全林（1906—？）、王有林（1908—1990）系亲兄弟，魁胆高捧人。两人均身材高大，孔武有力。王全林幼年与族兄王炳茂等从王永求习武，谙武功，能敌四五人。传说村里曾有一头水牯牛脾气暴躁，放出来四处冲撞，王全林撞见，上前抓住两只角将牛掰倒。因其力大，武功高，村人称之“考薛礼”（薛礼，即唐时征东将军薛仁贵）。

王有林稍识武技，为人仗义。1945 年，王有林等一批青壮年被抓去当兵，沿途备受虐待，被迫吃拌桐油饭菜。至镇远时，有林与平翁彭仁文、三德王林三、桥问汤通华三人被关在一幢房子的三楼。王有林等估计前途凶多吉少，遂合谋在夜晚用绑腿布吊下楼逃出，被看守的士兵发现并追赶。在路上，王有林率三人与 5 名追兵搏斗。搏斗中，王有林将追兵打倒，跑脱，然彭仁文被追兵砍倒身亡，汤通华、王林三被抓并遭活埋。见三人未跑出，王有林复返去救人。王有林凭力气和微弱武技与追兵搏斗，头上、身上多处受伤，浑身是血，最后将追兵打倒，然后将被埋奄奄一息的汤通华、王林三两人刨出，又一起将身亡的彭仁文掩埋，再潜行回家。被救的王林三和汤通华将王有林视为救命恩人，其家人每年正月均来给王有林拜年感恩。彭仁文之子则视王有林为继父，每年均来拜年。

王发根（1909—1984） 又名兴和，魁胆黄甲人。在兄弟中排行老三，又因多胡须，村人遂称之“三庙”（侗语意为“三胡子”）。幼年读过几年私塾。青年时，见村里有病无医、有医无药，患者痛苦难耐景状，王发根便萌生行医救人念头。遂拜本居团草医师龙全厚学习草医知识技术。白天跟着师傅学采草药、随师临床诊断用药，晚上回家独自琢磨思考。几年下来，凭借记性和悟性，把师傅传授下来的草医技术渐渐掌握下来，加上自己不断的探索和实践，渐能独立行医。

20 世纪 50 年代初，王发根已成为在魁胆十六甲最著名的草医。1955 年，锦屏县卫生部门组织召开全县草医师工作会议，王发根应邀参加。会后，积极响应号召贡献自己长期总结出来的治疗小儿“惊风”、男女不孕不育、跌打损伤、毒蛇咬伤等秘方，并被收集到《锦屏县民间草医秘方》一书中。以后，王发根多次到县里参加会议和培训，积极学习现代西医知识和技术。1958 年，邻村高岑村发生严重的婴幼儿死亡现象。王发根遂被该村乡亲礼请去驻村治疗。王发根凭着其医术，到该村不久，即有效控制了婴幼儿死亡率高的

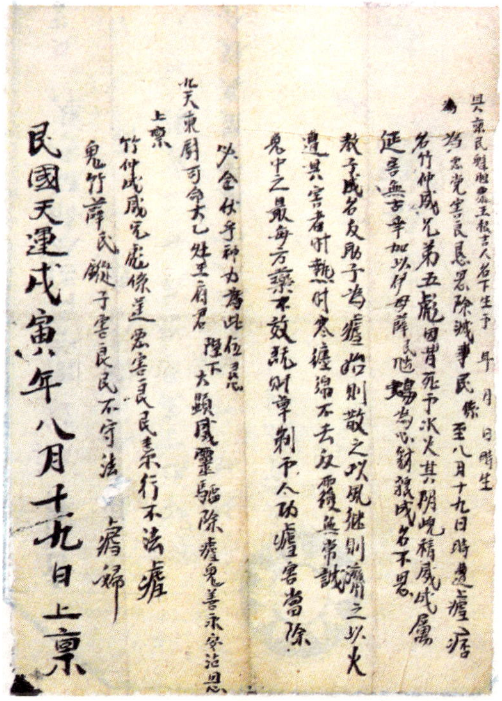

告虐鬼状书　　王宗勋　摄

现象，受到群众极高赞誉。村民极力挽留王发根继续驻该村行医。这样，一留再留，直到 1978 年其年纪老迈，力不从心，村民才依依不舍地送其“告老还乡”。

王发根热爱医生事业，刻苦钻研医术，总结并掌握数百个偏方和配方。尤其对小儿“惊风”、妇女不孕不育、妇产后遗症、跌打损伤医疗和传统中医的“望、闻、问、切”诊断术有独到的见解，对针灸、放瓦针、刮痧、配阴阳水等中医疗法和打针、输液等西医疗法均熟练掌握。他不但医术高，更有良好医德，与乡亲及患者相处甚为融洽。他行医治病，不计较个人得失。无论白天黑夜、刮风下雨，还是严寒酷暑，随请随到。靠着“一把草”“一根针”，为无数患者解除了病痛，使上百名不孕妇女获得佳儿爱女。

王发根还注重医术的教育和传承，先后收了魁胆龙宗禄、王永义，高岑周仕才、周光才等为徒学医。在其影响下，其儿子、孙辈、重孙辈都有人承继其行医治病救人之业。

1984 年 6 月王发根在家病故。村人为其书挽联曰：“行医一世治病救人，中药西药并用；施恩终身扶危解难，南村北村皆亲。”

王兴荣（1911—1988） 又名王四根，魁胆黄甲人，王发根胞弟。因其排行第四，亦多胡子，是有“最庙”（侗语意为“四胡子”）之绰号。

王兴荣幼年读过几年私塾，能代人书写山林土地买卖契约文书。手脚勤快，头脑灵活，富有心计。读书之余，喜欢到建新木房构件的加工场地玩耍。见大师傅用长竹丈杆在房柱、千斤枋等材料上比上比下，用签和竹笔在每根柱子和枋上画上很多标记符号，

加工房屋构件（2008 年） 王宗勋 摄

遂对掌墨师傅的工作感起兴趣，常向师傅和工人问各种符号之用意。十来岁时，便基本了解丈杆和每根竹签的用处（侗家师傅设计木房，丈杆用于控制柱子高度和屋顶水步的缓急；竹签标有柱眼和枋準的尺寸，以决定整座木房构件的紧密程度，每根竹签标有两个柱眼尺寸）。十五六岁时，见三哥发根学习草医，兴荣遂跟随一位专门设计和建造木房的掌墨师傅学习建房和装修技艺。开始时，大师傅安排其负责砍料坯、刨枋柱等粗活，见其认真细致，所加工的材料很过眼，稍后便安排其根据竹签所标记号干打柱眼、割枋準等技术活。兴荣一边做师傅安排的工作，一边留心师傅的各种动作，技术进步很快。两三年后，便充当师傅的助手，协助师傅选材料，安排简单工作。三十岁时便成为“想老”（侗语指掌墨大师傅），独力给人设计木房。1945 年，魁胆寨修建学校，保长王云求请其掌墨设计。兴荣接受任务后，跑到县城看了几眼县小学校后，回来就根据学校所在的铜锣坡地势，设计了一栋三间两层四面倒水、二楼走廊环绕的木质校舍。

四十岁以后，王兴荣的掌墨技术更加成熟，并也学习掌握了相应的风水堪舆知识，成为魁胆十六甲和晓岸、桥问、平秋一带最受欢迎的掌墨师。建造房屋，以得其掌墨为荣。1961 年建的九寨区（在平略）公所办公楼、1961 年建的高岑公社办公楼、1965 年建的魁胆小学半“工”字形校舍、1969 年建的平秋中学校舍以及 1975 年建的魁胆小学校舍等大型木建筑物，均为王兴荣掌墨设计。

王兴荣不但技艺精，且德行好，其给人掌墨设计房屋不讲报酬，随主人所给，饮食亦随便。旧时，有的掌墨师傅对个别无良造主怠慢自己而在房屋设计上做手脚（传说较多是在柱眼里画上马、牛等动物形象，并念上咒语，造主住上后，房屋里会不时发出该动物的走路声或叫声）。王兴荣最痛恨这种行为。每当建造完毕，都要送上“万代兴隆”“子孙发达”等吉祥语，并告诉造主如何维护房屋。

王兴荣一生掌墨设计木房数以百计，共收徒弟二十余人，遍及魁胆、平翁、晓岸、高岑、桥问、孟寨等村寨，魁胆王元焕、龙灿烈、王必灿，平翁龙根炳等掌墨师均为其徒。

王佑求（1913—1987） 派名德财，魁胆冲随人。幼年丧母，被过继给无男嗣的叔祖父。十来岁即随大人上山造林。成家后，为养家糊口，造林、砍树、拉木、挑运无所不做，极其艰辛。

1952 年，县土地改革工作队来到魁胆，王佑求积极协助工作队工作，被培养为积极分子，担任村农民协会副主席。1955 年加入中国共产党，系魁胆村最早加入中国共产党的积极分子之一。历任党支部委员、村高级农业生产合作社副主任、生产大队副大队长等职。

王佑求　　　　彭泽良　提供

王佑求秉性正直、勤劳朴实。1964年春，魁胆大队创办拉西林场，佑求被派任场长。他遂率领王田乐等21人到拉西坡上扎棚安家，披荆斩棘，艰苦造林。当年造林230亩，抚育幼林615亩，林粮间作收入粮食2893千克，蔬菜自给自足。因成绩突出，引起县、州、省领导的关注，魁胆大队因而被评为全省林业红旗单位。1965年9月，贵州省省长李立到魁胆大队蹲点，调查总结创办集体林场的经验。当年12月12日，《贵州日报》4个版面全部刊登魁胆大队造林先进事迹，王佑求及王田乐、王光谋、王必选、龙延厚、王锡焕、王锡标、王清禄、王清福、王先朵10位老人被誉为“十大杉木王”。此后，王佑求代表林场多次出席省、州劳动模范表彰大会。

1971年春，在拉西坡实现杉木化后，佑求奉命率场员转战叩横坡建新林场。1976年又转战至平林坡建场，1979年10月，王佑求带领场员转战圭勇水库山头，创建水库林场。1981年，魁胆大队以水库林场为中心，新建圭览溪、圭威溪两个分场。1983年，魁胆大队林场以水库林场为总场，发展到9个分场，场员增加到241人。是年，林业部部长雍文涛到锦屏考察林业时，特地到水库林场看望王佑求。

王佑求一生爱杉成癖，以造林为至高事业。其在林场20余年，每年平均出工341

王佑求劳模证章　　　　王宗勋　摄

国务院决定
授予王佑求同志
全国劳动模范称
号
第 00463 号

中华人民共和国国务院
一九七九年十二月

王佑求全国劳模证书　　　　王宗勋　摄

天，有 15 个除夕在场部值班。共计带领场员造育成新林 6700 余亩，林粮间作收粮 33.3 万多千克。因精神可嘉，成绩突出，共计 18 次受各级嘉奖。他还是锦屏县第八、九两届人大代表和常务委员，黔东南州第七届人大代表和常务委员。1979 年 2 月，佑求被中共锦屏县委、县革命委员会授予“特等林业劳动模范”称号。同年 12 月 28 日，国务院授予王佑求“全国劳动模范”称号（全国 340 名，贵州省 8 名），赴北京人民大会堂参加全国劳动模范表彰大会（座位前一区 10 排第 4），受到党和国家领导人接见。1983 年，贵州省人民政府又授予佑求“劳动模范”称号。

王佑求自幼上山造林，与林打交道三十余年，总结积累了丰富的造林经验。他常说：“要想树子大，三年不离锄头把；要得木头钱，必须跟树眠。”1964 年创建拉西林场时，便以其经验为基础，大搞造林技术革新，带领场员阴天试栽“九月杉”获得成功。次年，又在雨天试栽成活“六月杉”，改变“正月栽竹，二月栽木”、一年一季栽杉的造林传统，创造了高寒地区一年三季栽杉的新经验。1970 年，又利用“十月小阳春”的和暖天气，选择避风向阳的生土坡地育杉苗，先粗挖慢火烧透，继碎土开厢猛火烧一遍，再以干碎鸡粪、猪粪拌杉种撒播，用木板拍紧。经冬夏精心管理，到第二年冬天，杉苗即长到 30 厘米左右，可供移栽，解决了杉苗的供求矛盾。

最初，魁胆林场实行年轻场员一年一换制。为使新的场员尽快掌握造林、抚林等技术，王佑求言传身教，将“七月薅山”“三季栽杉”“两季育苗”“林粮间作”等造林和管理经验传授给他们。1967 年春，佑求被“造反派”扣上“走资派”罪名，从林场拉到大队部去批斗，但他从不认为办林场造林有错。在一次批斗会上，有人提出要夺他的权。佑求说：“我的权就是锄头把，你们来夺去好了。”批斗会结束，他又赶回林场带场员抓紧时间和季节继续造林。

因常年艰苦劳作，王佑求积劳成疾，身体每况愈下。1983 年 10 月，锦屏县委和县人民政府送其去息烽疗养。但他因勤劳成习，久闲生病，未到期就返回林场。1985 年，身体实在难以再撑，经上下规劝，佑求才离场回家休息。

1987 年 5 月 3 日，王佑求因病去世。林业部、贵州省林业厅、黔东南州人民政府等单位，以及林业部原部长雍文涛、贵州省省长王朝文等领导人发来唁电。1992 年，平秋镇人民政府在魁胆乡便大为其修建纪念亭。

王光显（1915—1993） 魁胆高捧人。自幼聪颖，记忆超人。得读两年私塾，因家庭贫困，遂辍学从父母上山给人造林。其虽离开塾门，但读书并未休止，白天在山上造林的间隙里，夜晚在松槁火罩下，光显不顾劳动疲惫，专心啃读向他人求借并限期归还的《三国演义》《西游记》《封神榜》等古典小说。每读罢一回，便将其故事讲给少年伙伴们听。久之，身边便经常围有一群缠其讲故事的少年。

魁胆侗寨是歌的世界，生产生活中无处无歌。有俚云："饭养身，歌养心。"光显在迷恋古典小说的同时，更是深深爱上被老人们喻为能"养心"的侗歌。他在山上学山歌，在家里学酒歌。他还喜欢把古典小说中的典故引用于歌中，使侗歌更加含蓄和雅致。二十岁出头，他便成为令老歌匠们青眼的"歌匠"，同时也树有不少"歌敌"，经常有人找他对歌。有一天，光显在平秋赶罢场回家，途中被四名在歌场中闻其名而未得交手的天柱歌手拦截，称要和他"唱天唱地唱人间"。经一天一夜的苦战，光显凭他娴熟的歌技和对当地历史、古典小说的熟悉，并灵巧运用，终于将四"敌"一一折服，四人挂彩放炮送他回家。

如果说侗歌是一座宝塔，那么大歌便是塔顶。成家后，光显便转而改习大歌。只要听到有唱大歌的消息，不管手中活有多忙，也不论路程有多远，他总要前往旁听。对自己不懂之处，虚心向老歌师们请教。也由于其谦虚好学，歌师们多乐意指点，因而其歌技长进很快。三十五六岁，便经常充"头夫"率队参加歌会了。随着年纪的增长，光显的歌日渐成熟。五十多岁时，他已成了魁胆十六甲和平秋地区最有名望的歌师。每次举行大型歌会，光显则必被请为"主帅"或"军师"。魁胆等侗寨习俗，凡婚庆喜事，主家均要举办一场以客主对唱为形式、以追溯家族发展历史为内容的家庭歌会。此时，光显便成了主客双方争夺的对象。

光显的歌，最大特点是讲求和谐。侗家传统，视歌场如战场，故歌手们多喜斗好胜，有些歌会往往因歌手们互相争斗致不欢而散。光显认为，唱歌应讲歌德。唱歌的最终目的不在于分出谁胜谁负，而在于通过对赛使双方互相取长补短，和谐氛围，最后实现共同提高、使心灵得到陶冶和升华。因而主张和谐，尽可能避免恶争死斗，晚年尤其如此。当碰到好战对手时，光显便先挫其锐气，之后将他导向和平。光显的歌另一特点是简练含蓄深刻，虽然寥寥数语，却意味深长。到了晚年，虽然体弱多病，但对侗歌的痴迷却依旧不减，经常忘乎年纪老迈和多病之身，同年轻人歌唱达旦通宵，魁胆人都称其为"歌仙"或"歌皇帝"。光显痴爱侗歌，各种歌书收集有几大箱，还用汉字记侗音的方式对前人传唱的古歌和自己创作的得意歌进行了整理。

王光显的第二大爱好是说书，魁胆人称"侃古"。他经常说的书有《三国演义》《西游记》《说唐》《征东》《征西》《封神榜》《杨家将》《说岳》《乾隆下江南》《目莲探母》等。光显说书并非生搬小说，而是根据听众年龄等不同情况，在不背离主要情节前提下“加花鸟”，尤其是采用一些本寨群众喜欢的表达语言。所以，他说书男女老幼无不喜爱。在生产队集体劳动时期，每到农闲时节，他家经常满挤着热心听众。听众们为让他安心说书，经常给他家送柴送草，或帮做家务。如果生产队社员全部集中听书，生产队给其评记工分。

王必柱（1923—2007） 魁胆步岑人。1952 年土地改革时，极力支持进入魁胆开展土地改革干部的工作，并被作为干部加以培养。1955 年，必柱加入中国共产党。1956 年任农业合作社主任，1959 年任高岑管理区副主任，1963 年任魁胆大队党支部副书记，1965 年任支部书记。

杨念一作品《魁胆大队党支部书记王必柱》 王宗勋 摄

王必柱性格直爽，干事雷厉风行。1956 年积极响应上级关于农业合作化的号召，在魁胆村组建九寨地区第一个初级农业生产合作社。1964 年春，协助支部书记王光模，克服各种困难支持王佑求等在拉西坡成功创办全省第一个集体林场，并取得突出成绩，魁胆大队因此被树立为全省林业生产红旗单位。同年 5 月，必柱代表魁胆大队党支部应邀参加“五一”北京天安门城楼观礼。7 月，王必柱受县委安排赴山西省昔阳县大寨大队参观。应大寨大队党支部书记陈永贵之要求，当年秋，必柱亲自采集一包优质杉种寄给大寨试种。从大寨参观回来后，王必柱亲自带领全大队劳动力开修从晓岸到魁胆平笨坡长达 7 千米的水渠，并在平笨坡开荒造田。在修水渠和造田过程中，王必柱模范带头，身先群众，不怕苦，不怕累。当年大年三十上午，还率领大队党员干部冒着冰凌战斗在水渠工地上。因而，获得干部群众的一片赞扬，被誉为“魁胆的陈永贵”。1965 年 12 月 12 日，《贵州日报》在头版位置发表《魁胆大队——越举越高的林海红旗》的专题通讯，并配发《力争上游》的社论，号召全省所有社队学习魁胆。第二版以《魁胆人确有大寨精神——记魁胆大队党支书王必柱和魁胆人的战斗风格》为题，对王必柱的先进事迹作专题报道。

王世藩（1931—1998） 魁胆步岑人，高小毕业。1951 年 6 月参加中国人民志愿军，抗美援朝。1952 年冬复员回乡，被安置参加工作。1953 年 6 月加入中国共产党。历任高岑乡乡长、党委书记、九寨区委副书记、平秋公社社长、高岑公社和小江公社党委书记、三江区副区长、县林业局副局长等职。

王世藩参加工作后，表现积极，尤其善于做群众思想工作，解决农村矛盾纠纷，深得群众好评，1962 年被评为民族团结先进工作者，于当年“五一”赴北京出席全国民族工作会议，并被邀参加全国少数民族参观团，受到了刘少奇、周恩来、朱德、邓小平等党和国家领导人接见。

王世藩一生热爱家乡，酷爱林业。1963 年任高岑公社党委书记，蹲点家乡魁胆大队。通过对魁胆的长期深入了解，认为，魁胆等各大队皆山多田少，宜林荒山面积大，大批农村富余劳动力苦无出路。山区要发展，只能把希望寄托在山上，把富余劳动力利用起来。于是提出“以林为主，林农结合”的工作思路。此想法得到公社党委一班人的一致赞成。

1983 年王世藩（前）陪同林业部人员检查工作　　王必忠　提供

1963年，魁胆大队在造林上取得了突出成绩。1964年元宵节过后，王世藩组织魁胆大队党支部党员干部和老林农召开座谈会，就进一步做好魁胆的林业工作问计问策。根据老林农们的建议，最后形成“组织专业队伍，做到造一片成林一片”的工作方针。当年4月，积极支持魁胆大队在拉西坡建林场，并抽调副大队长王佑求率领王田乐等9位老林农和12名青年，在拉西坡上安营扎寨，专业造林。当年，拉西林场在造林上取得突出成绩，魁胆大队因而获得贵州省人民委员会授予的全省“林业红旗单位”称号。同时，世藩还大力支持王必柱等大队干部兴修平笨水渠和农田。

魁胆大队取得的成绩，更加坚定了王世藩大办集体林场的决心。1965年年初，世藩交给公社干部的第一项任务是到各自分管联系的大队，动员群众兴办集体林场。至年末，高岑、晓岸、桥问、平翁、孟寨5个大队都建成大队林场，实现了全社每个大队办林场的计划。当年，全公社垦荒造林1636亩。为让更多的年轻人熟练地掌握各项林业生产技术，世藩还倡议并主持魁胆大队在圭览溪创办半耕半读性质的魁胆林校。林场和林校办起来后，还制定了鼓励场员安心在场、学员安心在校劳动学习的优惠分配政策。在王世藩的努力下，高岑公社营林事业迅速发展，1972年基本实现宜林荒山全部绿化。因新造幼林和间种粮食多，国家给的营林奖售粮多，全社基本实现粮食自给。

1973年1月，王世藩调任小江公社党委书记。该公社和高岑公社情况相似，是山多田少、宜林荒山多的贫困社。世藩照方抓药。当年冬，小江公社党委决定从各大队召集年轻女子，在九重坡脚办起了全县第一个女子林场——小江公社“三八”林场。1975年又将“三八”林场和青年林场合并，成立小江三八林场总场，下设3个分场，公社6个脱产干部中有2人长期在该林场蹲点。在林场的带动下，4年时间，小江公社荒山基本绿化。“三八”林场办场6年，造林2500亩，林地间作收入粮食10多万千克，多次获县、州、省人民政府表彰奖励，成为锦屏县林业战线的又一面红旗。1979年9月，还获全国妇联授予“三八”红旗单位称号。

王世藩调任县林业局副局长后，积极协调上级部门修筑水库经过魁胆、拉西林场至孟寨的林区专用公路。1984年，王世藩因病提前退休。退休后，仍不忘家乡的林业建设，多次到省林业厅申请经费创建新林场。在其努力下，1987年在黄门乡创建了“黄门万亩林场”，该场下设9个分场，造林总面积达5600多亩。同时还在魁胆村组织群众创办联户林场，造林500多亩。

王远森（1956—1994） 魁胆黄甲人。1963年9月，入魁胆小学读书。1968年考入锦屏中学。1973 年从县中学高中毕业，回家务农。因有文化，被大队分配管理打米、磨粉等机械设备。次年受聘于大队小学代课，自愿要求启授四至五年级英语新课，尽心尽力。

1975 年，王远森作为工农兵学员被推荐到贵阳医学院医疗系学习。1978 年毕业，因成绩优异而留在学院临床核医学科工作。1982 年，考取山东医科大学硕士研究生，1985 年毕业获硕士学位。1989 年，继考获世界卫生组织奖学金，赴瑞典卡罗林斯卡医学院影像中心进修学习，专攻 ECT、CT、MRI 等仪器的原理及临床综合应用，以优异的成绩赢得导师的赞许。硕士学业结束后，导师曾挽留其继续在瑞典攻读博士学位，他婉言谢绝，按期于 1991 年 4 月回国，被安排在贵阳医学院放射学科影像医学岗位，1993 年 9 月被提升为放射科副主任医师。在科主任和同行的大力支持下，远森在影像医学领域不断地取得研究成果，先后在本院和国内外的刊物上发表多篇论文。其中，在国外发表 5 篇（英文），国内发表 1 篇，《微量元素的自白》1988 年获省青年科普创作二等奖，《应用 SPECT 测定功能性器官容积和描绘局部放射性浓集区》等两篇论文获省级自然科学学术论文一等奖。他负责或参加“呆小病患儿颅脑核共振显像研究”“脑转移性肿瘤的 CT 诊断”等多个研究项目。医学院党组织和领导对远森寄予厚望，将首次从国外进口价值 150 万美元的核磁共振仪的使用与操作交给他和另一位同志共同负责，并确定派他 1994 年 10 月份到日本考察学习。

王远森十分理解和关心病人，对来求医者，无论是在医院或在家里，只要是找到他，从不推脱，自己能检查诊断的自己做，不能做的则尽可能帮助联系。对边远山区远道前往求诊或联系住院的患者，他尤为热忱接待和周到服务。

正当远森如日中天，蓬勃向上的时候，疾病却频频向他袭来。1991 年 11 月和 1993 年 8 月，他先后两次进行肝胆管结石取除手术。手术之后，他又忘我地投入事业之中。1994 年 5 月，因患低分化腺癌症，于当年 8 月 12 日去世。

王才禹（1964—2009） 又名王必钊，王世藩子。1978 年魁胆小学附中毕业，考入平秋中学高中部，1980 年转至三江中学就读，1981 年考入中央民族学院预科班，次年转入汉语言文学专业。1986 年毕业，分配到贵州省出版社文艺编辑室工作。先后任编辑室编辑、副编审、副主任（主持工作），2008 年获编审职称。

王才禹多才艺。其工作 24 年，责编书籍 250 多本（部），5000 余万字。所编辑图书，从策划到装帧设计，甚至文字校对等事宜皆躬身亲为，故质量颇高。2008 年 7 月，受黔东南州委宣传部之请，才禹负责《品读黔东南》丛书的责编。于是随中国著名文化人余秋雨等走访黔东南州内榕江、从江、黎平、锦屏等县的苗乡侗寨，并与余秋雨进行两天一夜的长谈。然后仅用一个月即完成《品读黔东南》丛书（包括《余秋雨黔东南纪行》《原生态黔东南》《黔东南意象》3本）的编辑加工并付印出版。其所责编图书多部获奖，2007年责编的《雄关漫道》获国家“五个一工程奖”。2008年被推选为贵州省文艺界“奥运火炬手”，参加贵阳站火炬传递。

王才禹　　王远涛 提供

王才禹在大学时，曾获“三好学生”称号。参加工作后，曾兼任贵州人民广播电台文艺部特约编辑和播音员，担任多部电影的配音演员。是中共贵州省委讲师团成员，多次给贵州大学、贵州师范大学讲课，被聘为贵州大学客座教授。还是中国写作学会会员、中国书法研究会会员。

2009年5月，王才禹罹患癌症逝世。余秋雨送花圈，并挽题：“痛失才禹友！”

◉ 人物简表

魁胆村参军人员一览表

表1

姓名	出生年份	参军年份	所在部队	备注
王乾富	1928	1951	中国人民志愿军	参加抗美援朝
王永辉	1929	1951	中国人民志愿军	参加抗美援朝
王世藩	1931	1951	中国人民志愿军	参加抗美援朝
王世光	1927	1951	中国人民志愿军	参加抗美援朝
王德显	1929	1951	中国人民志愿军	参加抗美援朝
王必珠	1930	1951	中国人民志愿军	参加抗美援朝
王乾锡	1930	1951	中国人民志愿军	参加抗美援朝
王必荣	1936	1958	云南部队	转业在云南省从事驾驶工作
王生煜	1938	1962	云南部队	在平秋供销社工作
王乾照	1940	1963	云南部队	骑兵通信员，1964年获“五好战士”称号
王宗先	1946	1965	四川部队	在平秋供销社工作
王有滔	1950	1970	湖北235部队	在县电影公司工作
王宗荣	1952	1972	北京部队	在彦洞乡工作
王远良	1953	1972	北京部队	在平秋镇工作

续表 1

姓名	出生年份	参军年份	所在部队	备注
王宗标	1953	1975	山西部队	—
王宗桥	1958	1977	云南边防部队	1979 年参加对越南作战，立三等功
王有开	1958	1978	云南边防部队	1979 年参加对越南作战
王生楷	1958	1978	广西边防部队	1979 年参加对越南作战，在县民政局工作；1996 年夏下清江捞木溺亡
王政炎	1958	1978	广西边防部队	1979 年参加对越南作战，县石油公司经理
王耀才	1959	1979	广西边防部队	参加 1979 年对越南作战
王必全	1962	1979	云南部队	—
王必学	1959	1980	贵州军分区	因所在部队裁撤，服役一年即复员
王宗仁	1965	1984	广西边防部队	1985 年参加合浦对越炮击作战
王耀楷	1966	1985	黔西武警	—
王耀光	1967	1986	云南部队	1987 年参加对越作战，优秀士兵
王述庆	1977	1995	贵州武警	—
龙本钊	1974	1992	西藏部队	优秀士兵，立三等功
王永诚	1974	1994	北京部队	驻山西大同，优秀士兵
王从良	1980	1999	云南部队	优秀士兵
王生模	1983	1999	西藏部队	优秀士兵
王家海	1984	2001	广州武警部队	—

乡土特殊人才一览表

表 2

姓名	性别	专长	活动时间
龙云桂	女	民间儿科，擅长助产	20 世纪 60—90 年代
龙贤厚	男	民间医生，擅长助产	20 世纪 50—80 年代
王发根	男	民间医生，擅长儿科	20 世纪 50—80 年代
刘东娥	女	民间医生，擅长儿科	20 世纪 60—80 年代
王永义	男	民间医生（全科）	20 世纪 60—90 年代
龙宗禄	男	民间医生，擅长放瓦针、拔火罐等	20 世纪 70—90 年代
王江秀	女	民间医生，擅长儿科、助产、眼科	20 世纪 60—90 年代
王德生	男	民间医生，师承河口乡瑶光姜月楼子姜希维，擅长治疗骨伤、蛇咬伤	20 世纪 70 年代至 21 世纪初
王振英	女	县卫生学校毕业，魁胆村卫生院医生	1986 年—
王炳煜	男	擅长白喜法事（法名明正，师承其父邦宇）	20 世纪 50—80 年代
王德显	男	擅长白喜法事（法名真灵，师承其父炳煜）	20 世纪 80 年代至 21 世纪初
王灿金	男	擅长白喜法事（派名裕魁，法名如清，师承其父德显）	2000 年—
王裕庆	男	研究易理，擅长乡党文字应酬	1990—2015 年
王恩显	男	擅长竹编（所编竹席可折叠成四方块）	20 世纪 50—70 年代

续表 2

姓名	性别	专长	活动时间
王锡标	男	木房建筑掌墨师、装修	20 世纪 50—70 年代
王炳茂	男	木房建筑掌墨师、装修	20 世纪 40—70 年代
王兴荣	男	木房建筑掌墨师、装修	20 世纪 40—70 年代
彭永模	男	木房建筑掌墨师、装修	20 世纪 50—80 年代
王元焕	男	木房建筑掌墨师、装修	20 世纪 70—90 年代
龙灿烈	男	木房建筑掌墨师、装修	20 世纪 70—90 年代
王灿求	男	擅长棺椁、谷桶等器具打制	20 世纪 60—80 年代
王有木	男	木房建筑掌墨师、装修	20 世纪 60—80 年代
王宗干	男	擅长棺椁、谷桶等器具打制，师承王灿求	20 世纪 70—90 年代
王宗钊	男	木房建筑掌墨师、装修	20 世纪 70—90 年代
王乾勋	男	木房建筑掌墨师、装修	20 世纪 70—90 年代
王兴荣	男	木房建筑掌墨师、装修	20 世纪 40—70 年代
王必贵	男	木房建筑掌墨师、装修	20 世纪 70—90 年代
王政泽	男	木房建筑掌墨师、装修	1980 年—
王宗佑	男	木房建筑掌墨师、装修	1980 年—
王宗汉	男	箍桶	1980—2000 年
王光运	男	打制石碑	1980—2000 年
王光富	男	裁缝	20 世纪 60—80 年代
王乾照	男	裁缝、机械维修	20 世纪 70—80 年代
陆代金	男	铁具打制	20 世纪 60—80 年代
王永标	男	铁具打制	20 世纪 60—80 年代
王德爵	男	兽医	20 世纪 60—80 年代
王世敏	男	兽医	20 世纪 60—80 年代
王生友	男	擅长补锅、劁猪和农机修理	20 世纪 70—90 年代
王光显	男	侗歌歌师	20 世纪 50—90 年代
王祥然	男	擅长扎白喜纸花	1990—2016 年
王必炎	男	侗歌歌师	1980 年—
王必义	男	侗歌歌师（县政府授予“尝新节文化传承人”称号）	2000 年—
王月江	女	侗歌歌手	2000 年—
王桂英	女	侗歌歌手	2010 年—

◉ 名人与魁胆

李立到魁胆蹲点调研　李立（1908—2006），江西永新人。1927 年加入中国共产党并参加革命工作，先后参加长征、抗日战争、解放战争。1949 年以后，先后在江西、河南、中共中央中南局等地和单位任领导职务，1964 年 11 月调任中共贵州省委书记处书记，1965 年 7 月任贵州省省长。

1964 年，魁胆大队创办全省第一个集体林场并在造林上取得突出成绩的已为省州领导高度重视。1965 年 9 月，李立就林业发展等问题来到锦屏县调研。在锦屏县县长姜继源等的陪同下，李立从锦屏县城步行 15 千米山路来到魁胆大队蹲点调研。在魁胆，李立同高岑公社书记王世藩、魁胆大队支部书记王必柱等干部和群众积极分子进行深入座谈，并到拉西坡林场与场长王佑求以及其他场员同吃同住同劳动，向他们了解林业发展存在的问题以及解决的方法。通过几天的蹲点调研，李立对魁胆大队干部群众艰苦奋斗，绿化家乡的精神十分肯定。认为，魁胆大队创办集体林场，并实行林粮间作是解决林区发展林业和解决粮食不足问题的有效途径。当年 12 月 12 日、13 日，《贵州日报》先后整版刊载魁胆大队的林业先进事迹，号召全省人民向魁胆人民学习，学习魁胆人艰苦奋斗改变落后面貌的精神。

雍文涛到魁胆调研 雍文涛（1912—1997），贵州遵义人。1935 年加入中国共产党。1949 年以后在中共中央中南局、广东省委、北京市委和中央宣传部等机关任领导职务，1979 年任林业部副部长，1980 年任林业部部长、党组书记，1982 年任中央顾问委员会委员、林业部顾问。1983 年 8 月 29 日，雍文涛到锦屏考察，在听取县委对锦屏林业发展情况介绍，尤其是全国劳动模范王佑求几十年如一日，带领群众造林绿化，全村办有集体林场 10 个，造林数千亩，全村群众生活得到明显改善，十分感兴趣。30 日，在县委副书记、县长李茂江和县人大常委会主任姜继源等的陪同下，专程到王佑求所在的魁胆水库林场考察群众造林情况，见到魁胆群众热火朝天的造林场面，十分兴奋，大加赞

1983 年雍文涛（第三排右起五）在魁胆水库林场与锦屏县长李茂江（第三排左起一）、王佑求（第三排右起三）等合影　　县林业局　提供

赏，并高兴地与王佑求等全体林场场员合影留念。

杨有耕在魁胆作林业经济史调研 杨有耕（1934— ），贵州习水人，贵州省民族研究所原副研究员。杨有耕1958年云南大学毕业，分配到贵州省民族研究所工作。1964年，杨有耕随贵州省民族研究所民族社会历史调查组到锦屏开展民族经济发展情况调查。时魁胆大队正创办拉西林场，干部群众造林干劲十足，热火朝天。杨有耕等到魁胆蹲点调查一个多月，走访干部群众，尤其是老林农，得到了有关魁胆侗寨历史的大量资料，杨有耕还与魁胆人、时任高岑公社书记王世藩结为"老庚"。1988年，杨有耕将从锦屏调查收集到的资料整理成《侗族社会历史调查》一书，由贵州民族出版社出版。该书中收录了魁胆村1950年以来的大量历史资料，尤其是经济资料，弥足珍贵。杨有耕系将魁胆侗寨造林经验以及锦屏文书向世人宣传推介的第一人。

2005年杨有耕（左）、武内房司（中）、王宗勋在贵阳合影 杨有耕 提供

杨念一到魁胆写生 杨念一（1939—2006），贵州省天柱县人，侗族著名画家，第九届全国政协常务委员。1963年，杨念一从贵州大学艺术系毕业，分配到锦屏中学任教。1965—1966年，杨念一多次深入到"贵州林业先进单位"魁胆大队采风写生，其深入到拉西林场、魁胆林校与场员和学员共同劳动，创作了许多反映魁胆人民艰苦奋斗，造林绿化的优秀作品，其中较为突出的有《魁胆大队党支部书记王必柱》、《北侗姑娘》、《杉木王》（2幅）、《大山汉子》、《魁胆老人》等。

黄达人到魁胆考察 黄达人（1945— ），浙江象山人，1968年浙江大学数学系毕业。先后任浙江大学副校长、中山大学常务副校长、中山大学校长等职，系数学教授、博士生导师。自2004年以后，锦屏县即成为中山大学历史人类学的教学基地，每年均有师生到锦屏进行田野调查。2010年8月6日，黄达人在副校长陈春声和教授刘志伟、张应强等的陪同下，亲自到锦屏考察。7日，黄达人一行专程到魁胆村考察村小学和侗族风情，并与村民进行互动。临别，黄达人向魁胆小学捐赠5000元。应魁胆村干部的

2010 年中山大学校长黄达人（后排左三）等到魁胆村考察与村民合影　　王宗安　摄

请求，黄达人欣然答应给魁胆风雨桥题写桥名。

陈春声三次到魁胆考察　陈春声（1959—　），广东揭西人。中山大学党委书记、历史学教授、博士生导师。2005 年 3 月 11 日，陈春声与香港金城营造慈善教育基金会总干事周金生等，在魁胆籍干部王宗勋引领下到魁胆小学考察，并冒雨在操场给全校师生上课。而后，在其协调下，香港金城营造慈善教育基金会在魁胆小学助建教学楼。2010 年 8 月 7 日和 2014 年 6 月 21 日，陈春声分别陪同中山大学校长黄达人和广东实业联合集团公司董事长陈国华到魁胆考察。陈春声为人朴实，接近群众。每次到魁胆，均与村民共同品尝魁胆小米酒，听村民唱侗族大歌，颇受村民爱戴。

高其才到魁胆进行习惯法治理村寨经验调研　高其才（1964—　），汉族，浙江慈溪人，清华大学法学院教授、博士生导师。2015 年 10 月，高其才应邀到锦屏参加锦屏文书学术研讨会，其间了解到魁胆侗寨长期以来依靠传统习惯法和村规民约治理村寨，村寨秩序良好，50 多年未发生刑事治安案件。2016 年 10 月上旬，高其才在主持锦屏召开的“锦屏文书与法文化”学术研讨活动以后，率中南财经政法大学教授武乾以及 3 名博士研究生到魁胆村就习惯法和村规民约在治理村寨中所起作用问题开展为期 3 天的田野调查。在魁胆村，高其才等翻阅了村民委员会保存的档案，

2014 年陈春声（后二排右五）、陈国华（右六）、张应强（右七）在魁胆小学与师生合影　　王宗勋　摄

走访村干部和民众，收集到大量相关资料。随后，高其才等就从魁胆调查收集到的资料撰写论文发表，其中较重要的论文有《规范、制度、机制：村规民约与社会治安维护——平秋镇魁胆村的实践》，该文在《学术交流》2017 年第 5 期发表，首次将魁胆村用传统习惯法和村规民约治理村寨的经验向学术界推介。

张应强成为魁胆村“荣誉村民”　张应强（1965—　），贵州剑河人，苗族。中山大学社会与人类学学院院长，人类学系教授、博士生导师。2000 年秋，张应强到锦屏考察，与王宗勋结识。随后，张应强与王宗勋成为挚友，共同推动锦屏民间文书征集整理工作。2004 年年初，张应强偕夫人滕萍（广州企华教育有限公司董事长）在王宗勋引领下到魁胆考察，并设魁胆小学奖学金。同年 7 月，张应强与其妻滕萍及其硕士研究生张银锋等，运送广州企华教育有限公司捐赠的 20 台电脑给魁胆小学。随后，张应强将其学生张银锋派驻魁胆村做为期半年的人类学田野调查。此后，张应强多次来到魁胆。每次到魁胆，均就民间契约文书产生环境等问题同村干和民众做深入调查，还与退休教师王裕庆、王昌海以及村民王必久、王宗安等结成朋友，被称为魁胆村“荣誉村民”。

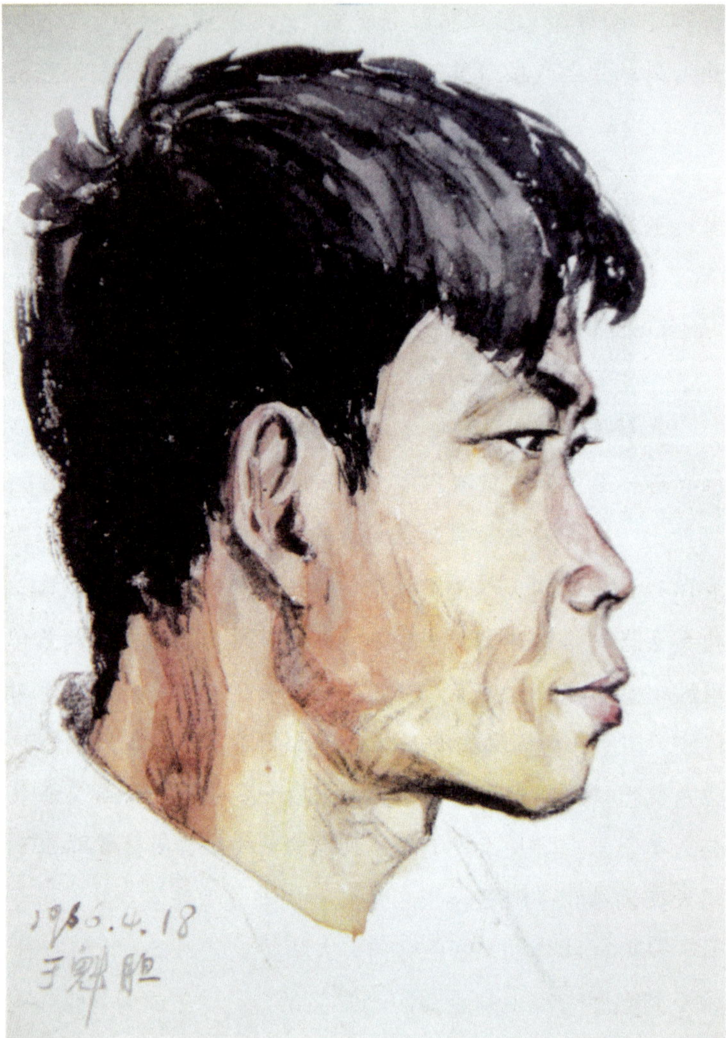

杨念一作品《魁胆汉子》　　王宗勋　摄

北侗风情

魁胆是贵州省的“魅力侗寨”。以魁胆为代表的锦屏九寨地区是一片神秘的地方，是一片令民族文化研究者乐于前往“探秘”的侗族文化“处女地”。九寨之所以神秘，源于这里至今还保持北部侗族古老纯朴的风习。作为上下九寨的衔接区，魁胆村至今仍保存着北部侗族古老的衣食住行、婚育丧葬、节庆社交、歌谣传说以及习俗信仰等风习，使它堪称一座活态的“北侗风情博物馆”。魁胆的风习，既有着古九寨北侗的特质，又可依稀看见清代中期以来受到清水江木商文化影响的痕迹。从魁胆保存的这些传统风习，可以看出贵州东部清水江流域侗、苗等少数民族地区社会发展进步的轨迹。

◉ 饮食　起居

饮食

副食　魁胆村传统副食主要有油茶、甜酒糟、粑食等。

油茶　油茶是村里传统副食，亦是待客的重要食品。逢年过节，迎亲待客所必做。其做法，先将大米适量放入锅里用文火炒至老黄微煳，加猪油（或茶油）炒香，再加水煮，然后放入油茶豆或红饭豆一起炖煮软熟，再放些老茶叶、骨节茶等香料同煮。待茶叶充分吸水有香气后，再加入冷饭、红薯片或嫩玉米等。逢节日喜庆，还要加入糍粑、米花等。油茶有助消化健胃，老少皆宜。

甜酒糟　亦是魁胆村传统待客佳品。其做法，先将糯米（或小米）浸泡发涨后蒸熟，放凉，拌酒曲，置入桶中发酵，待有香气溢出即腾入瓮中。过年每家必备，节日或有红喜事、农忙季节也多制作。食用时加水煮，放入粑丁，既是待客上品，更是农活回来解乏佳饮。

粑食品　村人传统尚糯食，喜用糯米加工成的各种粑食。其种类主要有糍粑、三月粑、棕粑、重阳粑等。

打糍粑（2010 年）　　姜绍明　摄

糍粑。分有糯米粑和小米粑两种。1980 年以前，过年时每家至少要用 25 千克以上糯米、50 千克以上小米分别加工成糍粑。人口多或经济条件稍好家庭，数量更多。腊月二十七八，家家都打粑粑，寨间打粑的“啪啪”“咚咚”声音不绝。青年男子为打粑主力军，家家争抢。妇女则负责将糯米或小米用蒸桶蒸熟，倒在粑槽里，小伙们捶烂后，趁热将之捏成粑团。整个打粑和捏粑过程，笑语不断，洋溢着快乐。正月十五过后，家家将粑粑放在木桶里用井水浸泡。此后至二月间，人们上山造林、种地，均以糍粑为午饭。

1990 年以后，因劳动力大量外出务工，食粑人口减少。至今，打制糍粑家庭已不多，多数家庭过年前到县城市场上买几斤以备正月待客。

甜藤粑。制作时间在农历三月三或立夏节。其做法，先到山上采来甜藤和一种侗语称为“摁”的野菜（叶呈浅白色，开小黄花）。甜藤用碓舂或用木槌捶烂，过滤；“摁”菜用木槌捶烂。用甜藤水将糯米浸泡，用碓舂成粉，再与捶烂后的“摁”揉在一起，用猴栗树叶包成粑，蒸熟即成。甜藤粑香甜绵柔，甚是可口。传说，做甜藤粑系为引蛇出洞。

祭桥粑。村人祭桥专用粑。农历七月十四过“半”节时，家家制作。其制法简单，将糯米浸泡舂成粉，再煎成粑片。需用时，用剪刀剪成小片。

重阳粑。过重阳节，家家都要制糯米粑，或将糯米蒸用粑槽打成糍粑，或用碓舂成粉制成桐叶粑。打糍粑者，打好后，趁热滚裹烂熟的红饭豆；桐叶粑者，将糯米浸泡后舂烂滚裹红饭豆，包上桐树叶蒸熟。传说，制作重阳粑是为送蛇进洞，让蛇吃饱后在里面好好休息，无须出来觅食受凉。

菜食　魁胆传统菜肴主要有炖菜、腊肉、腌鱼、腌肉、腌菜、烧鱼等。

炖菜　春夏之季，将从山上或园里采来新鲜的青菜、野菜、竹笋、蕨菜、刺棒芽等，混杂于鼎罐中，加入水和少量大米、几块猪骨头，用火文煮烂，味道鲜美，老少皆宜。

疱汤　每逢杀猪，都要用新鲜肉办疱汤，请来亲戚好友近邻来共享。疱汤做法，在火塘里，煮一锅加有生姜等料的汤，割取猪最好部位的肉切成薄片，与凝冻的猪血一道放下去煮熟即可。另外还要制作糊辣椒蘸水佐餐。疱汤味道鲜美，猪肉肥而不腻，村人无不喜爱。

火塘上烘腊肉（2009 年）　　龙立璧　摄

腌鱼（2010 年）　　王宗勋　摄

腊肉　正月初，将年前杀的猪肉切成三四斤重的长条块，浸盐、洒酒再泡两三天后，取出挂在家里火塘间的烘钩上，任由火塘里烟火慢慢熏烤，待其颜色深黄，肉身变硬后即可食用。腊肉是村里过去长期保存猪肉的最常见方式。需用时，取下洗净，切成小片炒食。腊肉肥而不腻，清香可口，是传统待客佳肴。

腌鱼　传统制作方法，先将鱼剖背对开，取出内脏，撒上盐和米酒浸泡一天。把米炒黄，趁热冲上浸鱼的盐水，晾干。然后用辣椒面、香料制成米糟，把米糟塞填鱼肚，再合成饱满的鱼形，然后层层叠放瓮中，再用箬竹叶覆盖压紧，盖上钵状坛盖，加上坛沿水。若用无沿瓮，则倒置。待闻有香气溢出，即可开坛取食。存放时间越长，香味越浓。食用时，用油煎黄。只要一家煎腌鱼，半个村子可闻其香味。有的人家腌鱼保存数年，不遇至亲尊客，不轻易开坛取食。

烧鱼　系村里传统野餐名菜。在稻田或溪里捉来鱼（以 500 克左右为佳），除去内脏，内外涂抹盐水，以芭蕉叶包裹三层，叶外糊裹厚寸许黄泥，然后置于柴草火堆中烧烤，不断翻动，待香气溢出即可食用。该鱼制作方法简单，但味道鲜美无比。

腌菜　魁胆腌菜有多种，最常见是水盐菜，还有腌蕨菜、腌笋子、腌（泡）萝卜、烫酸菜等。水盐菜制作在农历三月，将地里萝卜菜、青菜割下、洗净，晒至半干，然后切成细末，加入盐、姜末等一起搓揉，置入坛中密封，月许即成。需用时取出，或干炒，或做汤。清明前后，将采来蕨菜晒干，切成寸许，与炒成黄色的米一起加盐、辣椒面等拌匀，置入坛中月许即可取食。

蘸水　分干蘸水、辣椒蘸水两种。干蘸水作法，将牛羊瘪肠（即结肠部位）取出，两头用绳捆紧，整盘放在小炭火上烘干待用，需要时取出切成薄片，拌以糊辣椒、香料、盐，加上少许开水即成，该菜苦辣清香，系绝佳的佐餐菜。此菜至今已经很少人做。辣椒蘸水是将干辣椒置于火塘热灰上烤至微焦，搓成粉末，加上香料，趁热调以茶油、盐及味精、酱油、汤水即成。

宴席菜食　1980—2000 年，魁胆村宴席菜基本为八菜一汤。八菜均为猪肉，即三角肉、粉蒸肉、黄豆炒瘦肉（两盘）、萝卜炒白片肉（两盘）、假羊肉（排骨）、内杂，汤为水盐菜汤或海带汤、黄豆煮肉汤。每席用猪肉大致 4~5 千克。八菜中，最主要是三角肉和粉蒸肉。三角肉是将煮熟的肥肉切成三角丁状，回锅加盐和大蒜等香料即成，每人两块；粉蒸肉是将五花肉切成厚 0.8~1 厘米，长约 10 厘米条片，滚裹炒玉米粉，用竹篾穿成串，放在蒸笼里蒸熟，亦每人两片。三角肉和粉蒸肉块片很大，一块约有一两，妇女儿童可将这两种菜带回家。1990 年以后，宴席菜渐学习县城做法，三角肉渐消失，亦不再带肉回家。除猪肉外，还增加鸡、鸭、鱼、蛋等。至今，普遍为 16 菜 1 汤，每席用肉约 8 千克。其中近半吃不完，造成浪费。

居屋

房屋布局　魁胆传统居屋多为三间三层两檐杉木质结构楼房。正中一间较两侧间稍宽，有的还在正屋两侧配偏厦。楼层用途安排上，出于防兽和防盗等安全考虑，一层多圈关畜禽和安置舂碓、厕所及堆放柴草等物。二楼前面有向外延 30 多厘米的一排吊脚方形柱，柱脚坐在延伸出来的“千斤”枋上，以扩大二、三楼的空间。三楼前半腰处加盖一层檐，俗称“二檐”，其作用是晾晒物品和遮挡二楼的阳光和雨水。二楼系家人主要的起居活动层。从一楼通过楼梯上到二楼，先通过走廊进入堂屋，堂屋两侧前面一间为年轻夫妻卧室或客房，后面一间为火塘间（若两兄弟共一幢则两间均为火塘）。堂屋前廊道上方较

堂屋（2017 年）　　王宗勋　摄

二楼楼板上抬 1 米左右，以增加堂屋前部高度、空间和壮观瞻。因燕子常在所抬棚板下筑窝，故称“燕子窝”。走廊和堂屋外侧上方开有窗户，窗户有的为无格开口窗，有的则为方格窗，里侧安有开关推板，晚上或家里无人守时则将推板关上并扣插销。

堂屋系家人召开重要会议和宴请宾客之场所。正面边板壁上置有神龛和天地牌位，牌位上书写“天地君亲师位”和“王氏祖宗，普同供养”等字样。堂屋靠里一侧或两侧为火塘间。火塘间设摆有火塘、橱柜等，是家人平时饮食和冬天烤火取暖之处。火塘上方挂有烘钩，用以烘烤物品（如腊肉等），烘钩上方是一长和宽均约两米见方铺有木板条的格洞，其作用是利于火塘烟气外排，也可用于慢速烘干什物。火塘间里边一个角落设有先祖牌位（侗语称“阁洞翁”），此处系家里最神圣之处。饭前，尤其逢年过节，家里男主人要在此处祭祀先祖。火塘位于稍靠里边的中间位置，为一用厚木板打制、下面垫泥土的正方坑，坑正中置放一铁三脚撑架，平时煮饭炒菜均在三脚撑架上进行。1990 年以后，三角撑架做饭菜功能渐为炉灶代替。堂屋后面有一小房间从火塘间侧进，主要放坛罐等物品，或兼老人卧室。

三楼中间为大通间，平时用于堆放杂物，有酒宴时则摆桌席。两侧前面光线较好房间用作未婚子女卧室或客房。

建房方式　1990 年以前，村里建造新房，只需造主在山上物色好木材、准备好地

火塘间（2017 年）　　王宗勋　摄

基，养有一两头肥猪及相应米和酒，从砍树、运材料到房屋构件整制、立架、盖顶等，均由亲友相助完成，花钱不多。对建造房屋，村人皆乐意帮忙，不管有亲与否，都要帮上一两天。自砍树至立架，亲友均主动备酒菜来请帮忙者吃一两餐饭，名曰“宴匠”。上梁之日，所有亲友均挑米或酒等礼物来庆贺，同时帮忙。上梁之时，在房架下正中悬挂亲友所送贺彩。上梁结束，造主设宴席款待亲友。

2000 年以后，村里陆续建造砖房。因建砖房技术要求高，非请技术工人不可，故帮忙环节多省去，但“宴匠”、庆贺等程序依然存在。

传统建造新房，大抵经过砍树、发墨造架、平地基、发槌排扇、立竖、砍“宝梁”、上梁、安大门和进新屋等程序。

砍树　造主物色好木材山后，选取吉日，请亲友中年纪较长、夫妻健在、男女齐全者，带香纸到材山上祭山神，然后先选一根以后用作中柱的杉木，动斧砍伐，之后便可大砍其他杉木。

发墨造架　木材晒干后，选定吉日，由掌墨师从备好的材料中选定中柱，量好尺寸，整锯两头，抬上木马吊墨、弹墨，画上标识。为保其“圣洁”，将其中柱悬放于较高且人不易踩到之处，然后开始制造构件。其间，掌墨师及主要工匠由造主支付报酬，其饭食多由亲友招待，称“宴匠”。若值宴请晚餐，往往行令猜拳，大唱酒歌，预祝造主人兴财旺。

掌墨师是新房建造的设计师和总指挥。掌墨师设计房屋，首先根据地基宽窄情况来确定柱瓜多少和水步长短，之后选配木料，加工成构件。其次是根据屋基所在地势和所备木料制作丈杆，丈杆上标明每根柱子的高度，用以确定屋顶斜面的平与陡。再次是根据枋料大小和房屋楼层高度在选好的柱料上定柱眼，以柱眼之尺寸制作竹签。竹签在房屋的设计中起到非常重要的作用，房屋各构件是否完全紧密联结、房屋是否稳固全由竹签决定。魁胆师傅多用竹片签，每根管两个柱眼。因数量过多，易失落，现有的改用方签。一根方签管八个柱眼，一根柱子用两根方签，一根标有房屋排扇千斤枋尺寸，一根标有过间枋尺寸。每根签上都标有所代表柱子之名称，如前檐、前二、中柱、后檐、后二等。标签制作好后，工人再根据签上所标尺寸对枋坯进行精加工。

平地基　与打造房架同时进行。一般在择定的吉时，请先生杀鸡祭祀土地诸神，然后才可动土。

发槌排扇　房屋构件整制结束，在选定的吉时（多在凌晨），造主备办酒肉，摆设桌台，掌墨师烧香化纸，禀请鲁班诸神及传度匠师，然后将中柱顶端瓜枋插入柱眼，用特制木槌把瓜枋击进。接着进行排扇。排扇需先搭脚手架，然后把各排中柱分别用上中下各千斤枋和短枋将其他柱子串联成扇排，靠于架上等待立竖。

立竖　排扇结束，在预定的时辰（一般凌晨）内，先由掌墨师烧香纸供师祖，宰杀

建新房（2008 年）　　王宗勋　摄

贺宝梁（2006 年） 姜绍明 摄

公鸡祭天地、映煞神后，前来帮忙众亲友将靠在脚手架上的房扇竖立并将川枋（横枋）串联排扇成间。每间房扇川枋按每排房扇柱子多少而定，分上中下三层和左中右三间的川枋柱眼串联。中层、上层的前后左右两侧，为考虑装修时便于开窗户，需加腰枋。如此把三间房扇用川枋串联接合完毕，新房架即告竖起。

砍“宝梁” 与立竖同时进行。在房族和亲戚中各选一个子女皆有、夫妻健在的成年男子到预先选定方向的山林中砍伐“宝梁”树。梁木要求是一蔸上长两棵以上的成材杉树。先烧香化纸祭天地后，象征性地放几元钱在树蔸边，旋砍抬回。砍“宝梁”树，无论砍到谁家之山，山主均无怨言。

上梁 在选定的时辰里，先在加工好的“宝梁”木正中处凿一小洞，放进金银、谷米、茶叶、新笔墨等物，用红布包扎，以铜钱或硬币钉好。请亲友中有公职（职位越高越好）和儿女齐全者，用两支新毛笔在梁木两头分别书写“人财两发”“富贵双全”。再由掌墨师宰杀公鸡，用鸡血在“宝梁”上和房柱上抹映，口中念《映煞词》。映煞完毕，“宝梁”徐徐上拽，在房顶安好，摆上食物礼品。随之，候在房架上下的亲友鞭炮齐鸣。掌墨师脚穿主人所备新鞋，吟唱着《上梁词》，登上木梯，攀上房顶，把梁上的“宝梁”粑和糖果等往下抛，并向主人祝贺“万代兴隆，百事发达”，继后往东西南北中 5 个方向抛撒“宝梁”粑、糖果。随之，至亲好友纷纷抛撒饼干、糖果等物（近几年有的抛撒 5 角、1 元等小额纸币或红包），供下边亲友争抢。拽梁者在“宝梁”边摆设酒肉肴馔，猜拳行令，高贺“人财两发”“万载兴隆”。

附 1：映煞词

此鸡此鸡，不是非凡鸡，王母娘娘的报晓鸡，我拿你来做映煞鸡。一不映天，二不映地，不映三间房屋，不映门前土地，单映五鬼相亡。一映吊颈相亡，二映坤山坤岭相亡，三映死水相亡，四映虎咬杀死相亡，五映山中蛇咬相亡。一映一千里，二映二千里，三映三千里。牛鬼蛇神远退八百里！一映年头不相见，二映年尾不相逢。此鸡头戴五色帽，身穿五色衣，一飞飞在峨眉上，去了毛衣换布衣。生为酉公，死为更公，生死弟子数不清。弟子给你指大路，峨眉山上去修身……

附 2：上梁词

吉日良辰，天地开张。主居立造，大吉大昌。我是鲁班弟子，头上戴有乌纱帽，身上穿有紫龙袍。我脚下著有新布鞋，步步踩出金宝来。我左手带来金银财宝贝，我右手带来百子千孙。一丈云梯步步高，我脱下蓝纱换紫袍。东居起屋金满斗，百年大计千年牢……

服饰

男子服饰　民国以前，村里男子头蓄长发，或结单辫，或挽成髻。夏天搭方巾，冬天围系家织黑纱帕（侗语称“社编”，侗文为“seel biant”）。纱帕编织工艺颇精，堪称工艺品。一般以麻或棉纱用家机织成，长约 4 米，宽约 18 厘米，两头分别留有 30~40 厘米的纱头，由女子手工把纱头合搓成若干粗纱头，又以每两根合成一股再与其另外两根一小股有序地编织成眼格，横排入编成两三层的方字格状的网络絮。格眼、层隔中间又组成鸭脚筒杆状纱柱，尾部仍留有帘珠似的纱头。男子衣服为左衽，挽过右肩前胸顺腋下锁扣至腰部，有矮领挽襟衣（侗语称“褚挽襟”），腰束布带。下身着宽大挽头筒裤，脚着草鞋或布鞋。冬天，小腿缠家机裹腿布，雨雪天脚穿牛皮钉底鞋以防滑。民国以后，多穿黑侗布或柳条白侗布缝成的对襟短衣，襟前下方有两个小兜包，襟锁布扣 6~8 对，领微高。分有单衣、夹衣、棉衣 3 种，夏天穿单衣，春秋穿夹衣，冬天穿棉衣。

男女盛装服饰（2008 年） 杨胜屏 摄

女子盛装（2017 年） 彭泽良 摄

民国中期以后，男子逐渐剪短发，身穿中山服和便服，下身穿松紧锁头裤。1980 年以后，逐渐改为西装。

妇女服饰 清道光年间，清水江沿岸村寨掀起一场以改裙为裤为主要内容的服饰改革运动。受其影响，魁胆妇女亦于此时期去裙改裤。因与平秋、晓岸、更我等九寨中心区村寨婚姻联系密切，故服饰上又始终保存有诸村寨的特征。

改革后的魁胆妇女蓄长发，平时将长发绾于脑后正中，插上银别簪和银梳（或木梳），搭盖尖角黑头帕，身穿长至腿部长衣，下身为宽筒裤，冬天腿包裹 15 厘米左右宽的布带，脚着布鞋。

未婚女子头后梳盘髻，扎红绳，别银梳、银簪。前额梳刘海，耳戴银环（多为银玛瑙耳环），眉毛用线扯稀修弯成柳月眉。身穿左衽束带黑衣，内衬白衫，下穿黑裤。赶场时，手戴银镯，天晴则穿布鞋。逢出嫁、伴嫁或其他盛会时，身穿内层白灰蓝红四色、外层黑色的套装，各层底边衣色顺次透出少许，腰束绿、蓝、紫等色绸带（现多改为绣花腰带），头戴花草状银花冠，项围 5~7 根银项圈，胸戴由蝴蝶扣和八宝扣组成的银排扣，再加银压领；衣服袖口、领口、衽口皆镶五色条形花纹，腕戴三副手镯（四方镯、梅花镯、大手镯），手执方巾。天晴则脚着绣花翘鼻布鞋。

绣花翘鼻布鞋（2015 年） 彭泽良 摄

老年妇女服饰（2006 年）　　王宗勋　摄

妇女生小孩后，就把前额刘海撩起挽成髻，并减戴银饰，以示区别。

妇女传统上衣，长至大腿中部。外罩衣称“褚绫”（侗文为“sux lins”），均为黑色。其特点主要体现在领、衽、袖 3 个部位上。衣领为矮浅领，高约 2 厘米，镶有红、蓝、白、灰、黑五色七条滚边线条。衣襟衽口，同样镶有五色滚边线条，由领口自左向右斜绕至右腋下，直至襟口，呈“厂”字形。从颈下至腋下，两边匀距设有 4 组布扣眼，以 4 串枇杷大小的银泡扣相连。银泡扣青年女子每串五颗，中老年妇女每串两颗。衣服左下端开衩口，以粉红、深红、深蓝诸色丝线编织成蜈蚣背形状图案将衩口镶锁，两只袖口里面镶有一节约 7 厘米宽的灰蓝色布。穿着时，将袖子挽至肘关节下处，使灰蓝布露出，与里层浅色衫袖组合成颜色各异的套袖，妇女们常将针线钱等小物件藏于此外层挽成的袖袋里。

妇女衣服布料，民国以前多为自织侗布，民国以后兴起“洋装”，即汉布侗装。根据年龄不同，又分为青年“褚绫”、老年“褚绫”。老年“褚绫”简洁朴素，款式宽松，垂至膝下；青年“褚绫”短小紧收，显得玲珑轻巧，充满青春气息。

因上衣较长，为方便劳作，妇女皆系腰带。腰带多自织，颜色多青色或黑色。

儿童服饰　儿童服饰重在童帽、背带的刺绣和银饰的打造。帽顶用五色彩线绣花，帽边用线钉牢八仙图像和银泡。背带和帽多用盘轴绣与铺绣相结合绣法，绣有花草鸟蝶状图案，富有立体感，可谓刺绣工艺之一绝。

女童盛装（2009 年）　　杨秀廷　摄

童帽（2015 年）　　彭泽良　摄

◉ 日常礼俗

诞礼

魁胆习俗，妇女怀有身孕后，家人就处处留心，房屋及前后严禁装、钉、拆、挖、补等动作。对孕妇生活上的饮食起居也适当有所照顾，忌食螃蟹、兔肉、饭锅巴、辛辣食物。分娩时，请接生婆接生。婴儿诞生后，第一个进到家里者称“踩生”。对“踩生”也较讲究吉兆，以德高望重者为吉，若有公职且官位者更是奉之若“皇帝”；若逢老弱病贫者为欠祥，若逢扛锄执刀进屋者为凶。

婴儿出世后，由接生者洗毕包好后，家人杀鸡敬祖先神灵，祈祷保佑新生儿长命富贵、易养成人。产妇月子内饮食十分讲究，多以鸡、蛋、猪肉、甜酒糟为食，不食辛辣等刺激食物。不摸冷水，不外出串门，禁忌随便走过祖神灵位前，忌摸锅灶，忌他人穿草鞋进入产妇卧房。产妇有事必须外出，得打伞或戴斗笠。

报喜　家里得新生儿后，即备办酒肉、粑类、糖果，派人到婆家及其他至亲家报喜。到婆家报喜携去礼物有鸡（生男带公鸡，生女带母鸡）和米酒、糍粑（或糯米饭），婆家将其礼物

小孩闹夜祈助牌　　王宗勋　摄

分给房族，并确定到姑娘家办“弥月”的日子。之后，按来公还母、来母还公的规矩打发一只鸡给来人带回。

打三朝 新儿出生第三天，家里要为新生儿“开意禄”，亦即“打三朝”。对头胎较为讲究，尤其头胎是男孩，往后多胎则较随便。“三朝”日，家里设便宴，请房族、外婆、舅家等至亲妇女及产妇平时要好同伴前来热闹，无男客。亲戚所持礼品多是糯米、鸡、蛋、猪肉及婴儿布料、衣服、包被等，外婆除以上诸物外，还要加婴儿背带、鞋袜、冠帽等物。

做周岁 魁胆侗语称“借花寿”。当孩子满周岁时，征得婆家同意后择期办酒席，帖请亲友，亲友则挑米、酒，挂红彩前来歌贺。1990 年以后，年轻父母都在外务工，未能按时给孩子做周岁，故多补做，有的小孩十多岁仍办周岁酒。

寄拜 新儿出生后，有的家长要请先生选方位，栽下一株或一片树木，以让其有所依靠，健康成长。若幼儿身体欠健康，则寄拜“干爹”“干妈”或保树。

婚礼

1951 年以前，魁胆兴包办婚和“还娘头”。男方父母有意某家之女，便托媒人上门求问，女方父母同意，两家便操办婚事，婚姻当事人基本无主动权。男女青年通过玩山、凉月等活动认识、交往产生爱意后，男青年即向父母提出办婚事请求，若父母同意，便按传统程序媒娶。若女方父母不同意，而女子意志坚决，则背着父母与男子私奔，魁胆俗称“踩屋”。过段时间，生米成熟饭后，男家派人去通知女方父母，商量过彩礼等事宜。1990 年以前，无论包办或自由恋爱所成的婚姻，都要经过“问话”“送篮子”“过彩礼”“讨吉期”“办喜酒”等程序。

问话 青年男女通过玩山等社交活动认识，或经媒人介绍，双方都有心意。男方便选托一善言辞者持一包糖、一瓶酒、一挂肉到女方家，向其家长说“想来你家讨碗油茶喝”之类的求亲讨喜话。若女方将礼物收下，并设酒饭款待媒人，即为“得话”。若退回礼物，即示拒绝。

送篮子 也称“放炮”，即为订婚。“得话”后，男方选定吉日备酒、肉、糖、糍粑等礼物及几块银圆，用篮子装着，择请房族中长者数人（须有男儿者）挑到女方家鸣炮求婚。女家收下礼物，并设“放炮”酒宴，请房族至亲人陪席。吃“放炮酒”之目的，是让双方成亲之事通地皆知。

讨“八字” 放炮订婚不久，男方派人携新毛笔 2 支、香墨 2 锭、红纸 2 张及酒肉、糖果之类礼物，到女方家索讨女子生辰“八字”。女方请先生把女子出生年、月、日、时写成“鸾书”，送给男方。女方将女子“八字”送出，表示对男方无二心。男方得女方“八字”去后，请命理先生将男女双方命庚推测排课，确定完婚吉期。随后，男筹娶礼，女办嫁妆。

过彩礼 彩礼数目各个时期皆不相同，1980 年以前一般要备办银圆 12 元，1980 年以后多改为人民币。1990 年前后一般为 3000~4000 元，同时还给亲娘赠数套衣料布，猪肉 80~100 千克，米酒 50 千克，以及糖、粑等。最近一般为 28000 元，最高 38000 元，到外地迎娶则更高，达 5 万 ~6 万元。选择吉日，请房族中数十人，轰轰烈烈地送往女家，女方家则设席款待，热闹一两天。

拦“腊早”（2008 年） 杨胜屏 摄

送豆米 1980年以前，临近婚嫁，男方要为女方家事先送去3石（每石约30千克）豆米（掺少许红豆的大米），猪肉50~80千克不等，表示对女家办婚宴的支持。至今，送豆米程序多省略。

“卡舅公” 嫁娶日子确定，由男方备办酒肉等礼品，邀约女方家人同去女子母舅家放炮认舅谢恩，并送上大洋6元，以表示饮水思源，不忘根本之意，同时也表示歉意和道谢。因古魁胆等寨流行“姑舅表婚”“还娘头”，女儿未经舅家同意，不许出嫁。舅家收到此礼后，一般都要作为礼金原数甚至加数赠回。

婚嫁 大凡婚嫁皆办酒宴，女先男后，各为一天。

出嫁 过去村里嫁女设宴，以女客为多，男客至多母舅、姑丈等至亲仅一两桌。如今则男女老少皆齐，有几十桌。当天下午，男方选派十多名（偶数）“腊早”（新郎伙伴）和一个“得欠”（新郎未婚亲妹或堂妹）及“关亲客”（新郎亲弟或堂弟）组成的迎亲队伍往女家迎亲。“腊早”们带去一甑糯米饭、一笼猪肝、两挑糍粑、十几挂肉、两挑糯谷，以及抬嫁妆用之索杠。“得欠”提一盏行路马灯、一把新红伞。迎亲队伍来到女方家后，除“得欠”外，都不能直接进屋，而是被新娘家姑嫂们拦在门外，“腊早”们须用歌声叩开，有的被拦上数小时。

当晚，出嫁女子要唱“哭嫁歌”，主要唱父母养育之恩、兄弟姐妹手足之情、即将离别的依依愁绪。有的女子唱得阖家伤心，满堂流泪。有的父母还允许在家里唱“花歌”，作为送给女儿的大礼。

鸡鸣三遍，“关亲客”便放炮催新娘起身，“得欠”也在高声催促，新娘在发亲婆指导下梳妆打扮。时辰一到，炮声大作，新娘在发亲婆的搀扶下，踱步至大门口，换穿新鞋，张盖红伞，再由亲兄弟或堂兄弟将新娘背出大门。陪新娘去的有1~2个伴娘（侗语称“买板”）、2个“正客”（新娘亲兄弟或堂兄弟，作用是确保路上安全）。路上，新娘逢水则站，遇桥即停。这时，新郎得打发“跨水费”“过桥钱”。到新郎家若未到预定时辰，新娘需在屋边等候。

娘家把新娘打发出门后，不久即打发嫁妆让新郎家的运输队伍运走。在打发嫁妆前，娘家妇女先在堂屋举行“酿海”和“送宝崽”仪式：摆上一酒席，上置12个海碗，每个碗斟满酒，由男方派去的“腊早头”去接“宝崽”。“腊早头”需能说会唱，且有较高酒量。若能用歌把女方唱倒，或把12个海碗里的酒全部喝干，女方则将用布扎的“宝崽”送给“腊早头”。在“腊早头”接“宝崽”的过程中，女眷们常用锅灰画脸、捏耳、

迎亲（2008 年）　　　　彭泽良　摄

载锅圈等手段戏谑“腊早”们。女眷们认为过瘾后，才打发“宝崽”和嫁妆让“腊早”们抬出。整个过程歌声不断，笑语不绝。

迎娶　男方迎娶，宴请百客。2000 年以前，堂屋上方楼檩下、四周板壁上，挂满亲友们赠送来的贺彩。晚七八点钟，在堂屋摆上一大连桌，让新娘及伴娘们用晚餐。这时，在女方家饱受“虐待”的“腊早”们集体在侧侍候，或用歌声责难，或用长木棍给女伴们当筷，用肥肉当饭，以酒代汤，亦百般戏谑，尽情“报复”。同样歌声不断，笑语不绝。

约一两个小时，堂屋女席撤下，换上母舅席。母舅和祖母舅并排靠神龛而坐，然后姑丈等至亲及族内叔伯等依次一客一主间搭排列。座位排定，鸣鞭炮，母舅席开席。魁胆人认为“娘亲舅大”，母舅是整个宴席上最尊贵的客人。过去，母舅席不开拳，其他席不准出拳声。母舅桌象征性划几轮恭贺拳后，便撤下酒菜，摆上瓜果茶水，准备唱大歌。在堂屋母舅席唱大歌时，满屋上下划拳声、酒歌不绝。

在划拳唱歌的同时，男方“腊早”们则在新房里向新娘“讨烟”抽。他们用特意制作的加长烟袋，伸到新娘和伴娘们面前说“请宝宝的妈（姨）给他叔（伯、哥）装或点袋烟”。新娘得点上，并说“请宝宝的他叔（伯、哥）抽烟”等语。讨烟过程中，语言活泼，笑态百出。讨烟不久，“腊早”们借故抽烟口渴，要新娘煮油茶给其“解渴”。煮油茶得用新娘新挑的井水，“腊早”们给新娘提供的挑水工具非竹篮即漏桶，几番吵闹才出好桶。新娘在井边挑水时，“腊早”们在侧尽情捣乱。煮油茶时也在旁不停戏谑。油茶熟后，先敬祖先，次敬母舅，之后其他亲友，最后由“腊早”们“讨吃”。

“讨油茶”结束，天已发亮。这时，新娘和伴娘们得到新郎的房族各家（共打“屋山头”者）认亲。所到之家，都设席款待，新娘得象征性地举筷。正午，新郎家也在堂屋摆上“酿海”席，席上摆8盘菜8碗酒，每个酒碗上架一对筷子，新娘、伴娘及“正客”等入座后，新郎家派几名能辞善唱者相陪。席间，双方以歌代语，互相示谢、祝福，亦互相责难。此时，新娘一般极其谨慎，少言语，均由伴娘们代说代唱。席散，新娘出门，“腊早”们又在门口设障，要她们以歌叩开。

转脚　1980年以前，魁胆等九寨地区仍实行“不落夫家”制。即新娘回娘家住上一段时间后，由郎家选吉日派人去接到郎家，称“转脚”。郎家去接新娘“转脚”时，新娘故意东躲西藏。新娘被接到郎家后，住一晚便回。此后，逢年过节或农忙，男家仍得去接。直到怀有身孕后，才到郎家长住，称“落脚”。1970年以前，“转脚”期一般为3年，有的更长。1970年后逐渐缩短，1980年前后为几个月，1990年前后为几天，现在则基本没有了“转脚”期。过去，在“转脚”期内，新娘、新郎行动自由，甚至仍可去玩山。

葬礼

落气　老人眼看无望，便将其抱到“安乐椅”上让其落气。落气后，鸣放“落气炮”。然后，请至亲族戚及先生拢来商量后事，推定下葬日期。时间确定，即向亲友发出讣闻。与此同时，请族里一年长者给逝者沐浴更衣，男剃头、女梳发，并扶上梦床，在其口中置些银子，床下用草灯桐油或茶油点“长明灯”。

追奠　若时间急促，当晚即请道师做法事，为逝者超度“开路”，女性还要为其踩灯“破地狱”。做法事期间，孝家女儿、侄女、儿孙媳等不时到灵柩边哭灵，以表悲痛之情，追忆逝者德绩、忏悔自己未能尽孝等。为女性死者“踩灯”时，孝子女和其房族所有晚辈，皆披麻戴孝，手拄哭丧棒，跟着道师围着灯坛转。转灯坛时，孝子须赤脚或穿草鞋。法事期间，孝家一律吃斋。法事结束（一般为登山头天），则杀猪宴请吊唁宾客，称“开斋”。旧时，殷实人家，男性老人逝世，还要宰杀水牯牛，以示让老人到阴间有牛耕田甚至打斗娱乐。已出嫁的女儿（甚至侄女）必须抬祭猪、请一双唢呐，吹师当晚须吹奏通宵。

出柩　登山当天凌晨，孝子将逝者抬出家门去入殓。棺材过去多停放在屋边，1980

踩灯灯坛（2005 年）　王宗勋　摄

纸花（2017 年）　王宗勋　摄

年以后，多停放在村中心广场上。抬逝者出门入殓，不能碰到包括门框在内的家里任何东西。入棺前，须在棺内按逝者年龄铺上张数相同的冥纸和横铺相同根数的黑纱线，忌把铜铁等金属物放进棺内。

择地　村人对老年逝者安埋地选择颇为慎重。先请先生根据逝者年庚八字、适合山向等进行推算，确定安葬方位。若自家坟山不“利”（不适合），则向有适合坟山的主家“讨”地安葬。凡向人“讨”地，须书写“讨字”，付给山主一定费用。“讨字”实为买卖坟地契约，但“讨字”上都未写付费之事。向他人“讨”坟地安葬老人之风，至今仍盛行。老祖坟山“不利”，又找不出适合点者，则在老坟地边上挖坑“暂厝”，待祖坟山“行利”时，再移到祖坟山“落窨”。

扎花　魁胆习俗，老人去世后，得请花匠用各色彩纸扎花。纸花分别扎成 4 根花竿（用竹子制成，高约 3 米，每根上挂吊 5 串纸花，周边 4 串每串有 5 朵花和 1 个穗，中间一串正中加一个太阳圆），另外还在用彩纸扎成的棺罩上挂若干小花串，棺罩上插一只振翅飞翔的白纸鹤。智障村人王祥然是村里最著名的扎花匠。

露祭　出殡前，先进行露祭。将女儿敬献的祭猪猪头连同“五牲”、果品等祭品及灵屋摆在桌上，女婿跪于桌前，由先生引导祭奠逝者。先生唱读祭文，然后引领女婿向逝者行祭礼。此时，有的先生故意责难，让女婿不知所措，有的女婿则故意做错动作，由此引起哄堂大笑，由悲转乐。

登山　露祭毕即发丧。若逝者落气时犯“重丧”忌，则须用木皮扎一小长方盒放个鸡蛋捆于棺侧。发丧由道师绕棺念发丧词，将阴阳魂分开，最后举剑将置于棺上的碗击碎。随着剑落碗碎，等在四周的亲友即鸣放鞭炮，青壮年便一拥而上争抢抬棺（魁胆素有争抢抬棺习俗，不管与孝家有无关系，以能抬上一段路为荣）。抬棺上山顺序：一人执竹幡撒纸钱在前开路—扛花竿的4位青年—端灵屋的孝子—拉纤（用两根由整匹侗布组成的布索分别系在棺前面两侧）的亲友—棺材。棺材出发后，人们会争抢青年所扛的纸花，将其花朵带回家给小孩玩。青壮年抬棺出发后，有时路上要进退反复多次，索取女婿多放鞭炮、出香烟以增加闹热。埋葬在村寨附近者，自抬棺时起直到墓地，鞭炮声不停。

棺材自抬起来到墓地，中间不能放在地上。途中需休息，亦得用长条凳或孝子的孝帕铺垫。下葬前，由先生摆罗盘定向，孝子下到墓坑里清理杂物、垫纸钱，撒朱砂。棺材放入坑后，先生在坑上杀鸡，扬幡念词，作最后阴阳魂分隔。下圹后，孝子拾坑上一小块泥土用带回家，置于堂屋神龛上。孝子离开，在墓坑周边的众人便齐声高呼“阴安阳乐”，动手覆土。

登山次日，孝子要在先生和至亲的陪同下去“复山”，即垒理坟丘，安立墓碑，并“招龙谢土”，请逝者回家。村人多传说，“复山”当晚，孝子家里都有动静。听到声音后，孝子立即在神龛上烧香化纸，以示恭迎。

客逝或非正常死亡者，尸体不准抬进村里，只能摆放村外。非正常死亡者，还须火化。已有子女者，其丧事规格和礼俗与寿终正寝者相同。未成年的死者，丧事较简单，将其草草掩埋了事，不垒坟，不立碑。

其他礼俗

客礼　魁胆俚云：“客来客大。”有客进家，全家喜悦，都要请房族伯叔兄弟或邻居作陪。吃饭时，客人被让坐在最好的位置，主人不断劝酒劝菜，女主人（或小孩）则添饭斟酒。若客较多，尤其有贵客来，则通常在堂屋间摆二至三张四方桌联成的正席。正席主客座位讲究。最尊贵的客人坐在背靠神龛的位置上，其边上有一位家里（或房族、村寨）最年长或有声望者相陪。然后按一客一主搭配往下排列而坐。房族里辈分最低者坐最下位或在侧站着侍候。坐在神龛下边位置上的主方尊者邀邻座贵客举杯发话后，即可开席。

酒礼　魁胆男子普遍爱酒。耕田、打谷、伐树运木等重劳动回来，通常要自饮几杯以解疲乏。凡有客至，无不以酒款待，即所谓“无酒无礼义”。喝酒往往要客醉方休，以客醉为荣，有时客醉了主人要鸣炮欢送归寝。

堂屋连桌宴贵客（后正中为中山大学校长黄达人及妻汪清）（2010年）　　王宗勋　摄

魁胆人喝酒讲究酒礼。在主人邀约下，主客先自饮三杯，然后按“左发”或“右顺”之序，所有人见面三巡，接着便划拳。划拳，先推席上一公正且酒量好者为“司令”、主客中各推出一名年纪最长者开拳，然后按年纪由大到小排推，此即所谓“喝酒排老，做事排小”。划拳所喊拳令，每句皆为祝贺对方的吉祥雅语：“一”为“一定如意”，“二”为“对利生财”，“三”为“山多财多，福禄寿多”，“四”为“四季红”，“五”为“五魁首”，“六”为“高升”，“七”为“七子多孙”或“七子团圆”，“八”为“八方进财”，“九”为“久久长情”，“十”为“满堂吉庆”，握拳不出子为“宝归库”。而中“宝作对”（两人皆握拳不出子而一人喊“宝”）、“团合”（两人皆出大拇指和食指而一人喊“团合”）、“五魁”（一人出拇指和食指，另一人出拇、食、中三指，拇指、食指联出者喊）、“七子”（一人出整个手掌，另一人出拇指和食指并喊）、“团圆”或“满堂”（两人皆出整个手掌而一人喊）者，需喝双杯。划拳至半醉，则唱酒歌。然后划拳、唱歌交替进行，直至多数大醉。

酬礼　魁胆人较重视应酬礼仪。凡进房族以外亲友家门，必随手携带些许礼物，不能空手进门。亲友家有喜事，则非携带礼物前往探望道贺不可。

在1980年以前，所送礼物基本上为糖糕、大米、米酒、猪肉、布料等。婚嫁、竖新房，母舅、姑丈等至亲则送15千克左右大米、10千克左右米酒、一幅4米左右长的花布堂彩，并加10元左右压堂彩钱；老人葬礼，女儿、女婿则要抬祭猪（50千克左右猪肉），并加15千克米酒和一幅吊幛。若家有老人和小孩者，还需加送些糖果糕点。房族共打“屋山头”，按前往吃饭每人出大米一碗标准相助。

1980 年以后，红白喜事送实物者逐渐减少，而送现金者逐渐增多。2000 年以后均为现金。2000 年前后，一般亲友送礼为 50~100 元，至亲好友则在 500 元上下。2005 年以后，送礼数量逐渐攀升。2016 年，一般亲友在 200 元上下，至亲则为 1000~2000 元，有个别高至 4000~5000 元。

◉ 节日 社交

节日

魁胆传统节日主要有除夕、元宵节、扫墓、尝新、七月半、重阳节等。

除夕 魁胆侗语称“打年”，是一年中最重要的节日。在 1980 年以前，村人在腊月二十以后即为过年作准备：打年粑、烤米酒、制甜酒、给小孩买新衣、备香纸、杀猪和打扫房前屋后卫生。远离家者纷纷返家，与亲人团聚。

腊月三十上午，每家都要宰杀公鸡。村人杀鸡时，要取一桃树枝抹鸡血后插在大门侧边。早饭后即准备年饭菜，糊窗户、张贴年画对联。下午，要用猪头（或鸡、刀头肉）、粑、酒、纸香等到高捧庙里和高勇坳等寨边土地祠前敬祀土地神，到家人所寄拜的桥、树、碑、石等物下（前）祭祀诸神灵，祈求来年顺发安康。祭罢外面诸神，再祭灶、舂碓、猪牛圈、鸡舍，用钱纸贴封刀锄犁耙等农具，最后祭家里堂屋和火塘间“阁洞翁”祖先，之后燃放爆竹，全家老少聚在火塘边共吃“团圆饭”。年菜以猪、鸡肉为主，且块坨很大，有的一块有半斤多。素菜极少，过去还不准食素菜。晚餐后，还要备些酒肉到屋外祭祀因非善终故未能进屋飨祭的先人，妇女要洗头，然后一家围坐在火塘边说话，直到夜色阑珊。

大年初一早上，家家煮甜酒，四邻互相请吃。当天，家人都很注意言语行动，不争吵，不讲不吉利话。大年初二早上，各家改煮油茶，也互相请吃。当天开始到亲戚家拜年，女儿、姑妈都要回娘家，同时每个男子都要亲自或派子女到自己母舅家、祖母舅家拜年。拜年，一般带一挂猪肉、十二个糍粑、一包糖、几块“三十晚肉”（即除夕时煮的大块肉），吃一餐饭。拜年者回去时，主人家将其所带来的猪肉砍留三分之一，糍粑和酒、糖等各留下一半，其余转退给其带回。现在主人家则全部留下。

元宵节 亦称“过半”，魁胆过正月十四。早饭后，家家都用煮熟的公鸡或肉块，并糍粑、香纸等到村里南岳庙、村头土地祠以及自己经常走过的桥头祭祀，傍晚祭家里祖先，祈求保佑一年平安。晚上阖家团聚饮宴。晚饭后，家里男长者要到屋外去祭祀未能进家受供的先人。过去，十五还要送龙下海，即将龙拿到寨脚世塘居焚烧。

扫墓 过去，魁胆村扫墓活动一般不在清明节这天，而是按“三月清明在前，二月清明在后”原则在清明节前后几天进行（清明在农历三月则在清明之前，清明在农历二月则在清明之后）。当天清早，家家煮糯米饭，制吊粑（将糯米泡水用碓舂成粉，捏成圆状粑，煮熟），煮腊肉，剪坟标。然后用箩筐或竹篮装诸祭品上坟。到坟上，先将坟上和周边的杂草树木砍除干净。如果坟丘出现塌陷，则培补。然后摆上祭品，坟上和坟前两处均摆。坟上插坟标，摆一碗糯米饭、一个吊粑、一块肉、一杯酒，插三根香，烧几叠纸，坟前除少糯米饭外，其他祭品与坟上相同。祭品摆毕，放鞭炮，挂扫即告结束。若一次带的祭品要祭扫多处，则在扫到最后一处之前，装祭品的筐、篮不能放在地上，须有人一直挑或提。以前扫墓仅限家里男主人和儿子、孙子（女），嫁进来的妇女都不参加，1990 年以后都不限人，全家男女老少全部上山，如同春游。

扫墓过后，村里各房族都要组织聚会，通报和讨论族务，重申族规族约。

尝新节 此节系魁胆村一年中仅次于除夕的重大节日。其时间为农历六月第一个卯日。此时，田里水稻有的已开始打苞。当天清早，妇女到园里采摘各种新鲜蔬菜，小孩到坡上砍箬竹削成筷子。家家户户都蒸糯米饭，备酒肉（以前多要备牛肉）、捉田鱼、杀鸡。过此节在上午。先祭祀祖先，然后宴宾客。祭祖先要备 12 种鲜蔬菜、12 尾鱼、12 碗蒸糯饭、12 杯酒、12 根新谷穗（或禾芯）、12 双箬竹筷。祭祀前，任何人不许吃东西。祭祀由家里男长者主持：烧香纸，作长揖，口念祭词，追忆祖先迁徙到魁胆路途艰苦，感谢祖先恩德，祈求继续护佑。祭祖结束，便吃节宴。节前几天，每家都要通知自家姑妈、姊妹和朋友来过节。

过去，魁胆过尝新节要举行跳芦笙舞活动。1955—1957 年，魁胆连续举行盛大的芦笙舞会，邀请周边平翁、孟寨、高岑、桥问、小江等村寨亲友来欢度节日。跳芦笙舞在周家坡进行，坡上拥挤数千人。此后至 1980 年，过此节很少举行集体活动，而是由各家自己邀请客人度过。1980 年以后，村里又经常组织集体活动，活动内容主要有文艺演出、唱侗歌、打篮球等。

七月半 魁胆村又称为“祭桥节”，过农历七月十四。这天，每家都制作祭粑，由妇女们到家人经常走过的桥上和路边土地祠公祭祀神灵，有的还到村庙和家人寄拜的古树、水井边祭祀。祭祀时，若发现桥梁损坏，便予以修整。晚饭前，在家里祭家先。晚饭后，到屋外给未能进屋受祭祀的先人烧香纸。

社交

魁胆传统社会活动有打老庚、玩山、赶歌场等。

打老庚　1980年以前，村里青年多喜欢与同性同龄人打老庚。在交往中，若遇到年庚一致（同年月日出生），性情相投者，即邀约打老庚。双方同意结为老庚后，择一吉日，一方带上自己的年庚帖书和一定礼物，邀约自己房族兄弟或其他好友组队到对方家结拜老庚。对方则杀猪办酒席盛情款待，并请族中年长者作陪，在酒席上互换礼物。也有的结老庚较随便，不讲究年庚相差与否，只图情怀相投。有的人一生只交结一个老庚，有的则结交多个。

结成老庚后，两人便情同兄弟姐妹。一方有事，另一方则不遗余力帮助。逢年过节，双方轮流走访。老庚结上后，一般都走终其生，有的甚至走上几代。但有的接待老庚则互相攀比，一个比一个讲面子排场。甲来走乙时，乙杀猪招待。乙回访甲时，甲则杀牛相款。如此老庚走都不长久。

玩山　魁胆侗语称“喂炎”，系1980年以前异性青年交往的重要形式。魁胆十六甲村寨男女青年玩山均在白天下午1~3点进行，严禁晚上“凉月”①。若违犯，则要被寨老用款规处罚。魁胆青年玩山，一般与高岑、平翁、晓岸、桥问、更我、更豆等村寨青年进行，严禁与本村寨人玩山。过去，男青年去外村玩山时，常被该村男青年追撵，因而出现打架斗殴事件。1948年插秧时节，村人王某某两人去高杰同桥问两个已嫁女子玩山，被恰好挑粪路过“花园”边的两女子丈夫得知，两女子丈夫持刀将王某某两人砍伤。

魁胆十六甲玩山活动分邀约、初会、结伴、想念、成双、分散6个步骤。

邀约　男方在赶场或走亲访友时遇见并有意某女后，便向女方提出玩山邀请（也可托第三人代为约定）。女方同意后，双方就商定见面日期和地点，并分别推举“也头”（即领头者）。这时，男方往往要向女方“也头”讨要把凭，女方“也头”则拿出一件随身的手帕等东西相送。

玩山地点称“花园”，根据“男走三千女走八百”古规，“花园”距女方寨子一般

① 凉月：男女青年晚上在野外谈情说爱。

玩山对歌（2008 年）　　县民族宗教事务局　提供

较近。

初会　第一次见面相会称“初会”，均集体进行，一般男方先到。第一次初会往往在距“花园”数百米地方即开始打“喔嗨”[1] 唱歌互探，歌曲内容多为庆幸有缘能结交对方、褒扬对方、自我卖小等。通过唱歌互相了解，逐渐靠近，直到男女各为一边相对而坐。尤其男青年都要拿出看家本领，说“白话”、唱山歌，以期获得姑娘们的好感。初会一般 3~4 次。

结伴　初会几次后，双方相互熟悉，便进入“结伴”（侗语称“当也”）阶段，亦称“架桥”，即将集体唱歌分为一男一女成对唱歌。谁男和谁女结对，一般由双方“也头”指定，也有由女子自由选择男子，她喜欢谁就把草标丢给谁。结伴后，男子则要向新结的女伴借“把凭”。

想念　结伴之后，男女即互相称呼对方为“板”“久”（侗语，意为最亲爱的异性朋友），便进入“想念”阶段。随着见面、相会次数增多，唱歌、说话便慢慢地变得自由随便，而不必像开始那样小心谨慎一唱一答了。此时唱歌内容以想念、爱慕对方为主。每次见面，都要诉说“一日不见，如隔三秋”的想念情愫。从“初会”到此时，常常要用四五个月时间。其间，每次相见（多在农闲或节日），女方都会用篮子提带来可口的食物，与“郎”共享。

① 打“喔嗨”：在野外远距离邀约玩伴的暗号。

成双　经过一两个月或更长时间“想念”后，双方情意更浓，两心更近，于是进入“成双”阶段。成双，意为谈婚论嫁。互相谈论“你见不到我伤心落泪，我见不着你茶饭不思……我俩为何不走到一起？”之类语言。为向对方表示诚心和爱意，往往就互相赠送礼物。一般女方先送，男方回馈。女方多送精心打制的草鞋、鞋垫、布鞋，男方多送斗笠、镜子、“雪花膏”等女性日用品及布料。成双后，可同以前一样三五成群地在一起，也可一双一对单独进行；可众人同约日子，也可单独相会。成双一段时间后，常有女子和男“伴”私奔。

分散　互相玩一两年后，能成双的成双了，不能成双的只好“分散”。分散也要用两三次会面才完成：先庆幸“俩我”[①] 在花园里共同度过的幸福、美好的时光，再感叹“俩我”今生无缘，最后互相告别，互相祝福。分散时，双方常泪水涟涟，一步一回头，大多都将自己精心准备的礼物赠送对方，以作永久纪念。

1980年以后，随着农业生产责任制的实行，男女青年生产空闲时间减少，玩山活动于是日渐稀少。1990年以后，青年男女纷纷外出务工，玩山活动于是自然消失。至今，多数青年人已不知玩山为何事。

赶歌场　俗称“参堂”，系旧时魁胆十六甲和天柱高酿、石洞等地青年男女集体社交的一种形式。魁胆村境南边岑苗坡头往高岑方向不远有一山坳，侗语称“叩塘嘎”，意为歌塘坳。1950年以前，十六甲青年男女每年尝新节前后均要集中于此举行歌会。届时，人们身着盛装纷纷拢来，用歌声寻找旧友，或结识新歌伴。男可找男，也可找女，女亦然。一旦找到对手，便尽情发挥，或唱歌，或说白话，一对对，一群群，整座山坳成为歌坳。1951年以后，此歌坳被废弃，人们唱歌都改到了平秋或高坝、彦洞等歌场。因场地宽阔，人数众多，所唱的歌多为“嘎叫”（高亢调），故对歌手要求较高，没有真实本事，不敢在此场合开腔。

◉ 歌谣

侗歌

魁胆人称侗歌为“嘎”（侗文为“al”）。魁胆侗歌大体属于九寨平秋调，但有时也

① 俩我：我们俩。

间杂石洞、冷水、地良等天柱调。根据唱的场合和调式，魁胆侗歌可分为大歌、酒歌、情歌、花歌四大类。在 1950 年以前，村人所唱侗歌均为侗词。1951 年以后，随着人们对汉语文的学习和掌握，逐渐加入一些汉语成分。1970 年以后，人们唱歌多为侗、汉夹杂，所抄写的歌本，除其本人或少数村人能看懂之外，其他外村人甚难使用。

1980 年以前，魁胆村里文化生活贫乏，侗歌是人们的精神食粮。人们常言：“三天不唱人变傻，五天不摇树叶黄。”人们无论是遇到开心、烦恼、痛苦、悲伤事情，均要用唱歌来表达心情。所以，事事有歌伴，处处是歌场，人人皆歌手。在唱侗歌方面，魁胆历代都有高手。自民国至20世纪70年代末，较著名歌手有王永求、王彦瑜、王光显、王昌靖、王世藩、王永义等，尤以王光显著名。1980—2000 年活跃的歌手有王光乾、王乾照、王宗灿、王必炎等。现代中青年歌手有王宗焕、王必义、王月江、王桂英、姚柳江等。诸歌手博闻强记，即兴成章，见子打子，连唱两三个通宵亦无倦意。王必义因其善唱歌，2014 年被锦屏县人民政府授予“尝新节文化传承人”。

1990 年以后，青年人一出校门即外出工作，以致大多数不会传承唱侗歌。而近年来，锦屏县九寨、小江和天柱县高酿、石洞等北部侗族地区的侗歌爱好者在网上建起侗歌群，中老年侗歌爱好者都通过手机欣赏侗歌，或与别人分享自己的歌声。魁胆村的中老年侗歌爱好者大多加入该群，在群里听侗歌、唱侗歌成为其新的娱乐方式。

大歌　魁胆侗语称“嘎老”，常在婚嫁、立竖等喜庆时唱。其仪式庄重，歌调婉转而悠长，给人一种远古的苍凉和淡淡的忧伤。歌席上，主客各坐一边，双方各有歌师一人、伴唱歌手数人（男女人数大抵相当，客方歌手多由主方安排）。歌师每唱一句，歌师和伴唱者全句或从该句第四字起复唱一遍，形成男女多声部大合唱，男声雄浑如杉林风涛，女声清亮如山间清泉，快慢有度，扬抑有致，特别是第一、第三句的末尾均带上高亢的“啊——哩——”音，故亦称“嘎啊哩”。一般客方先开唱，多为恭贺类歌，主方则答惊动、感谢类歌，然后逐渐进入正题。唱到深夜，便以古喻今之形式唱国家或主家的兴衰史，从未直白其事。如，常用姜子牙、秦始皇、孟姜女、李世民、乾隆皇帝等古人古事来比喻当下国家之事，引借《三国演义》《西游记》《封神榜》《兴唐传》等古典小说中的故事来譬喻主家最近几代人的成败兴衰情况，如家里有三兄弟者，则多从三国故事中选取题材。一方发问，另一方亦用相应典故进行疏导、融化、褒扬或安慰。一唱一和，一问一答，高雅含蓄。唱到成功开心处，满堂欢欣；唱到低落处，满堂叹息甚至落泪。天将亮，客方唱辞别歌，主方则唱留客调。天亮后，放炮送客方休息。也有因歌师欲显本领，设难于对方，以致唱不多久即悻悻而散。

酒歌 即是男子饮酒时所唱的助兴歌。其场合不限，以喜事酒宴所唱为多。酒至半酣，人们大多会唱歌助兴。唱酒歌的人往往是一主一客，其内容以祝贺、感谢为主，也有互相夸赞。往往与划拳交替进行，直到一方大醉方休。

情歌 亦称“嘎花园”，即是男女青年在玩山时唱的情歌。其腔调有高亢、低轻两种。高亢腔侗语称“嘎叫”（侗文为“al jieov”），适合远距离斗唱；低轻腔侗语称“嘎能”（侗文为“al neemv”），适合在花园里玩唱。根据玩山进程不同，一般分有初会歌、架桥歌、想念歌、成双歌、分散歌等。玩山所唱情歌大多腔调轻松活泼，表达方式有直白、比喻、夸张、用典等，讲节奏，重押韵，追求韵味与含蓄，形象生动，具有较高的艺术性。

附 3：玩山歌 8 首

初会歌

初初来，初到河边把船开。
不知河里水深浅，聪明人你多担待。

有缘有缘真有缘，如同桃园遇神仙。
千寻难逢灵芝草，万找难遇八角莲。

架桥歌

两山高高隔有坳，越不过去飞不了。
为让今后好走路，大家架座连心桥。

架桥要来桥上走，莫在桥头空挂名。
要架石桥千年久，莫架木桥半途残。

想念歌

自从那日会郎面，回家想郎几多天。
一脚屋里一脚外，老人相问难答言。

年头月尾共同栽花生了根，到这地步你不痛肠我伤心。
暗暗想起丢他连你那时候，别人骂我如同钢刀杀得人。

成双歌

郎要丢我真无奈，我若丢郎水倒流。
水能倒流情才断，树能倒长爱才休。

你拿竹篮打得水，我用豆腐砌成墙。
你拿井水点灯亮，我高山撑船载得郎。

花歌　侗语称“嘎花”，系由即将迎娶的男子或出嫁女子礼请昔日“花园”异性玩友到家里举行歌会所唱的歌，实为情歌的变异。以前盛行“姑舅表婚”，女子大多要“还娘头”到舅家。虽然男女在“花园”玩山相爱，海誓山盟，但极少能有成双终老者。待一方即将与其表兄弟（姐妹）成婚时，“花园”里的玩伴便主动前来祝贺道别。他们选择在寨边古树下、谷仓脚聚会，重温昔日“花园”情谊，诉说自己命苦，无缘与对方结为夫妻，祝对方幸福美满。情意绵绵，难舍难分。民国时期，逐渐改到家里进行。

唱花歌与婚嫁酒宴同时进行，男婚则聘女歌队，女嫁则聘男歌队。婚前一月，发起方先用银饰品等厚礼到被邀方聘请，被邀方办席款待，称“吃冷酒”。约聘之后，双方都作充分的准备。被聘方主持者称“头夫”，两副手分别称“二夫”和“三夫”，双方各组队排练十天半月。婚嫁前几天，主办方派人到客方下帖邀请。婚嫁当天，客方结队携酒、肉、布等礼物来到主家，主方则结队到路口鸣炮迎接。

花歌席设在堂屋的楼上或旁边，亦为三张方桌拼成的连席，上摆满糖果、姜片、茶水之类，仪式庄重。仪式开始，客方全部出门，到寨外路口鸣炮重新进屋。此次进屋，以歌开道，开门—上楼—绕席—洗脸—喝甜酒—入座—接茶（酒）等，无不以歌交流。入席后，主方“头夫”先开腔以歌礼问，然后男女双方交杯换盏，一酒一歌，进入正式流程。所唱的歌为“痛心歌”（侗语称“嘎礼”），其内容上，主方多抱怨自己命苦，不能匹配对方，或父母之命难违等，客方则尽可能地安慰。接着就唱忆昔时“花园”的美好时光，再后就唱叹昔日有缘，今日无分，但为对方将来家庭幸福美满，不得不了却前段情缘，最后便相互祝贺，唱贺婚贺嫁歌。整堂歌会充满悽惨气息，有时满堂流泪。女子出阁后，歌内容则改为在场男女自由恋爱歌，气氛转为轻松愉快。天亮后，客方辞别，主队送至村口。一路上，歌声连连，依依难舍。

正式花歌的内容与“花园”分散歌相类，但形式上没有“花园”的调皮活泼，而是庄重典雅。一般 4 句为一首，也有 6 句或 8 句为一首，每句大多为 7 字，但也可多可少。腔调基本为平调，比较压抑，有独唱，有合唱，常在第二句末尾带上“内呀啊——”三字，“啊”字拖得特别长。且常引用梁山伯与祝英台和洛阳桥等典故。

唱花歌（2010 年）　　龙令业　摄

附 4：花歌 4 首

女唱：养男育女是伦礼，为何女大就难留？
父母爱男不爱女，空手出嫁伤心人。

男唱：有缘的人成佳偶，无缘来贺有缘人。
郎才女貌配得好，宜其家来宜其门。

男唱：梁山伯恋祝英台，山伯不比英台乖。
同在学堂习文武，英台早把别人爱。

女唱：我姣报郎莫后悔，英台山伯共学堂。
山伯有心不会想，害我英台苦心肠。

数日后，主方备礼到客方“头夫”家拜谢，退还原聘的定盟物。

白话 侗语称“嘎崇把”，系介于唱歌和道白之间的一种即兴说唱形式。大型歌会，白话是必不可少的表达形式。凡善唱歌者，均熟悉和善用白话。白话往往夹杂在歌唱之间，是对歌唱的补充和引导。白话词少则 3 字，多则十几甚至几十字。讲求排比，要求字句押韵对仗，念起来抑扬顿挫，让听众产生美感。说白话要求口齿流利，一气呵成，中间不能停顿。随着老辈歌手的衰老和逝去，现代青年人会说白话者极少。白话这一艺术形式面临失传。

附 5：土王节歌会白话

一年四季，四大土王。三朋四友，四友三朋。是男是女都来聚，是老是少都来游。东看杭州莲花朵，西赏贵州梅花台。喜游东吴连良伴，京城会考多俊才。缤纷世界人人爱，大家才到这方来。十年难遇金满斗，百年难逢岁交春。真是哟，百年难遇，千载难逢！夏至喜逢端午水，有缘才到这团齐。正是当时，牡丹盛开。好花开在西眉顶，我郎得会聪明人。

谣谚

童谣 魁胆流传的童谣主要有《计岩与计妹》和《萤火虫》等。《计岩与计妹》是一首侗语叙事韵谣，反映计岩、计妹两兄妹几度起落，艰苦创业情状。这首韵谣用回环顶针等修辞手法，念起来朗朗上口，所以传唱不衰。《萤火虫》是一首侗语抒情童谣，表现爱护萤火虫，保护大自然的善良童心。此外，还有《甜刺苔》《马儿流泪因没角》等。

附6：童谣4首

计岩与计妹

汉文	侗文
小猫喵喵抓桌沿，	Doc meeux miaos miaos xeus bianl dait，
计妹煮饭等计岩。	Jiv meik dongl oux gas jiv ngait。
计岩去哪去阿勒，	Jiv ngaic bail oup bail aox lees，
得什么？得只羊。	Liis ruoc mangc？ liis ruocl iees。
什么羊？小花羊。	Ruoc liees mangc？ ruoc liees wap。
卖只羊，得条狗。	Beel ruoc liees，liis ruoc guap。
什么狗？白毛狗。	Ruoc guap mangc？ ruoc guap bagx。
卖条狗，得个妻。	Beel ruoc guap，liis ugl maix。
什么妻？瞎眼妻。	Ugl maix mangc？ ug maix xogx。
卖瞎妻，得幢仓。	Beel maix xogx，liis yongc suox。
什么仓？破谷仓。	Yongc suox mangc？ yongc suox diuv。
卖幢仓，得个耙。	Beel yongc suox，liis renp siuv。
什么耙？硬头耙。	Lenp siuv mangc？ renp siuv sas。
卖个耙，得团坡。	Beel renp siuv，liis ruanc das。
什么坡？杉木坡。	Ruanc das mangc？ ruanc das meix。
卖团坡，得个桩。	Beel ruanc das，liis renp env。
什么桩？杉木桩。	Renp env mangc？ renp env beens。
卖个桩，得个杯。	Meel renp env，liis renp xians。
什么杯？瓷酒杯。	Renp xians mangc？ renp xians saot。

卖个杯，得丘田。Beel xians saot，liis yigx yagv。

什么田？干水田。Yigx yav mangc？ yigx yagv saot。

耕丘田，栽糯禾。Sax jigx Yav，duos oux jios。

…………

萤火虫

汉文 侗文

小萤虫，上天去。Neegs neegs neix，jiav menl bail。

风吹你，雨淋你，Laemc xonp nyac，minl liaemc nyac，

快来快来我救你。Wonv map wonv map yaoc jiuv nyac。

有家有屋给你睡，Meec yanc meec suol saip nyac lav，

有家有屋给你藏。Meec yanc meec suol saip nyac jiemc。

小萤虫，上天去。Neegs neegs neix，jiav menl bail。

风吹你，雨淋你，Laemc xonp nyac，minl liaemc nyac，

快来快来我救你。Wonv map wonv map yaoc jiuv nyac。

有油有盐给你吃，Meec yuc meec baoc saip nyac jiel，

有油有盐给你呷。Meec yuc meec baoc saip nyac liac。

甜刺苔

汉文 侗文

甜刺苔， Onv sunl dangc，

娶媳给求良。 Aol meix saip jiuc liangc。

求良不要给求秀，Jiuc liangc gueec yuv saip jiuc xul，

求秀不要砍喂猪。Jiuc xul gueec yuv jiav duos muk。

马儿流泪因没角

汉文 侗文

马儿流泪因没角，Doc max gueec ngaol xenk jenc nees，

青蛙没耳田里笑。Doc yil gueec gap aox yav guol。
样行[1] 动物都还好，Doc mangc doc gagv duos gueec ait，
可惜螃蟹没颈脖。Ait ait angl eiv gueec meec oc。

谚语 魁胆村流传有许多谚语，均用侗语流传。如：雨落滚滚淋龙狗，螃蟹不走螳螂走；太阳晒脚，今天不落明天落；二月初二晴，树叶开两层；九月看十三，十三无雨一冬干；七晴八不晴，九晴大光明；猫头鹰咕咕量酒，天晴出门好走；大冲晒纱必天晴；步绪腾绕雾，大雨下如注。

◉ 民俗信仰

信仰崇拜

天地崇拜 魁胆人崇拜天地主要表现在对日月的崇拜。妇女绣花多有太阳放光图案；婴儿帽顶多留出一个圆孔，四周有辐射线条；太阳、月亮出来时不能用手指，大小便不能面对日和月。对土地的崇拜，表现在村寨里外建有若干小土地祠，或在路边，或在屋侧，或在树下、桥头。魁胆村东头高勇坳大树下的土地祠，是全村最大的土地祠，逢年过节全村各家各户都要备酒肉前往祭祀。村人认为，戊日是土地神生日，切不可动土。起造房屋得择吉日祭祀土地神，之后方可动工挖地基。人们深信，若对天地失敬，天地神灵动怒，庄稼会歉收，人畜多灾病。

祖先崇拜 魁胆人认为自己的祖先是自己和家庭的佑护神。民国以前，村里各家堂屋都未设神龛，祭祀祖先均在火塘间和门外进行。火塘间靠里一角落设有祖先神位，称“阁洞翁”。大门外边，另设一龛，作为客死于外，不能进屋享受正供祖先的祭祀之所。每逢年节，备酒肉香纸，先敬祭火塘间“阁洞翁”祖先，然后到大门外祭祀未能进屋的其他先人。

进入民国以后，随着汉文化影响的不断深入，尤其是宗祠的建立，村人逐渐仿照县城王寨等地，在自家堂屋正中后壁，安设神龛和天地祖宗牌位，神龛和天地牌位前放一张四方桌。每逢年节或家中喜庆，均要在桌上摆祭品、点灯烛、烧香化纸祭拜。但大门

---

① 样行：此处指其他。

火塘间“阁洞翁”祭祖（2017 年）　　王家勋　摄

外小龛、火塘间“阁洞翁”神位依然存在，逢年过节，三处都要祭祀，至今依然如此。

魁胆村人在就餐前，饮酒者要先倒或用筷点几滴酒在地上，吃饭者要先夹桌上一点较好的菜用筷夹立在饭碗上，默念“老人先吃”，而后才端碗开吃。无论在什么时候或地方遇到危险，心底都默祈祖先保佑，谋事成功后也都归功于祖先保佑。

多神崇拜　魁胆人认为万物有神，山有山神，水有水神，灶有灶神，岩有岩神，树有树神，桥有桥神，等等，故对诸自然物亦很崇拜。凡元宵、三月三、七月半、重阳等节日，都要备香、冥纸和酒肉，对土灶、路边土地祠、猪牛圈、古树、水井、桥梁、大石、石碑等物进行祭祀，祈求家人安康，六畜兴旺，五谷丰登。若家里小孩多灾病，则将小孩命庚写于红纸，贴在大树、巨石、古碑上，以示祭拜，求其保佑。有的寄拜人终生对所寄之物祭拜，直到老死。祭拜风景树、凉亭、碑石等，可保村寨和家庭安康。寨边古树，不得随便损枝折叶，即便被风雪折倒或自行干枯、腐烂，亦无人拾当柴火。

魁胆人认为，不是自己祖先的阴魂则为鬼（侗语称为“居”），尤其非正常死亡者的阴魂则为恶鬼。人们遭受的各种灾病，都认为是鬼在作祟。对非正常死亡者尤其恐惧，每当路过其坟墓边，或发生有人凶死或地势阴恶地点，都感到恐惧。因其阴魂不能归家，也不能投胎转世，只是游荡于鬼域世界，要寻找替身，解脱罪孽，以便投胎转世，等等。

寨脚水口世塘居，旧时树木阴森，环境幽冷，村人认为是鬼煞集中之处，常有鬼师到此处为病人招魂。人们行经此处，心里都有几分恐惧感。

高勇坳土地祠（2016 年）　　王宗勋　摄

禁忌

生产禁忌　魁胆人在农业和林业生产上有诸多禁忌。每年春节后的前 5 个“戊日”及全年的 4 个“土王日”，不挑水，不舂米，不做动土活（称“忌戊”和“忌土王”）；每年春耕、播种、收获，忌“破”“败”日开工；早晨出门干活或出远门时，忌乌鸦叫，忌碰见孕妇；忌人家称赞自家的庄稼；未入夏忌用扇子扇风，生产回家忌扛锄头进屋，秋收之前忌烧化死人；上山砍树、拖木，下水放木，忌早上煮饭不熟；忌有乌鸦在头上叫，碰到则须返回；劳作时，忌说“死”“伤”“鬼”等不祥的话语；忌女人进木棚；架厢拽木，若早晨上工时发现厢面有小人（侗语称“居颜水”，传说中的小精灵）脚印，绝不出工。

生活禁忌　不利的年份，不随意起造和动修房屋；房屋和祖坟前后左右不得乱挖，坟墓前后左右三丈内忌种地；忌别家猪、黄牛进入自家门里；忌把蛇肉拿到家里煮吃；火塘里三脚撑架，忌用脚踩；炕钩上忌挂裤子、草鞋；因有病人或其他原因，在大门上挂草标的人家称“忌屋”，外人不得随意进入。

外家夫妇（包括本家女儿与女婿）到自己家，忌同房而宿；忌看男女野合，否则由被看见者请酒“打保符”；忌泼洗脸、洗脚水给他人；父兄不能进儿媳、弟媳内房；男人（成年人）忌看妇女大、小便；妇女忌坐门槛，忌跨扁担、犁耙等农具，裤子忌挂在路的上方，不坐男人衣帽；男人衣服忌和女人同盆洗；孕妇不能随便抱别人小孩；孕妇及其丈夫忌触摸男女青年准备结婚用的衣、被、床铺等；婚嫁办喜酒，忌破碗盏；忌新媳妇进屋时脚踏门槛。

客亡村外者尸体忌抬进村，须放在村边；“凶死”的未成年人忌葬在祖墓群中，更不能葬在其上方；忌戴孝帕进入非当事的亲友家，孝子在守丧期间忌走别家。

正月初一吃素忌荤，忌骂人和打人，忌讲不吉利话，忌劈柴、挑水、扫地；上半夜忌公鸡啼叫，否则要泼冷水进鸡笼；忌母鸡啼叫，否则要砍该鸡头拿到交叉路口撑着；新年头开始出门求财、求学、谋事忌遇孕妇；开财门忌女人先入；上山忌拣死病鸟，下河忌拣死鱼；忌砍寨边风水木、拆桥、毁土地祠。

忌开口就骂人、说脏话，在老人和妇女面前忌说脏话；忌说过头话，说绝话；忌出门进屋吹口哨、唱山歌；晚上忌打“喔嗨”和吹口哨。

民俗信仰活动

打清醮 魁胆村打清醮无规定时间，当村里发生重大火灾或经常发生火警，或出现多起凶终、客死等情况时，则择时举行，其目的是敬天答地，谢土安神，祈求团寨安宁。

打醮由村里德高望重、有文化的寨老主持，请法师设坛诵经。其活动进行 5 天，5 天之内全寨吃斋，无人例外。法坛以前设在庙里，1956 年以后改设在集体仓库中。设坛后即立幡，设坛处和村寨东南西北四处各一杆。设坛、立幡后便由道士诵念经书，要持续 3 天，经书主要有《天地经》《释保经》《观音经》《三元经》《灶神经》等。掌坛法师每天要去朝幡，检查幡卷情况。

第五天举行扫寨活动。扫寨其实是一次消防大检查。法坛上工作人员带上经坛上的“净水”到各户点洒，意为福临各家。在各户的大门上贴一道符，意为祛邪。然后检查火塘是否有火和水缸是否满水，房前屋后是否清洁卫生。如果发现火塘还有火，当场舀水泼熄。发现房前屋后不干净则强制清除。最后道士们将该户事先准备放在火塘里的 5 个小灰包捡起放入带来的纸船中，边高声呼念“天瘟地瘟上船来”边离开。

扫寨结束，所有参事者集中寨脚做一场法事，赈祭孤魂野鬼，嘱其受祭后远离此地，永不再回。最后，将纸船点火焚烧。村里最近一次打醮活动是 2002 年。

打保福 村人称“吃中宝酒”。当某人体弱多病、流年相克、受到惊吓，或遇到不吉利的事物，如在山上看见黄鼠狼向自己作揖、蛇交配、男女野合等，则要请先生为其打保福，以消灾祈福。先生在家中设坛念经，请观音菩萨和当地诸神保佑该人。仪式毕，主人办一桌丰盛酒菜，请本寨几个身体健壮者作“保官”来受用。席前，先生焚烧纸香，念经祈福，最后问诸“保官”：“愿保不愿保？”“保官”高声同应：“愿保。”也有的“保官”逗乐，当先生问“愿保不愿保”时，则答“酒菜好就保”。

改关煞 关煞有多种，如落井关、天狗关、雷公关、短命关、断桥关、夜啼关、水火关、鸡飞关、太岁煞、将军关、天罗地网等。命理先生根据生辰“八字”推算出所犯关煞，之后确定解除办法。不同关煞有不同解法，如犯落井关得寄拜水井，犯天狗煞得架“天梯”以小狗禳送天狗神，犯雷公关则祭拜油榨，犯短命关得修一段路，犯断桥关得架一座桥，犯夜啼关则将写有小孩“八字”之类红纸贴在古树或石碑上，犯将军关的在规定方位岔路口安立指路碑，并在碑上刻各条道路通往地点和“箭来碑挡，弓开弦断”之类文字，等等。

改天狗煞架的“天梯”（2016 年） 王宗勋 摄

诸关煞的禳解，主观上消除了人们的心理负担。客观上也有积极效用，如在树和碑上贴拜符，便给该树和碑添附了神力，人们不敢轻易破坏，使之受到保护；修路架桥则是便利了交通；安立指路碑更是方便了到这里从事买卖等活动的外地人。

喊魂 当小孩在外面活动受到惊吓后，晚上睡觉惊哭，则认为其灵魂已丢落在出事地方。母亲或祖母得在傍晚时带几根香出去喊魂，近处就到小孩出事的地方喊，远处则在屋外朝出事那个方向喊。先拣个小石子，而后边喊边往回走。喊声似念似唱，如泣如诉，凄婉悠长，如与鬼神对话，令人周身冷清，毫毛起立。到家进门后，全家人同声道：“宝来啰，宝到家啰！”而后将小石子放在小孩衣兜里或床头。

跳桃园 侗语称“架映”。20 世纪 50 年代以前在村里盛行。在每年农历七月初九至十四日这 6 天晚上，村里男女青年三五成群地集中进行。在跳之前，先由未婚少女到茅厕边请“七妹姑娘”。请“七妹姑娘”，先用一只竹纱笼罩件女衣置于厕边，用小筛子装上香纸等，到厕所前焚香烧纸后将纱笼带回，以示“请到”。跳者坐小木凳当马，将头埋在双膝上，用香烟熏眼鼻，不一会儿便神志恍惚，双脚发抖，原地弹跳，两手不停拍打双膝盖，以示驱马前进。在旁者则不时焚香烧纸，以加快跳者“上路”和行进速度。

跳者“上路”后，若报说遇到“恶鬼”阻路，旁人则立即烧上一帖冥纸给其充“买路钱”。有时跳者还双手乱舞，称在与“恶鬼”打斗。也有的跳者受观众委托，顺路去探看已逝老人。跳者到“桃园”后，便开始唱歌叩门。跳者唱一首，在旁观众须答一首，答得对跳者便得进一重门。传说桃园有 12 重门，但跳者所唱的“阴歌”很难回答，所以一般都只进入七八重门，未有人进入 10 重以上。有跳者平时不善唱甚至不会唱歌，一旦“得师”进入“桃园”后，便会歌声朗朗。整个活动歌声不断，笑语不绝。七月十五日，“桃园”关门，女孩们又将“七妹姑娘”送回原处。

20 世纪 70 年代以后，“跳桃园”活动逐渐稀少，而且在活动中加进了唱现代歌曲的内容，现在则基本无人进行了。

◉ 文体娱乐

传统体育

比武 清咸丰、同治年间，黎平府为抵抗台拱张秀眉、天柱姜应芳等农民武装，组织府属民众集体自卫。魁胆有部分青年被征作团练，长期到黎平等地参与抵抗农民军的战斗，习得武术。战乱结束，这些人回村教授青少年武术。于是，魁胆兴起习武之风。此风在清末至民国前期最盛，每年正月舞龙灯时，常与小江等友好村寨以抢“龙宝”形式进行比武。进入腊月后，村里青年为争当舞龙队队员（尤其持“龙宝”和扛龙头者），积极习练武艺。至今，村里仍流传有魁胆舞龙队同小江武术高手抢龙宝的故事。民国中期，村人王永求、王恩葵、王全林等都有较高武艺，三四个人不能近其身。如今，武术在村里已失传。

夺旗 系村里男孩喜欢玩的一种体力型游戏。双方各为 5 人，一名裁判。选择一块如篮球场大小的场坪，将之分为距离相等的两截（画一条线或插一截树枝），双方各在自己场地尽端处插一树枝作旗。双方的 5 人中，一人充夺旗手，三人充护旗手，一人作救援手。准备妥当，双方以手心手背方式决定谁先进攻。进攻方夺旗手飞快奔向对方旗帜，对方护旗手迅速回防护旗。对方在护旗的同时，亦可进攻进攻方，进攻方的护旗手也迅速回防护旗。护旗手抓住或用手碰到夺旗手时，该夺旗手便被“俘虏”，不能再动，须等己方的救援手过来救援。救援手的手碰到被“俘”者身体后，被俘者便可活动。护旗者则尽可能地阻止对方救援者靠近被“俘”者。哪方旗帜先被夺去，即被判败。此活动运动量大而刺激，斗智斗勇，颇受男孩喜爱。

打陀螺　此亦是旧时男孩喜欢玩的运动。陀螺一般用油茶树等坚韧树木制成，截成小段，先削成圆柱，再将一头削成圆锥状。小者直径5~6厘米、高10厘米，大者直径7~8厘米甚至10多厘米、高15~20厘米。打陀螺鞭子用长约80厘米的一小木棍制成鞭杆，木棍一头捆上棕叶或构树皮作鞭子。为让陀螺锥尖不易磨损，还要在锥尖嘴上钉铁钉。比赛有两种，一种是文比，即比谁的陀螺转立时间长，谁先倒下谁认输。在楼板上打起陀螺，响亮如雷，战斗者即使隆冬也汗流浃背。另一种是武斗，即是两人用直径和高度相当的陀螺对碰，以被碰倒者为输。有胆大者，为追求刺激，在陀螺身上钉铁角，对碰时将对方陀螺碰坏。为防别人的铁角陀螺，则要用铁皮将自己陀螺身包住。

斗木牛　系魁胆特有的青少年传统体育活动。木牛也称作“松牛”。先上山寻找盘节上长有向四方伸展枝丫的松树。砍回家将两丫用火烧，烤弯成水牛角（长20厘米左右）的模样，另两丫作长1~1.2米的操纵柄，再晒干涂色。打斗时，体力差不多的双方各持一牛，手持把手，将牛角对攻。斗木牛仿照真牛打斗，有碰、挑、掰等动作，不许接触对方身体，以一方木牛损坏或对方体力不支认输为止。观众在旁加油鼓励，裁判在侧观察。若双方角斗时间太长而胜负未分，就由两队观众用绳子套住木牛角往后拉，以示“劝斗”。这种活动场面激烈，刺激性强，深受少年儿童喜爱。

骑木马　木马，形如高跷。从山上砍来两根青冈等材质坚硬的小径木，加工成长1.5米、直径4厘米许的马杆，然后在距地面30~40厘米处凿一眼，插入一根小横木作

斗木牛（2009年）　　王宗勋　摄

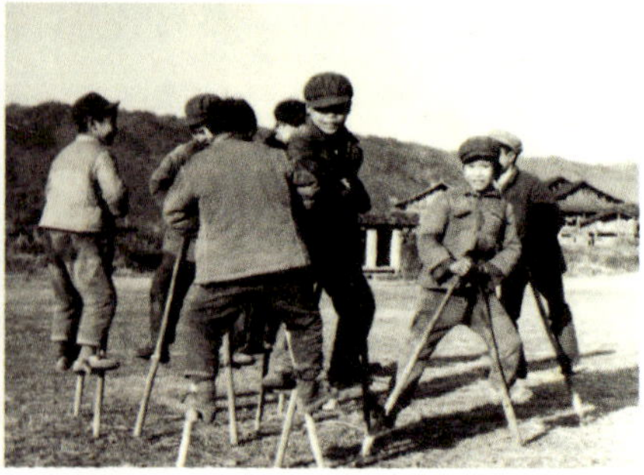

儿童玩木跷（1978年）　　范述波　摄

马蹬。比赛时，踩上马蹬，双手握紧马杆顶端，与对方互踢，以将对方踢下马为赢。

弈棋 魁胆传统棋弈有跳三棋、牛角棋、裤裆棋、三角棋。无论寨头寨尾，室内室外，桥头树下，随处皆可画棋盘对弈。棋子就地取材，折草叶、树枝或捡小石头，但要双方棋子各异。亲友故旧相对垒，兄弟姊妹相对弈，虽有胜负之分，却不赌钱分输赢。弈棋流传久远，至今村人仍乐弈不疲。

女孩弈棋（2009 年）　　杨秀廷　摄

文化娱乐

玩龙灯 1951 年以前，魁胆村有正月玩龙灯习俗。村里组织有龙灯会，选有会首，并在培力置有龙灯会山，以该山所得收益用于龙灯会的开支。每年正月初二起至十五，村里都要组织开展玩龙灯活动。先在村里游玩，到各家祝贺新年。每到一家，主人家都要设台烧香纸迎接。龙离开时，要打发几个粑粑和几个铜钱，放鞭炮相送。在村里玩两天后，便出至孟寨、平翁、高岑、小江等相邻友好村寨进行友谊访问。到小江瓮寨、甘寨等寨，要与该村龙灯队开展抢“龙宝”活动。因扛龙头和持龙宝者都是武功高手，故抢“龙宝”活动实为一场精彩的武术比赛，场面往往惊心动魄，观众如潮。小江等村龙灯队也经常回访，魁胆龙灯队同样与之开展抢“龙宝”比赛。正月十五，组织送龙下海仪式，玩龙灯活动结束。1952 年土地改革时，龙灯会山被收充公，龙灯活动遂终止，至今未恢复。

摆古 摆古是 1980 年以前的文化娱乐活动。每到农闲，或戊日（此日牛不下田，人不下地），尤其是雨雪天，人们不上山干农活，往往聚集听摆古。寨里各个居团都有一两个会摆古者。所谓摆古，即是讲当地传说，或《三国演义》《西游记》等古典章回小说故事。魁胆村里较有名的摆古者有王光显等。王光显熟读《三国演义》《西游记》等中国古典小说，所摆故事生动活泼，颇受喜爱。

唱侗歌 1980 年以前，唱侗歌是村里男女青年最常见的娱乐形式。只要不出工和不出门（指玩山、赶场），青年们则三五成群集中在某一家唱歌，互教互学。女子们多带绣花、打鞋底等针线活，边唱歌，边做活，不时侃“花园”故事，往往笑声不断。男子有空则互相抄歌，边抄边唱，也经常交流玩山经验和感受。1980 年农田分户经营后，人们多忙于自家农活，空闲时间不多。加上电视、收音机等电器逐渐入村，人们的娱乐形式渐趋多样，唱歌逐渐减少。1990 年以后，青年男女大多外出沿海地区务工。因环境改变，唱侗歌更是稀少。最近四五年，随着手机普及，网络联通，有人在网上组建侗歌群，通过手机或电脑在群里唱侗歌成为新的娱乐方式，村里四五十岁中年人很多加入其中。一有空闲，便在群里玩唱侗歌，互相唱斗，乐而不疲。

跳芦笙舞 魁胆村旧有跳芦笙舞的传统。相传古时从平秋等上九寨派下一支队伍挑牛肉、吹芦笙到魁胆寨邀约吃牯脏。而当队伍走到今桥问村田坝中部时，所挑的牛肉不翼而飞，队伍遂只吹奏芦笙进入魁胆寨。此后，魁胆寨遂在尝新节、重阳节等只跳芦笙舞而不参加上九寨吃牯脏。每年六月尝新节，平秋等上九寨举行“安瓦”斗牛活动，魁胆则组织十六甲村寨举行芦笙舞会，邀请小江等周边村里亲友同乐。民国中期，县政府严禁苗侗族村寨举行“吃牯脏”活动（因每举行“吃牯脏”活动，都要宰杀大量耕牛）。魁胆跳芦笙活动也随之渐疏。1956 年六月尝新节，为庆祝高级社成立，在书记王世藩等的带领下，魁胆组织了一次芦笙舞大会，特意到剑河小广等地订制上

芦笙舞（2006 年） 王宗勋 摄

百支芦笙，并有几支一丈多长的芒筒。因芦笙跳舞技艺失传，又特意从剑河请人教授，王乾照等青年成为骨干。活动进行三天，亲戚毕会，朋友咸集，盛况空前。至今，70岁以上老年人对此活动仍经常谈及。1958年“大跃进”后，禁止各种娱乐活动，魁胆村跳芦笙活动遂停止。2012年以后，村民委员会重新到黎平县请人到村教授芦笙舞。同时，村小学也开设跳芦笙舞课。至今，村里青少年多掌握芦笙舞技，每年六月尝新节均举办跳芦笙活动。

2014年，魁胆村中青年妇女在王桂英、姚柳江等人组织带动下，也学习跳广场舞。2016年5月还成立了村腰鼓队。腰鼓队成立后，村里有红白喜事，腰鼓队都应邀助兴。

其他活动 清代后期，玩字牌风传入村里，并成为村里一种赌博工具。1951年以后，政府严禁赌博，玩字牌风遂消失。1980年以后，村里玩字牌复兴起，并成为老年人休闲娱乐主要方式。1990年以后，打麻将之风由外地传入魁胆。但时至如今，打麻将一直被村人视为“歪门邪道”，被老年人禁止。

◉ 魁胆侗语

语言特征 魁胆等十六甲村寨人至今仍全部操侗语。其侗语最大特点是发音柔绵浑厚而略带短促，与周边平秋、石引、黄门、彦洞、高坝等上九寨地区村寨基本相似，但稍有区别；与相邻的小江和天柱县高酿、石洞，以及锦屏县大同诸侗族地区区别稍大，但交流通畅；与锦屏县启蒙等侗乡交流则相对困难，而与黎平等南部侗族地区则短时间内无法交流。

与大部分北部侗族方言区一样，魁胆十六甲村寨操汉语时，夹带有较重的侗音成分，锦屏地区谓之“夹侗”。魁胆人说汉语主要有以下几个特点：

第一，无卷舌音，汉语拼音的6个舌尖音“z、c、s、zh、ch、sh”，全部读为“s”音，如，“制”“翅”“是”“字”“次”“四”均读为“四”音。

第二，60岁以上老年人往往将“zh、ch、sh、z、c、s”6个舌音全部读为“x”音，如“正”读为“信”音，“章”“昌”读为“乡”音，“长”读为“详”音，“振”或“准”读为“醒”音，“照”字读为“孝”音，“成”读为“形”音，“杉”字读为“虾”音，“上”“尚”读为“向”音，“周”“柱”“寿”字读为“秀”音等。

第三，无送气音。汉语拼音中的送气音，往往读成不送气，如“坡”读为“波”

侗文板报（2005 年）　　王宗勋　摄

音，“土”读为“堵”音，“汤”读为“当”，“昌”读为“桑”音，“客”读为“格”音，“枪”读为“江”音等。

第四，汉语拼音中的“h”“f”读为“w”音，如读“黄”为“王”音，“坏”读为“外”音，“复”“胡”读为“无”音，“范”读为“万”音；“q”读为“j”或“x”音，如“替”读为“继”，“钱”读为“贤”等；有的读“d”或“t”都为“j”音，如“地”读为“计”音，“电”读为“见”音，读“天”字为“尖”或“颠”音等。

第五，在清代至民国遗存的契约等文书以及现在 60 岁以上的老年人，往往将“yu”读为“li”音、“yun”读为“lin”音，如“雨”读为“里”音，“云”读为“林”音，“清”读为“心”音；读“yuan”为“lian”音，如读“远”为“脸”音等；读“yue”为“lie”音，如读“月”为“裂”音。

也因操汉语时“夹侗”，以致在与汉人交流沟通时出现较大困难。尤其，1980 年以前到县城赶场时，出现很多笑柄，也因而常被汉人或熟悉汉语者讥笑，甚至侮辱。

随着汉语教育的普及，尤其电视、手机的普及，魁胆人的操说汉语环境逐渐改善，日益掌握汉语发音知识和技巧，说汉语“夹侗”现象逐渐减少。80 年代以后出生的人说汉语，已基本上不存在“夹侗”现象，反而是说侗语时夹带汉语。近十年来，有些在外务工者将小孩带到五六岁后送回家里由父母照管上学读书，于是有不少家庭出现“一家双语”现象，即在父母务工地长大的小孩说汉语甚至是普通话，而老年人则仍说侗语，双方交流亦无障碍。

侗语称谓

人物称谓 魁胆侗语，称侗族为“更”（gaeml），汉族为“嘎”（gax），苗族为“谬”（miiul）；称我为“瑶（yaoc）”，你为“nyac”，他为“毛（maot）”，我们为“教（iaol）”，你们为“肴（xiaop）”，他们为“毛呢（maot neep）”，大家、集体为“傣力（dait riic）”，朋友为“老庚（laox gens）”或“伙计（hot jil）”。

称父亲为“家（jias）”或“补（bux）”，昵称“教家（jiaoljias）”；母亲为“馁（neix）”，昵称“教馁（jiaol neix）”；称伯父为“家马（jias max）”，叔叔为“家内（jias nigv）”；称祖父为“翁（ongs）”，祖母为“卧（waol）”；称兄长为“哥（gos）”或“解（jaix）”，姐为“欸（eis）”，弟和妹为“侬（nongx）”，兄弟为“解侬jaix nongx）”；父母称儿子为“腊（lagx）”“包（baos）”或“伢（seix）”，女儿为“乜（miex）”或“腊越（lagx lieex）”；祖父母称孙子（女）为“散（sanp）”；丈夫称妻子为“买（maix）”（老年人则称为“晓馁〈xiaop neix〉”或“毛馁〈maot neix〉”），妻子称丈夫为“早（zaox）”（老年人则称“晓家〈xiaop jias〉”或“毛家〈maot jias〉”）；父母称儿媳妇为“liat”；妻子称丈夫父亲为“juc”（对外称“普翁〈bux ongs〉”），称丈夫母亲为“德（deel）”（对外称“馁萨〈neix sax〉”）。

称舅舅为“求（juc）”，舅妈为“故（oul）”或“德（deel）”；称外公和岳父为“普大（bux dal）”，外婆和岳母为“馁德（neix deel）”；岳父母称女婿为“腊早（lax saox）”；称姑妈为“德（del）”，姑父为“求（juc）”；称姨妈为“娓（weit）”，姨父为“哦（ogv）”；称姐夫和表哥为“解（jaix）”或“哥（gos）”，妹夫和表弟为“侬（nongx）”；称表姐为“欸（eis）”，表妹为“侬（nongx）”。

动物称谓 称牛为“夺（doc）”，猪为“暮（muv）”，羊为“列（liees）”（阴声），马为“马（max）”；称野猪为“赖（laiv）”或“夺赖（tuoc laiv）”，野羊为“难（nanx）”或“夺难（duoc nanx）”，老虎为“濍（maemx）”或“夺濍（tuoc maemx）”，竹鼠为“夺闹（tuoc naov）”，兔子为“度（duk）”或“夺度（duoc duk）”，蛇为“随（suic）”或“夺随（toc suic”；称鸡为“盖（aiv）”，鸭为“budv”，鹅为“ngant”，老鹰为“duoc nganc”，猫头鹰为“欧（oul）”或“欧瓦（oul wax）”。

自然称谓 称山为“他（das）”，山和坡为“岑（jinc）”，山坳为“euk”，溪为“圭（guis）”，江河为“nial”，水为“naemx”，水井为“闷（menv）”；称自己村寨为“团懈（duanc xait）”或嗷懈（aox xaic），其他村寨为“故镇（oul cenl）”。

方位称谓 称上方为“耿故（genp oul）”“莽故（mangv oul）”或“高（gaos）”，下方为“耿的（genp dees）”“莽的（mangv dees）”，左边为“莽些（mangv xees）”，右边为“莽娃（mangv wap）”；称里边为“嗷（aox）”或“登（dens）”，外边为“莽晚（mangv want）”或“把（bax）”；称高为“榜（bangp）”，低（或矮）为“邓（daemk）”。

走亲（2016 年） 王宗勋 摄

艺文杂记

魁胆作为边远少数民族村寨，汉文化传播较晚。至今能看到的艺文作品多为诗联。民国时期，创作诗联已成为村里文化人的雅好。2014年，魁胆诗联作品辑成《魁胆诗联选》付梓，这在曾经的汉文化“荒地”魁胆是破天荒之举，有里程碑意义。

20世纪60—90年代，魁胆是贵州省的林业“红旗单位”，新闻记者和文艺工作者纷至沓来，魁胆侗寨、魁胆人的形象不断出现在文艺作品之中。魁胆作为传统的林业村寨，长期以来形成的“靠山吃山，吃山养山”等林业生态理念、先进的人工营林经验，以及在传统习惯法维护下形成和谐的环境，成为新闻工作者和民族学、人类学、法学等学术界研究者关注的热点，有关魁胆艰苦创业历程和经验的新闻报道、学术文章频见于报刊。

从魁胆产生出来的文艺作品，无不体现出魁胆人积极向上、坚忍不拔和团结友爱、热爱家乡、关心国家的思想情愫。

◉ 诗词楹联

魁胆人诗联创作始于清代中期。清乾隆时，村人王通化获取秀才名分，系魁胆村文献记载最早的文化人。稍后，王正学、王通咸等都获得功名，但都未发现有遗留的诗文楹联作品。今可看到村人的诗联，最早只能推至晚清至民国前期。晚清至民国前期，魁胆村（包括孟寨）出现了王凤昌、王世杰、王世宏、王通柏、王彦福等一批文化人，他们能诗能联，善于乡党应酬。尤其王世杰，身为塾师，又兼地方总理，谙熟诗词楹联创作。一生创作大量诗联，但多佚失，今只收到其在道场上作的法事诗 9 首和写在宗祠门柱上的一联。民国中后期至 20 世纪 50 年代，王通柏、王邦林、王彦瑜等也创作有大量对联，但留存不多。

1964—1965 年，身为高岑公社书记的王世藩，受魁胆大队干部群众为改变家乡落后面貌艰苦奋斗的精神所感动，创作了一些反映当时轰轰烈烈生产场面的诗歌。1980 年以后，王昌靖、王昌干、王昌海、王裕庆、王森林、王宗显、王锦海等，在工作之余，也开始练习诗歌创作，但数量不多。2000 年以后，在王裕庆影响下，出现一批新生诗词创作力量，如王宗永、王宗

王述刚作品《乡村》

勋、王有滔、王延乐、王远镇等，出现了一次诗词创作高潮。

2013 年，村人王裕庆、王昌海、王宗显等对魁胆人以及外籍作者写魁胆的诗词楹联作品进行收集，计收得诗词 415 首，楹联 771 副。2014 年，由王宗勋、王宗永负责将所收集到的诗词楹联进行整理，编辑成《魁胆诗联选》，于当年秋由王有来出资付梓。该书共计收录了魁胆村内外 49 名作者的诗词 346 首、楹联 255 副。2015 年，王宗显将《魁胆诗联选》余下资料又兼新收集的部分诗联，辑成《魁胆诗联拾遗》。《魁胆诗联拾遗》计收录诗词 142 首，楹联 539 副。

写对联（2008 年）　　杨胜屏　摄

诗词选录[①]

魁胆怀古组诗八首

王裕庆

周家坡草场

山顶天开五亩坪，马鞭稣草贴地生。
尽将纤叶铺青毯，巧把繁花嵌绿茵。
周家坡上开基址，七百春晖衍后昆。
草甸长舒游人意，不让翠危减半分。

古井甘泉

盆坝田间古井开，千年喷玉不生苔。
炎夏清洌惬尔意，寒冬温凉悦君怀。
周姓他去留念物，碑记古今莫浪猜。
他乡风物虽富美，游梦依然旧井台。

铜锣雄峰

南山突兀显峥嵘，云横雾绕气势雄。
朝梳翠簪迎玉兔，暮着玄妆隐真容。
睥睨东北江边岭，簇拥西南云际峰。
古传铜锣斩龙后，几度兴衰总成空。

龙塘飞瀑

三级飞瀑三幽潭，声似沉雷震天关。
巉岩倒挂青崖畔，虬枝郁闭幽水塘。
鱼龙敢跳九重浪，月波频摇万点光。
日照珠帘幻五彩，一任织女裁短长。

---

① 所录诗词选自《魁胆诗联选》。

计热文峰

笔耸三峰竝村南，俯眺百里似无山。
春莺不度计热岭，冬雪先试嵯峨妆。
朝下争明暮争丽，月辉钟秀日钟祥。
百乡安宅朝文岫，喜兆联山状元郎。

东坳古枫

古坳蓄植千年枫，参天荫翳不漏空。
隆躯壮本严煞气，曳枝舞叶动罡风。
水槽横渡长影下，土祠端立宽袍中。
冰霜摧落红无数，轻身徒手更不同。

杉王秀亭

四周青山矗一亭，日月观瞻驻行人。
十老造林传佳话，廿年载书刊雄文。
名著杉王昭省府，功卓模范赴京城。
丰碑长伴松柏翠，留与后人论古今。

回龙虹桥

旧阁烟灭此水口，故址重修风雨楼。
巨栋粗枋盖县境，重檐攒顶荡云头。
仙风徐徐耕樵过，虹桥漫漫士女游。
龙吟深潭鸟鸣树，碑林诗画记千秋。

鹊桥仙 • 林海杉王

王裕庆

叶似针小，躯比罗汉，
翠染江山如画。
皇廷屡征作栋梁，便抬高千万身价。

笑傲霜雪，喜披残苔。
愈老愈坚随化。
为问山中何甲子，浑不知春秋冬夏。

伐木

王有滔

风吹林泛涛，巨杉耸云霄。
斧声随号令，树倒地动摇。

杉王礼赞

王宗勋

高原林海红旗飘，魁胆群英竞夕朝。
一往无前悲壮士，豪气冲天战岧峣。
拉西坡头开棘地，平云山上斗荒蟊。
烈日寒风兼狂雨，蕨根野菜当馐肴。
茹苦十年栽杉木，千山万岭披绿袍。
汗血浇出材梁栋，精神直撼青云霄。
花团当胸成模范，京城载誉志更高。
鞠躬尽瘁锄不辍，死而后已树环绕。
身化碑亭昭昭立，精神永远励后曹。

清江史歌

王宗勋

君见乎，
清江千里黔中来，直下洞庭向东海。
一路风光美似锦，青山无际云徘徊。
两岸苗侗仙居落，歌声悠悠似天籁。
史前万年沧桑事，化作文物江滨埋。
遥想春秋与战国，混沌一片莫可猜。

刘汉李唐金水道，汉家文明溯江来。
赵宋威多施恩少，白骨枕途无关隘。
元朝官家设障藩，江塞百年绝买卖。
朱明大张征伐帜，千里清江渡不摆。
林宽冲冠怒剑拔，楚王忙筑铜鼓砦。
天保不甘竿再揭，南堆江边石刻载。
白岩塘壁纪功榜，万千苗民冤魂慨。
宣慰贪财捞银广，白岩塘底殉两爱。
清雍王朝土改流，鄂张强把新疆开。
千村百寨化灰烬，惨将万苗垒官台。
哀鸿遍野神灵怨，红顶染血金川栽。
乱罢理黔甦民困，疏通江道运木材。
土客商品纷上下，边荒之地始生财。
湘赣穷人如鹜至，争相造林把山开。
举目青山皆杉木，沿江蜿蜒漂木排。
山水客商如菌集，行户算盘频打坏。
内外三江争贸易，斥财劳力抢江差。
惊动九省争江案，嘉庆无奈亲断裁。
姚氏营木财百万，四魁讼战历八载。
文斗仕朝精生理，黄白富冠千百寨，
修路架桥兴学校，荒蛮化外出人才。
木材流通长江外，杨公菩萨溯水来。
咸同年间世不平，江流少通多障隘。
洪章从戎勇湘营，首破天京把城踹。
苗侗子弟从其麾，始将豆目望山外。
秀眉映芳血流尽，南明河畔洗甲铠。
咸同兵燹民多殃，三营奋起保村寨。
枕戈待旦二十载，同族操戈究可哀。
昭灵辛亥功昭卓，嘉禾勋章胸前戴。

民初世乱多雄杰，慕尧洒血凝松柏。
天培北伐何其壮，清江子弟频奏凯。
探求真理寻自由，大道乘筏下江海。
龙华夜寒枪声响，清江俊儿名永在。
红军势蹇转湘黔，千里护师龙云帅。
大广甘溪忘生死，赫赫功绩当史载。
万里长征师疲苦，苗侗人民献大爱。
一路撒播革命种，瑶光建立苏维埃。
抗战八年全民起，清江担重充国脉。
源源物资运前方，捷报传来日寇败。
两党争战人民苦，官商勾结专买卖。
新国甫建通物流，清江再当传送带。
整治航道兴工程，大船巨筏行无碍。
荷运粮木大宗物，支持国家长气概。
南国林会群贤集，杉乡名扬海内外。
林业红旗杉王擎，造林功高子孙拜。
两岸公路条条起，清江逐渐颜色衰。
斗转星移新世纪，古江再度放光彩。
搬山拦江矗大坝，高峡平湖堪绝代。
一泓碧水二百里，托出清江新姿态。
山青水碧风情美，丰饶资源旅游赖。
清水江上桥代渡，虹卧碧波便往来。
乡民温饱求娱乐，风雨桥上歌不衰。
清江史页呈纷彩，木商文化独成派。
呜呼！
千里清江千年史，区区诗行难尽哉。
鉴古知今谋未来，借乘东风向世界。

访农家

王远泽

小园曲径问谁家，侗歌遥唱漾青杉。
户外鸟鸣隐碧树，篱边犬吠戏黄花。
迎来远客忙筛酒，握别高朋赠鲜瓜。
更喜农家今免税，村寨翁妪乐无涯。

咏魁胆回龙桥

王延乐

飞阁临福地，高楼入绿云。
花送几里馥，柳添一树荫。
水明滔胜雪，山秀雨余青。
闲倚栏杆处，盈耳笙歌声。

摸鱼儿·相思

王远镇

最惨淡、美人迟暮，春情无意停驻。
红花翠叶眼底事，谁料尽是恨物。
又薄雾，小园内，
轻屐纤足漫起舞，穿花寻路。
惊方塘一隅，清波蒲草，却是鸳栖处。
思昨夜，梦中君频频入。枕际清泪相糊。
园中秀色朝朝故，好梦难期暮暮。
为君故，诉不尽，
寒衾、孤枕芭蕉木。
问君知否？双眸惹蹉跎，
锦笺斑斑，尽是相思物！

楹联选录[①]

魁胆族祠门联

王通柏

陈器设裳遐想先人燕翼；
拖青代紫惟看后裔瞻联。

魁胆族祠门联

王世杰

宗本琅玡基业鸿功垂后裔；
祠立魁胆礿烝骏典赛先人。

贺春联

王彦瑜

一

除夕茹荤辞旧岁；
元正吃素迎新年。

二

三春耕种为糊口；
四季求财图养家。

为魁胆回龙桥竣工而作二联

王裕庆

一

虬枝映桥惠风送爽游人醉；
曲水绕亭飞瀑欢歌诗意兴。

① 所录楹联选自《魁胆诗联选》。

二

左狮右象关水口，祥钟侗寨；
上亭下桥跨溪岸，瑞霭家邦。

为魁胆村办公楼竣工而作联

王裕庆

办公楼内办公事，楼小事不小；
勤政室中勤政业，室新业亦新。

为魁胆风雨桥竣工而作

王森林

侗寨添锦绣；
魁胆换新颜。

为魁胆回龙桥竣工而作

王宗永

虹桥锁大坝，凉亭开壮景，装点魁胆贯北侗；
翘角连山川，斗拱启灵光，巧绣九寨著名村。

为魁胆回龙桥竣工而作

王宗勋

回龙桥工巧连大脉；
魁胆人志壮步康庄。

◉ 书画

魁胆人素来重视写字，视写字为“打门槌”。自入学时起，教师即十分重视学生字的练习，故村里凡读过书者，其毛笔字都普遍写得较好。清咸丰、同治时，村人王品相善楷书，其字颜柳兼具，刚劲有力，遗存的契约文书中尚能睹其形容。清末至民国时

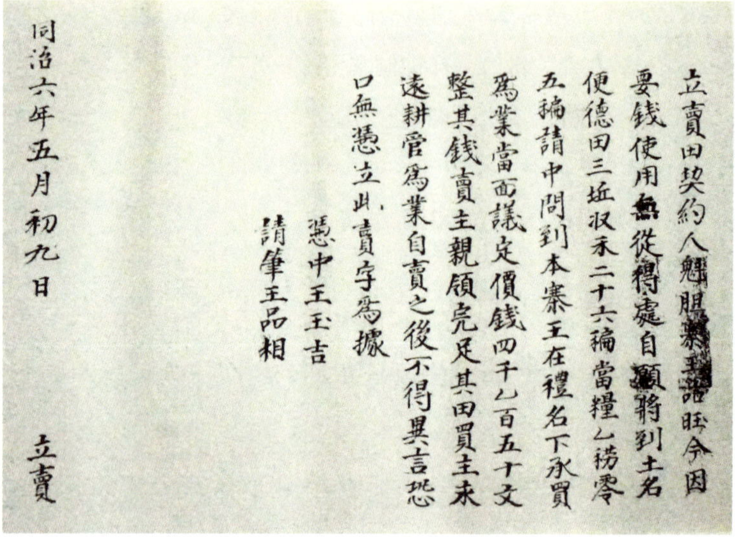
立賣田契約人魁胆寨王品旺今因
要钱使用無從得處自願將到土名
便德田三坵收禾二十六稨當糧乙㘗零
五稨請中問到本寨王在禮名下承買
爲業當面議定價錢四千乙百五十文
整其錢賣主親領亮足其田買主永
遠耕管爲業自賣之後不得異言恐
口無憑立此賣字爲據
憑中 王玉吉
請筆 王品相
同治六年五月初九日 立賣

王品相墨迹　　王宗勋　摄

王述刚书法

期，村里王世宏、王世忠、王世杰、王华恩等人，都写得一笔好字，尤其王世杰，村人过年以得其撰写的一副对联为荣耀。相传曾有一家，向其讨得一副对联后，如获至宝，平时用布蒙盖，过年节才揭开，直至联纸自然脆化。

1951 年以后，钢笔普及，毛笔逐渐从日常书写工具中退出，操毛笔写字者日少，只有在学校任教的王昌干、王昌海、王裕庆、王宗显、王宗楷等人还能坚持练习毛笔字，尤其王裕庆，其毛笔字隽秀，书写楹联甚受喜爱。村人王才禹，在魁胆小学及平秋中学读书时得到王昌海、王裕庆等人影响，其毛笔书法作品在大学（中央民族大学）比赛时获奖；王宗永书法作品在黔东南民族师范专科学校及施秉县比赛中多次获奖。1982 年出生的王述刚，在魁胆小学读书时，受老师影响，热爱书法，在初中时即积有一定功底。到天柱民族师范就读时，继受到王安涛等九寨书法爱好者的影响，更加刻苦习练。参加工作后，曾自费到湖南、广西等地学画肖像、竹雕工艺、临摹仿制名家书画等等。稍后，开有墓碑加工店。至今，常承接县内外公共廊亭等建筑的木、石雕刻工程，常有作品发表于专业报纸、杂志，成为“乡土书画家”，其书画作品时常在网上出售。

◉ 文论

新闻报道　1964 年魁胆大队创办拉西林场，并创造突出的造林成绩，被树立为贵州省林业红旗单位。此后，魁胆一直是贵州省林业重点县锦屏的先进典型。从1964年1月起至1995年，《贵州日报》、《中国林业》、中央人民广播电台、《人民日报》等新闻媒体先后20多次宣传报道魁胆的林业先进事迹。尤其是1965年12月12日，《贵州日报》所有版面集中报道魁胆村人民披荆斩棘、战天斗地的造林壮举，并配发了《力争上游》的社论。

附1：力争上游①

锦屏县高岑公社魁胆大队是一九六三年在全省树立的一面林海红旗，两年多来，这面红旗再接再厉，继续前进，取得了新的重大成绩。红旗是越举越高了。全省所有社队都应当向他们学习。

学什么？

学他们的林业管理工作。他们原有一万一千多亩林木，十六年来管理得很好，许多从来没有开发的林地开发出来了，许多半成林和幼林经过精心抚育，生长很好。没有乱伐过林木，没有发生过火灾。

学他们坚持造林，绿化荒山。他们十六年来营造了三千七百多亩杉树林，占宜林荒山面积的百分之六十，而且质量好，百分之八十成活，做出了砍一栽七的成绩。

学他们的林农结合、林粮间作。近几年来，他们坚持实行大面积的林粮间作，并且逐步变一季间作为多季间作，每年都在新造幼林地内间作粮食作物八九百亩，同时大力提高水稻单产，改变了由国家供应粮食的状况，实现了粮食基本自给。

此外，这个大队还按国家计划进行了木材生产，增殖了牲畜，搞好了农田基本建设，增加了集体积累和社员收入，也是应该学习的。

所有这些都值得学习。但是最重要的是学习他们那种力争上游、不断革命的精神。他们不安于现状，不满足已有的成绩，总是想把生产搞得又多又好，为国家做出更大贡献，使集体使社员多增加收入。

---

① 原载《贵州日报》1965年12月12日社论。

魁胆大队原有的成材林已经不少了，只要稍加管理，就可以为国家做出一定的贡献，取得可观的收入，靠这笔收入就可以过日子。但是，魁胆人有志气，他们要用自己的双手，大造其林，并且打破老规矩，改一季栽杉为两季栽杉，加快绿化全部荒山，为国家做出了更大贡献。

在木材生产上，他们如果贪图省事，只靠就近采伐，也就可以比较容易地完成国家布置的木材生产任务。但是魁胆人不这样做，他们宁愿多吃苦、多费力，到深山老林中去采伐零星的杉木和其他品种的木材，而把便于运输的木材留待国家急需之用。

魁胆大队原来是个缺粮队，每年要由国家供应一些粮食。本来，作为一个林区，为国家提供了大量木材，由国家供应一些粮食，似乎也是应该的。但是，魁胆人并不心安理得。他们觉得，人家都向国家提供余粮，而自己却吃国家的粮食，这怎么能行！于是他们克服重重困难，依靠自己的力量基本解决了粮食问题。

一九六三年由于他们林业生产成绩很大，荣获全省林业生产红旗单位的光荣称号。但是，魁胆人并不满足于已取得的成绩，他们在毛主席思想的指引下，以大寨为榜样，继续以更快更大的步伐前进。

魁胆人就是凭着这么一股子力争上游、不断革命的冲劲，扫除了前进道路上的种种思想障碍，战胜了前进道路上的重重困难。许多前人没有办到的事，他们办到了；许多看来无法解决的问题，他们解决了。魁胆人就像一个勇敢的船工，驾着船只，乘风破浪，力争上游。他们使林业生产不停顿地向前进，再向前进，争上游，再争上游。

魁胆人的这种精神，就是大寨精神，就是总路线精神。我们进行伟大的社会主义建设，所需要的正是这种精神。我们要全面开发山区，逐步改变贵州面貌；就必须大大发扬这种精神。如果缺乏魁胆人的这种精神，在任何工作中，要想做出点像样的成绩。都是不可能的。

魁胆人的这种力争上游、不断革命的精神从何而来？

魁胆人的革命精神，来自他们对待社会主义建设事业的主人翁态度和责任感。解放后，魁胆大队的贫下中农，推翻了地主、富农的统治，成了山林的主人。他们不忘昔日苦，珍惜今日甜。“过去为地主栽树，今天是为自己、为集体栽树”。在魁胆大队已经成为一句家喻户晓的格言。随着社会主义建设事业的不断发展，魁胆人的思想觉悟越来越高，胸襟越来越开阔，他们“身居深山，胸怀全国”，把一个大队的林业生产与整个社会主义建设事业联系起来，清楚地认识到自己在社会主义建设事业中的责任。有了这种主人翁的责任感，他们就有了克服困难、勇往直前的信心和力量。在困难面前，他们的态度是：“搞社会主义建设，什么都不能怕，怕就搞不成！”有了这种主人翁的责任感，他们就做到了自觉地把小集体的生产活动服从于国家的社会主义建设。有了这种主人翁责任感，他们就千方百计地争取为国家做出越来越多、越来越大的贡献。

魁胆人的革命精神，来自他们的远大眼光和远大理想。十六年来，魁胆人在林业生产上取得了一个又一个的胜利，而且成绩越来越大。但是，他们不仅看到了今天，而且看到了将来；不仅看到这一代，而且看到了下一代。他们认识到已经取得的成绩，与群众迫切要求彻底改变林区面貌的距离，还很远很远，与建设社会主义新林区的距离，还很远很远，与共产主义建设前景的距离，就更远更远。这样，他们在成绩面前就能够“一分为二”，既看到成绩，坚定前进的信心，又能找出自己的不足，继续努力，继续前进；他们就能经受住荣誉的考验，不是躺在红旗上过日子，而是感到责任更加重大，从而拿出更大的革命干劲，做出更大成绩；他们就能为了不断发展林业生产而勇于破旧立新；他们就能从长远打算，自己筹办了一所半耕半读的林校，积极培养林业生产战线上又红又专的接班人。

魁胆人的革命精神，来自于他们认真向大寨学习。由于魁胆人有了主人翁的责任感和远大的理想，他们就能见先进就学，自觉地找差距，从先进的榜样中吸取力量。魁胆的代表在参观大寨回来以后，大寨精神立即在群众中激起了巨大反响，广大社员精神振奋，急起直追，掀起了比大寨、学大寨、赶大寨的热潮。大寨精神不仅使魁胆人那种力争上游、不断革命的冲劲大大发扬，而且使他们的精神面貌上升到了一个新的境界。精神变物质。原来要两个人做的事，现在一个人就做了；原来没有打算做的事，提前进行了。他们把以林为主的各项生产推向了一个新的高峰。

归根到底，魁胆人的这种精神来自毛泽东思想。他们认真读毛主席的书，听毛主席的话，按毛主席的指示办事。他们虚心向那些高举毛泽东思想伟大红旗的先进典型学习。活学活用，学了就用。毛泽东思想使魁胆人认识了自己的地位，看清了前进的方向，振奋了革命的精神，成为他们在改天换地中无穷无尽的动力。

全省农村社队的同志们，奋起学习魁胆，高高举起毛泽东思想的伟大红旗奋勇前进！

学术调研

林业研究 1964年春，贵州省民族研究所为深入认识贵州省少数民族地区近代社会经济状况，组建由罗义贵为组长，有周绍武、万斗云、杨有耕为成员的近代经济调查组赴锦屏等清水江流域地区开展调查。调查组在锦屏调查时间为半年，其中以县城、魁胆和偶里为重点，也分赴茅坪、小江、平秋、启蒙、敦寨、文斗、瑶光等地作补充调查。

金弘吉（右二）、张应强（左二）与魁胆村民合影（2007年） 王宗安 摄

调查组在魁胆前后活动一个多月，走访了大部分家庭，获得了大量第一手资料。1988年，杨有耕将在锦屏调查所得的资料整理成《侗族社会历史调查》由贵州民族出版社出版。该书专设《魁胆侗寨解放前的林业生产和林农生活》编，用近2万字的篇幅，记录和反映了魁胆村在1950年以前的经济和社会状况，是最早研究魁胆社会历史的文章。随后，杨有耕将此编整理成《魁胆侗寨解放前的林业生产调查报告》在《贵州民族研究》1982年第1期发表。

人类学调研　2004年，中山大学人类学系副教授张应强将其硕士研究生张银锋安排在魁胆村做为期半年的人类学田野调查，张银锋在魁胆期间，在村民委员会和魁胆小学教师王宗安、王远涛等的支持下，在魁胆村开展了认真细致的调查，走访了大多数民户，同时还到孟寨、平翁等邻近寨进行补充走访，获得了大量资料，回去除完成以魁胆为背景的硕士毕业论文外，还撰写了《姓氏符号、家谱与宗族的构建逻辑——对黔东南一个侗族村寨的田野考察》一文在《西南民族大学学报》上发表。2007年7月，韩国江陵大学教授金弘吉到魁胆考察契约文书产生的历史现场。2010年，中国农业大学人类学博士研究生周恩宇深入到魁胆进行田野考察，写出了《国家作为“外人”——一个西南山地少数民族的认同边界及其纠纷调解过程中的国家角色》等学术论文在《社会科学》等刊物上发表。

法学调研　魁胆村1959年以来至今50余年无治安刑事案件，社会秩序良好。2016年秋，清华大学法学院教授高其才，率领其博士研究生一行5人深入魁胆村围绕村规民约等习惯法在社会治安维护中所起作用等问题，开展为期3天的民间习惯法和村规民约在村寨治理中作用等问题进行调查。随后写出《规范、制度、机制：村规民约与社会治安维护——平秋镇魁胆村的实践》等文在《学术研究》上发表。

附2：姓氏符号、家谱与宗族的建构逻辑——对黔东南一个侗族村寨的田野考察[①]

在过去的二十多年间，一些历史学家利用各种民间文献和田野资料，对

① 作者：张银锋、张应强，原载《西南民族大学学报》（人文社会科学版）2010年第6期，收录时略有删节。

汉人宗族组织的形成、演变及其区域社会历史发展的互动关系进行了深入的探讨，并由此认识到，中国的宗族形成并非是一个自然的过程，简单地将宗族视为“血缘群体”的观点，已无法解释宗族的形态及内涵在不同时空范围内会呈现出的诸多差异。基于以上观点的启发，本文力图将宗族作为一种独特的意识形态和一种特殊的社会经济关系，由此入手考察清代木材贸易兴起之后黔东南一带苗侗等少数民族社会中宗族形态的发生以及宗族组织的演变过程。

本文将要论及的魁胆侗寨，位于贵州省东南部清水江下游，历史上中央王朝力量很晚才逐渐渗透入这一地区。单就这一“边陲地域”的开发与拓殖而言，除了中央对地方的军事征剿和政治经营外，更是基于清水江流域木材采运市场体系的逐步建立和完善，在经济力的强大推动下，包括魁胆寨在内的许多地方逐渐纳入王朝体系；而在此过程中，对不同资源的重新配置，使地方社会形成了包括宗族在内的种种应对机制。另外需要指明的是，通常意义上，姓氏是血缘组织内部认同的一个标志性符号，虽然现实生活中许多血缘关系都是虚拟或创造出来的，但同姓是宗族身份认同遵循的基本原则。魁胆侗寨也不例外，王姓是其主要姓氏，但王氏又分为不同来源的四个宗族。之所以形成这种局面，与其历史上曾出现的“龙姓改王姓”现象等有着密切的联系。换言之，魁胆寨内部的宗族建构过程，曾经经历过一个复杂的姓氏演变过程，姓氏对于当地人的自我认同及人群分类具有极其重要的意义。本文即以姓氏的演变作为研究主线，着重对魁胆宗族社会的形成模式、建构逻辑及其在地方社会生活中的表达形态等进行初步的探索。

一、边疆开发与村落早期的社会背景

清代雍正年间，鉴于军事战略及稳定西南边疆的需要，中央政权对黔东南一带进行了大规模的军事征服，逐步在这一地区建立起王朝国家的统治秩序。清水江作为通向广袤苗疆腹地的一条重要河流，其区域性交通运输的意义充分显现出来，从而形成了苗疆边地蔚为壮观的区域市场网络。尤其是清水江下游地区的木材采运活动，不仅促进了当地商品经济的繁荣，而且促使清水江流域整个社会面貌也随之发生了深刻的变化。大约就在这一时期，一个以卦治、王寨（今锦屏县城）、茅坪三寨为木材交易场所的“当江”制度在地方政府的介入下逐步建立起来，来自下游地区的木材客商（俗称水客），在三寨“当江”

主家联系与沟通下完成木材交易。[1] 由此，挖山种杉、伐木放排、当江市易成为主要的区域性社会经济活动，整个清水江流域内的人群和村落都以不同形式、不同程度地参与到了以木材采运为中心的区域商业化发展过程之中。魁胆寨便位于清水江与其支流小江之间的一片高地之上。在清代木材贸易所倚赖的交通运输干道清水江水域中，小江作为一条重要的木材放运河道无疑起着重要的作用。村落境内的多条溪流由南向北汇入小江，从而构成村寨与外界交往与联系的水道网络，并成为村落社会生活发生种种变迁的基础条件。

由于地方史志对魁胆早期历史少有记载，当地遗留下来的口头传说及族谱、契约、碑刻等民间文献便成为我们了解村落历史的重要依据。在当地谈起魁胆，人们会自然而然地提及一个“九寨”的地理称谓，这与侗族基于地缘关系的“款”组织有着密切的关系。“款”是这一后来有侗族称谓的人群自发组合而成的社会组织，在中央王朝势力尚未直接渗透到这一地区时，“款”一直都是维护地方社会秩序和约束人们社会行为的重要机制。历史上“九寨”曾经是一个较大的“款”组织，而下面每一个大的村寨及其附属小寨又形成一个“小款”魁胆就是九寨中的一个“小款”它管辖着周边的几个小村寨。[2]

自雍正改土归流以后，九寨的各个村寨陆续向黎平府（今贵州省黎平县）纳粮附籍，渐次被纳入到中央王朝控制的行政体系之中。不过，这一过程的推进也并非一帆风顺，其间曾激起多次苗族、侗族的反抗。田野调查期间，笔者就听到了两个相关的故事，其中一个关于“反王”的传说云：

以前魁胆有一个反王，他力大无穷，甚至可以将一支巨箭射到京城去。经过长期的准备，他准备起事造反，于是嘱咐其母在次日鸡叫的时候唤醒他，这样就可以趁皇帝上早朝的时候将他射死。那天夜里，他的母亲一直未睡，等得久了就困了，便提前叫醒了反王。那时皇帝还未临朝，反王便开始行动了，箭正好射到了龙椅上面。皇帝得知此事后，就派人四处查找元凶，结果查到了魁

① 张应强：《木材之流动：清代清水江下游地区的市场、权力与社会》，生活·读书·新知三联书店，2006 年，第 50—64 页。

② 九寨主要包括锦屏西北部彦洞、瑶白、黄门、石引、高坝、皮所、平秋、魁胆、小江九个大村寨及其附属小寨。历史上，魁胆管辖范围包括周边平翁、孟寨、凸寨、高岑、石桥冲、锦丰、三德、格龙等子寨。

胆，杀死了反王，还派人挖断了当地的龙脉，使其永远无法反叛。

诸如此类传说广泛流传于清水江下游的侗族、苗族村寨。当地人一般认为反王的真实化身可能就是某位农民起义领袖。诚然，反王传说也从一个侧面反映出王朝力量介入与地方社会回应之间互动的复杂过程。

通过“纳粮附籍”成为王朝的编户齐民，是获取对土地支配权的根本条件，而来自王朝的相关典章制度，则成为确认和保护这种权利合法性的依据。在此意义上，本地优良木材的自然资源禀赋促成了区域性木业经济的兴起，使得当地人以木材贸易为中心，展开了与外界互动交往的多元经济生活。在山林买卖、租佃和典当等产权交易活动中，人们对山林的占有、分配和使用，促使其产权观念最终形成，地权界定及其维护的重要性使得契约文书应运而生[①]。以下是笔者收集到的较早的一份契约：

立卖坟地荒山字人魁胆寨王地文、王岩四、王贵初、周岩生、周文秀、周文现、李荣全、彭红锦、龙秀吉、周文茂、黄孝坤、周汉存、周文开、王和炳、黄红顺、龙荣吉一十六人等今因要钱使用，无所出处，自愿将到坐落地名岑梯车荒山，上登坳抵买主，下抵冲田为界，左抵盘它带为界，右抵溪龙家桥上田冲为界，四至分明，并无参杂，要银出卖，自己问到本寨父王宁晚，子洞岩、洞乔、三乔、四乔、五吉、六吉父子承买为业，当面议定价银一十二两八钱正，其银领足应用，荒山交与父子永远管业，一十六甲自卖之后，不得异言，恐口无凭，立有卖字为据。

内添六字

龙秀吉　笔

乾隆十二年丙寅岁四月初八立卖

这份契约大致是说一片荒山原为十六人的公共财产，后卖与王氏父子为业，其中明显反映出村寨公共财产转向私有的买卖过程。契约在社会经济生活中的使用，是地权观念在村落社会中逐渐形成和发展的重要表征。

此外，在侗族的话语体系中一般将“房族”或者“宗族”称为“屋山头”

① 据当地寨老介绍，当地人早年从事挖山种杉这一经济活动的时候，通常是种到哪里就管到哪里，尚无清楚的权属概念，由此可以推断出地权的分割应是后来逐步确立的。

从字面上看它本身就包含有“聚族而居”的意思，九寨侗族大多是以血缘关系为单位居住在同一个山坡，由此推测“屋山头”最初可能具有一些氏族的基本特征。魁胆开寨之初，不同姓氏人群相继迁入并形成不同的“屋山头”它们或许就是几支王姓房族的雏形。当地权关系确立之后，“屋山头”作为一个建立在血缘基础上的地方性社会组织，便逐步积累起一定的公共财产。在外来正统文化规范的影响下，“屋山头”在自身繁衍代谢的过程中也实现了一种文化性和制度性的转变，宗族制度的各类特征日益彰显。整个村落内部的社会生活、村落内外部不同人群之间的人际互动，围绕传统血缘组织这一特殊的转化显得更为复杂。

二、“同姓不同源”的族群关系

在当地人的记忆之中，魁胆历史上曾经出现过多个姓氏，后来一部分人迁走了，还有一部分人改为了王姓。至少在清代中晚期，整个村寨几乎全部姓王，但他们分为不同的支系，并且各自拥有公共财产（其中包括水田、山林和坟山）与祖坟，编修了家谱，修建了祠堂。进入民国以后，又有一部分曾经改为王姓的人恢复了原来的姓氏。通过对魁胆寨四支王姓的来源、迁徙及演变过程进行梳理，可以一窥村落内部的族群关系。

口述资料相当一致地表明，W1 房族的先祖在四支王姓中最早来到魁胆寨，但具体迁入时间不得而知。其乾隆年间编撰的谱序称，该王氏先祖发端于江西吉安，元代之后几经战祸，族裔不断分离迁徙，大约在明宣德九年，王氏后裔取公（字永兴）出任湖南黔阳龙标训导官，他就是王氏黔阳一世祖，其子孙后代又不断繁衍并迁徙至贵州各地：

取公生子三，长曰景崇，次曰景瑞，三曰景端；崇公字广平，其后偕妻迁会邑；次子景瑞字兆平，乃世居黔阳；三子景端字志发，自幼勤习诗书，善攻吉地发祥之秘，治家严谨，朝夕勤劳不少懈，父母相继亡后，与蒋何二友经商至龙塘吉地，中目徙居镇属龙塘县城之东关（今贵州省天柱县社学乡田心寨），仗祖宗灵佑，吉地呈祥，兰芳桂茂，荣生五子，曰海荣、海林、海桑、海树、海渠。端公享高寿八十二岁，殁后葬于龙塘县城之东关外瓜藤形，娶吴氏同葬，为吾族人龙塘开基创业之祖也。其后端公五子各有迁徙，海荣公徙江头寨，生二子通府、通甫；甫公于万历年间偕妻徙凤城王桥，所娶陶氏生七子，曰光福、光禄、光寿、光喜、光文、光武、光贤，后光福迁黄闷村，光禄迁黎属平纽，光喜迁彦洞，生二子宣海，满海，至传四观，又转徙坌处老房街，光寿后裔有迁魁胆、八弓镇，光文迁思州圭炉寨，光武之裔迁剑属大小广及南洞司，光贤乃世居王桥，其后各支派繁衍甭详……

端公五子海渠名亥保，字劲轩，徙居坌处，娶杨氏生一子曰通儒，字光柱，娶吴氏生三子，小名劳政、劳团、劳书，后兄弟三人，自坌处沿河而同徙各择乐土；政公居锦屏之彦洞，叔公入黄闷村，团公居魁胆，娶周氏乌妹，殁后葬于魁胆便的坝右，老祖为吾族入魁胆第一世祖也，生子长曰金银，次曰老银，三曰堂银，尔后三公支派繁衍，根培枝茂，后裔各有迁徙者。①

如果以上谱序叙述有一定历史根据的话，那么王氏的迁徙路线所反映出来的可能就是明清之际西南开发进程中大移民时期留下的历史记忆，而这一过程与清水江流域木材种植与木材贸易的逐步兴起是一致的。需要指出的是，清水江下游大多数王姓都会采用类似兄弟分离迁徙的说法，以此追述先祖的来源。

其次，村中寨老都相当一致地强调，W2 房族来魁胆寨的时间要比 W1 房族晚，具体时间亦不详。根据 W2 房族光绪四年家谱，他们是海荣公的后代，因此 W1 和 W2 原本同宗同源。当地人称，解放前家谱都是保密的，大家并不知道彼此的先辈曾经是兄弟，所以一度维系着一定的姻亲关系。解放后，他们都派人到天柱田心寨寻根问祖，并将各自族谱进行对照，才获悉景端公是王姓田心寨开基始祖。加之二者在迁徙经历、世系发展方面基本相符，于是双方共同承认彼此之间的兄弟关系，禁止相互之间的婚姻关系。现在每当王氏宗族各个支系在田心寨召开联谊会或者讨论族内大小事务，他们都会派出代表参与。

不过，这里也有一个问题，就是我们该如何辨识族谱中 W2 房族与 W1 房族相当一致的关于祖先来源与迁徙故事的真实性。在口述资料中，W1、W2 之间曾维持着姻亲关系，而承认先辈曾经是兄弟，以及后来联宗和禁止相互间的婚姻关系，都是相当晚近的事情。或许，这一变化与九寨地区广泛流行的“破姓开亲”之类的传说存在着某种特殊联系②。再换一个角度来看，这也极有可

① 参见王一（W1）房族编：《王氏族谱》，印刷本 1985 年，第 1—2 页。

② 姓氏在当地是一个非常复杂的问题，比如有的村寨历史上曾出现过统一姓氏的现象，以至于寨内无法进行通婚，又只好人为地将村寨分为上、中、下三个排，排与排之间互通婚姻。

能是两个房族面临来自第三方压力而做出的应对性的权宜抉择，因为村落中另一支“王氏”（即W3）房族的力量日益强大。

W3是目前村寨里人数最多的房族。其家谱是民国初年编修的。从族谱上看，他们也将其族源与江西吉安联系了起来，并称其从黔阳迁来。但笔者在田野调查中获知另一种说法，即W3房族的先辈原来姓龙，入住魁胆后或被迫或主动改变了原有姓氏，这几乎是村寨内部一个公开的秘密。尤其值得一提的是，其他三支王姓与W3房族一直保持着姻亲关系，在他们的记忆中始终都镌刻着W3原本姓龙的印记。

而W4房族的来源与迁徙已经无法考证。当地普遍流行的说法是，W4房族从前也不姓王，其先辈是从外地来的部分小姓，为了在魁胆寨居住下去就依附于W2房族，全部被迫改为王姓，但W2房族不允许将他们的名字加入族谱。这些人长期聚居在一起，久而久之就逐渐形成了一个新的房族。这种说法也为人们所公认，但却没有具体文献或者其他依据。实际上，W2与W4之间从未有过通婚现象，亦未出现过大的矛盾冲突。大约在清末民初，W4房族的成员像其他房族一样集资修建了祠堂，但始终没有修家谱。据说晚至改革开放之后，他们才想方设法编修了家谱，并设法与W2房族的家谱相联系。不过遗憾的是，当他们去天柱田心寨参加宗族会议的时候，W2房族依旧否认两个房族存在宗亲关系。

三、一个“悖论”式的逻辑：两支龙氏宗族命运的比较

（一）“龙姓改王姓”及其势力的发展

如前所述，有关W3房族改姓的时间，目前已无人能够说清楚。如果从W3房族祖坟墓碑来看，至少在嘉庆年间这一支人群已归属“王姓”。另外在W3房族保存下来的契约上，姓氏也全为王姓。这一集体改姓行为，必然经历了一个族内群体认同的自然过渡过程，因此我们可以推测这支人群放弃原有姓氏采用新的姓氏符号，从而开始自身宗族建构的时间，或许是在比墓碑上的嘉庆年间更早一些的乾隆年间。

清朝雍正、乾隆年间，正值中央王朝势力逐渐深入贵州苗疆一带，清水江流域的木材贸易也日渐繁荣。在“当江”制度之下，清水江下游逐渐卷入到木材种植采运的商业化发展过程中，以挖山种杉为经济生活核心的村落人群，更

是以各自姓氏符号之下的宗族实体展开各种活动。尽管我们不能明确 W3 房族改姓这一历史事实背后的真正缘由，但隐含在家族姓氏改换这一历史事实背后的，无疑是人们因具体情境而做出的一种策略性选择。

有关 W3 房族改姓的叙述，通常的说法是，W3 房族先辈来到魁胆的时间相对较晚，他们人少力量小，受到了 W1 和 W2 两个房族的压迫。为了在魁胆生存下去，被迫改姓依附于王氏。如果这里引用科大卫有关乡村“入住权”的观点[①]，可以在一定程度上解释这一现象。对于改姓这一敏感话题，W3 房族的成员也基本默认。按照祖辈的说法，他们改姓之后没有家谱，清末民初一次偶然的机会，本房族人到锦屏（王寨）王家帮忙做道场，为了给死者排生辰八字，需翻阅家谱查找死者出生时间，他就趁机偷偷将王家族谱的前半部分誊抄了一份，后来 W3 房族就在此基础上编修出自己的族谱，并与锦屏王氏拉上了关系。别的几支王姓提及改姓的事情，都会将 W3 房族和平翁（魁胆的邻村，原本为隶属魁胆款组织的子寨）的龙姓联系起来，说他们从前同属于一个龙氏宗族。至今双方族人见面还是以兄弟、叔伯相称，彼此不结姻亲。

不论怎样，改姓之后 W3 房族势力得到了迅速发展。对此，当地人认为这或许是清水江普遍的现象，即所谓“客发主不发”、“来得早不如发得快”。如果联系清水江区域社会的历史背景，或将会有助于我们理解 W3 房族势力的发展壮大。从雍正年间开始，中央王朝的国家统治秩序逐渐在清水江流域建立和完善起来。从经济上看，整个区域卷入到木材种植采运的商业发展过程之中。魁胆寨自乾隆年间起，亦逐步转向挖山种杉这一核心经济活动。现存契约文书反映出，同治至光绪年间的山林买卖日益频繁。根据笔者在 W3 房族成员家中收集到的田契和山契[②]，可以发现，大部分契约的日期都是道光之后的，他们的势力真正得到发展应是在咸同至民国初年。这一时期，W3 房族部分成员购

① 科大卫：《从香港新界乡村调查所见明清乡村社会的演变》，载叶显恩主编：《清代区域社会经济研究》，中华书局 1992 年版，第 483—484 页。

② 笔者在魁胆收集到了近千份契约文书，经过对比与分析，可以发现，W1 和 W2 两个房族的契约时间较早，而 W3 和 W4 两个房族的契约时间相对较晚。

进了不少的山林和田土[①]，这意味着其财富的直接增加，无疑也是W3房族势力增强的重要原因。

另据一些寨老叙述，咸同年间，清水江流域出现了前所未有的动荡局面，张秀眉和姜应芳领导的起义军曾经一度围攻黎平府。九寨当时组织了团练武装即"款军"前往援救，不少侗族子弟加入团练参与战斗，因此得到朝廷奖赏。如果再对应W3房族民国初年的族谱可以发现[②]，同一时期该房族有五人荣膺"耆老九品顶戴"。或可推知他们可能曾经为朝廷做出过贡献，在当时能得到如此殊荣，对本地人而言是非常了不起的事情。另外，W3房族中还有三人担任地方上的"总理"。而从其他三支王姓的家谱中，很少能够见到有如此多人担任地方"总理"，或者获得官府奖赏。可能正是因为W3房族中有一部分人取得了权力和地位，其势力才得以迅速发展。

从W3房族势力不断膨胀的过程中可以得知，W3房族曾经被迫使用的姓氏符号后来却成为其"正本清源"标榜正统的一种标识符号。民国初年，平翁的龙氏曾与他们商议共同编修族谱，但遭到拒绝。笔者的调查表明，龙氏家谱并没有明确体现出平翁龙氏和W3房族之间的关系，但却记载了龙氏从前也由魁胆迁出的历史。平翁龙姓对魁胆W3房族的趋附，或许是因为W3房族改姓过程中有部分人不屈从而迁出，并入住平翁；或许是因为历史上平翁是魁胆款组织内的一个子寨，而在同一姓氏符号之下表现出的宗族内部趋同性行为；亦或许是一方或双方出于利己或互惠的目的而完成一种具有整合性质的象征行为。无论历史应对了哪种猜测，体现出来的都是不同地域范围的不同群体试图通过对同一姓氏符号的认同来打破地理界限的桎梏，从而完成对同一宗族意识形态构建的动态过程。

虽然W3房族一直默认与平翁龙姓的关系，但在村寨内部，他们却自我宣称是正统王姓，并且在族谱上写明其祖先最早迁居于此。W3房族对于自身在本地最先"入住权"的强调，或许是房族势力鼎盛的一种自我"正统"意识的强烈表达方式。虽不能像W1、W2房族那样能明确说出先辈的迁徙路线，但

① 由于契约上的买卖田土山场多是以"丘"为单位，故在此无法给出量化数据。根据口述资料和族谱记载，当时W3房族成员购买了不少的山林和山场。

② 主要依据笔者收集的W3房族1913年和1989年编修的两部《王氏族谱》。

他们一直都在为此而不懈努力。笔者注意到，改革开放以后，各地都相继兴起修谱、联宗热潮，湘黔地区部分王姓也组织重修族谱，并积极寻找他们认为以前失去联系的王姓支系。由于 W3 房族早已成为魁胆势力最大的房族，因此他们也四处打听有关王姓的情况，希望能够“正本清源”重修家谱，最后他们追寻到黔阳，并与一支王氏支派的家谱联结起来。更耐人寻味的是，他们所追溯的先祖恰好也是出任黔阳训导官的“取公”。

从 W3 房族最初由龙姓改王姓到后来强调自身“王氏”的正统身份，可以看到一个宗族发展与经济条件变化相联系，并对自我身份表达不断调整的最好实例。以血缘为纽带维系的宗族，在特定经济环境下，其经济功能更容易被突显出来，族内人群关系更多地表现为一种利益关系。W3 对于自身宗族历史和谱系的编造，是其基于一定的经济实力，对村落政治权力的一种诉求，同时这一行为又赋予了他们在村落社会中正宗“王氏”的文化隐义。

（二）破鼎罐的传说与另一支龙姓的恢复

魁胆寨除了 W3 这一支改为王姓的龙氏族人外，还有一支龙姓，但这两支龙姓表现出较为疏离的族际关系。虽然这支龙姓和 W3 房族一样也经历了“改龙为王”并与村内王姓人有一个妥协的历史过程，但“破鼎罐”的传说却使得这支龙姓最终回归其原有姓氏。

根据口述资料，这一支龙姓也在很早就徙至魁胆寨居住了，不过具体时间亦无从考证。这支龙姓至今也只有 15 户，与几支王氏房族相比，显得势单力薄。历史上他们还被迫全部改为王姓，但后来又重新改回姓龙。龙氏族人回忆说：“那时，本寨几乎所有的人都姓王了，就是说要想在本地生活下去就必须改姓王，由于形势所迫，我们只能改姓王了。因为我们和 W1 房族住得较近，就加入到他们那房。”时至今日他们仍与 W1 房族以兄弟相称。

但民国初年，偶里（锦屏县境内的乡镇）龙家有人来魁胆寻根问祖，并且认定他们的祖坟就在这里，其依据是一个有关破鼎罐的传说：

从前，魁胆龙家有三个兄弟逃荒外出，到了村落附近的一个地方，他们打算分手，准备各谋生路，但兄弟手足情深，分手之前都希望能留下一点信物，以便子孙后代能够团聚相认。但三兄弟实在太贫穷了，只有一个鼎罐（一种器皿），于是就将这个鼎罐破成三块，一人拿一块，盼望日后他们的后裔以此作为相认依据。之后三兄弟便各奔东西，而三兄弟分别的地方因此得名为破鼎罐。

由于那时偶里龙家在锦屏县的势力很大，在他们的支持下，魁胆这支龙姓重新恢复了原来的姓氏，并将祖辈墓碑上的王姓也改了，能在原处修正的就将“王”字改为“龙”字，或者直接把墓碑前后调转重新刻写，正面写上“龙之墓”背面依旧是“王之墓”另外，他们还与偶里龙家正式确立了宗亲关系，共同编修了族谱。但偶里龙姓与魁胆龙家是否有直接的联系，实际上也缺乏充分证据。破鼎罐的传说只不过为同姓人群“认祖归宗”提供了一个最佳的说辞罢了。

魁胆这支已经改为王姓的龙姓人群，仅仅因为偶里龙家到魁胆寻根问祖，就恢复了自己原来的龙姓，从解释的逻辑上看似有过分简略之嫌。民国年间的这一恢复姓氏事件，与这支龙姓一直努力靠拢的 W1 房族的兴衰起落有无关联？或者与他们在民国初年面临新的社会政治环境有无关系？诸如此类的问题，尚需挖掘更多材料进行探讨。但无论如何，这支尤姓的命运与 W3 房族相比较，从表面上看的确构成了一个“悖论”式的逻辑关系。或许可以说，在适应地方社会竞争和宗族建构的文化过程中，不同的人群都会根据具体形势和自我发展的需要来选择象征意义上的姓氏符号。

结语

清水江下游地区被纳入到国家直接统治之下，不是王朝单纯依靠军事、政治手段达致的，而是多种力量、多种因素相互交织作用的结果，其中经济因素起着关键性的作用。清代中期以后，随着山林商业化和买卖的频繁，地方社会地权观念逐渐形成和确立，人们开始使用文字为山场、土地所有权提供合法性的依据，在此背景下，魁胆村落社会的经济生活、内部的族群关系和社会结构也因此发生了改变。

如前所述，魁胆的姓氏构成和发展都显现出复杂多样的特点，同时姓氏变动的复杂过程也反映出宗族制度在当地的逐步形成与发展。一方面，姓氏成为族群认同的一种文化符号，亦成为人们获得合法身份的一种象征符号；另一方面，姓氏在宗族观念的发展和宗族组织的建构中，是一种可资利用的文化符号，姓氏的改变更表现出人们面对具体社会情境所做出的策略性选择，是人们对文化资源的合理巧妙利用。在魁胆，历史上“改姓”的现象已经深深地印刻在人们的社会记忆之中。而族谱对于宗族组织的形成和发展起着至关重要的作用，族谱的编纂不仅仅只是对于祖先源流及其世系发展的记述，更是人们对其自身家族历史的创造。但就族谱的可靠性而言，它又受到特定的历史、政治、经济等诸多因素的影响。清朝中期木材贸易的兴起，外来汉人不断迁入，宗族文化随之而来，特别是它对族群关系、经济资源配置的调整，为区域地方社会带来了前所未有的结构性变动，由此激发了不同人群对于自我身份认同界定的需要，族谱的编纂也就应运而生。族谱内容的雷同传抄，或可理解为可供人们利用的文化文本稀缺，而导致了当地人对族谱这一家族文书私密性的过分强调。族谱的产生与其功能意义息息相关，因为族谱“首先是对宗族成员资格的确认，并为本族成员提供了与其他同姓宗亲发生关系的依据；其次，它在一个父系观念强大的社会中，明确地标志出作为本人及其群体自我认同根基的父系祖先源流。”[①] 魁胆寨不同姓氏、房族族谱的编修，有助于人们寻找出宗族团体的发展源流，强化宗族内部的认同意识，并在一个姓氏演变复杂的村落社会内部区别同姓之间的宗族身份。

如果再联系一下已为学术界普遍关注的山西洪洞“大槐树传说”、广东“珠玑巷”传说、福建“宁化石壁传说”等等，不论在故事构造思维方面，或者传说的流传散播上，它们似乎都具有一定的类似性。在魁胆村落内部，无论四支王氏房族的来源及其建构的过程如何，他们最终都不约而同地将祖先追溯到了江西吉安。而在整个清水江下游一带，多数苗族、侗族都在族谱上记录族源发自于江西吉安（或泰和），或许这是不同文化背景的族群在激烈的社会竞争中寻求身份正统性的一种文化手段，同时也是区域社会逐步建立国家认同的一种强烈表现。

从对魁胆不同姓氏（房族）源流及其演变过程的考察中，我们可以看到，汉人社会的宗族观念在当地逐步扎下根来，宗族组织也一步步建立起来，这是多种机制和因素影响的结果。

---

① ［日］濑川昌久著、钱杭译：《族谱：华南汉族的宗族·风水·移居》，上海书店出版社，1999 年，第 21 页。

◉ 故事传说

铜锣坡

魁胆寨东南边有座突兀的山坡，名叫铜锣坡。

以前这座山坡不叫铜锣坡。相传，很早以前，坡脚黄甲地方有一户人家生有一个男孩，取名计岩。计岩刚出生三天就会说话，五天会走路，七天就独自跑到圭览溪骑一头石牛进寨来。那石牛只听他一个人，其他人都叫不动，拉不动。计岩聪明伶俐，力大无比，十二岁就能用手捏破大楠竹，十八岁能双手抓大水牯牛的四只脚在水塘里洗澡。在寨子里很有威信，年轻人都听他的话。二十来岁时，清水江一带地方造反，计岩带领寨子里的很多年轻人到镇花、亮寨[①]等地方去打仗。不久，计岩回到家，把自己关在楼上房间里，谁也不让进去，吃饭要他母亲送放在门边。这样，一连关了七天。到第八天，计岩对母亲说："妈，今天晚上我要做大事，鸡叫头遍你就叫我起床。"说完又上楼去了。母亲按他的话，一个人坐在火塘边纺纱。因白天做了一天的农活，很困了，熬到半夜，上下眼皮打起架来，很想睡，但鸡还没叫，担心睡着了误儿子的事。后来，母亲突然想出一个让鸡提前叫的办法，拿一面簸箕到鸡笼边"啪啪"地拍了几下，公鸡果然叫了。接着，全寨子的公鸡都跟着叫起来。这时，母亲便上楼来叫醒计岩："宝崽，鸡叫了，你起来啦。"

听到母亲叫喊，计岩便立即起床，从板壁上取下他那张千斤弓和那支震天箭下楼，来到屋外的草坪上，将箭上弓，用力拉满，只听"嗖"的一声，那支箭带着一道红光朝北方飞去。把箭射出去后，计岩跟母亲说了一声"等好消息"，然后又上楼睡觉去了。

却说，朝廷最近忙着平定贵州地方的蛮人造反。这天五更，皇帝在百臣的拥护下来上朝。当他来到金銮殿，准备坐上龙骑时，发现龙骑已经被一支箭给射垮了。满殿君臣见状一派惊慌。皇帝马上命令刘伯温拿"照妖镜"来照，看是何方妖人这样大胆，敢刺杀皇帝。刘伯温用镜一照，发现是南方魁胆地方的一个妖蛮所为。皇帝大怒，立马命令邓子龙带领兵将，火速赶到魁胆地方剿灭妖蛮。官军来到魁胆地方，将魁胆寨包围，要捉拿"反王"。计岩见大队官军来了，便到楼上将几个箱子全部打开，箱子里的纸兵纸

① 镇花、亮寨，旧时魁胆等九寨侗家人对今锦屏县新化、亮司等地的称呼。新化、亮寨于元代始设长官司，归属湖广思州宣慰司，新化还于明代初期设千户所，驻屯军。

马立即飞去，化作千万兵马同官军作战，而且勇猛无比，把官军打得大败。邓子龙纳闷，魁胆这个穷地方怎么会有如此厉害的角色？但他很快发现天快黑时，那些白天同他军队作战的兵马突然纷纷飞向黄甲去。他派人秘密跟去查探，发现都飞进黄甲的一户人家楼上去了。邓子龙知道这里有人会妖法。第二天作战时，邓子龙便临阵作法，使天上下起大雨来，那些纸兵纸马遇到大雨，纷纷溶掉。计岩便败下来，逃到寨子背后铜锣坡上的大森林里。

计岩逃上铜锣坡后，邓子龙便派兵将坡团团围住，并不停地攻打。但不管怎样打，都打不上坡去。后来，邓子龙就指挥官军将这座坡挖掉。但是白天挖了一天，第二天早上起来看，挖的地方又恢复了原状。邓子龙大惊，连夜派人潜上坡来查看究竟。那探子秘密来到坡上，等到半夜时分，只听有人在悄悄说话。一个说："坡下这些官军这样挖，这样挑，我们这座坡恐怕要被挖没的。"另一个说："不用怕。我们这座坡不怕千人斩，不怕万人挑，只怕铜锣压断腰。"探子回来向邓子龙报告。第二天，邓子龙便在所挖的地方都埋下铜钉。第三天来看，挖的地方果然不再长出来。这样搞了几天，计岩就抵挡不住了。最后，计岩被邓子龙捉住，押到京城。皇帝听了报告后，觉得计岩是个难得的人才，不想杀他，而是想招降他。于是设一宴席，同计岩对饮。当计岩应皇帝之邀举杯准备饮酒时，他座椅下突然传来一声巨响，只见计岩毫不惊慌，所端金杯里的酒滴不外溢。皇帝见状，心想，这人留不得，留下会有后患的。于是，把计岩杀害了。

邓子龙捉住计岩后，为防魁胆地方再出反王，于是派兵将铜锣坡后面的山颈部挖断成一条长几十丈的深漕沟，又在铜锣坡顶埋下一面大铜锣，这座坡后来就叫作铜锣坡。

两兄弟

相传，以前有两兄弟，父母死得早，兄弟二人相依为命。几年后，哥哥讨得了个媳妇。这个媳妇很泼辣，对弟弟总是一凶二恶。哥哥开始还干涉些，后来也慢慢同媳妇一起骂弟弟了。不久，哥嫂提出分家，弟弟没办法，只有听从哥嫂。家里有一幢房子，一幢谷仓，一丘大田，一丘小田，一头水牛，一条黄狗。哥哥就说，弟你一个人，你就拿谷仓、小田和黄狗吧，我和你嫂拿房子、大田和水牛。分家后，弟弟就和黄狗搬到谷仓里住去了。

开春了，家家都赶牛犁田。弟弟没牛，只有同哥哥借，可哥嫂不肯。没办法，弟弟就牵黄狗去犁田了。这天早上，弟弟背了一巴篓甜藤粑牵狗去犁田。刚将犁套在狗背上，就见一个卡料担（侗语，意为货郎）挑一挑布走过田埂上，见有人用狗犁田，觉得好奇。于是放下布担，坐在田埂上看弟弟犁田。不管怎样吼，那狗就是不走。这时，卡料担笑着对弟弟说，只要你那狗犁得三圈，我这挑布就送给你。弟弟听了说："真的？"卡料担说："从不说假。"于是，弟弟从巴篓里拿出一个甜粑朝前面一丢，那狗好吃甜粑，拉着犁朝前一窜，就犁去了一截。就这样，丢个粑，犁一段，把那篓粑丢完，也刚好犁完三圈。卡料担见状，也不食言，就把布担放在田埂上走了。

弟弟把布挑回家，哥哥看见了，问布是哪里得来的，弟弟照实说了。哥哥就说，明天让我拿你的狗去犁田吧，弟弟同意。第二天，哥哥果然牵狗到弟弟那丘田犁田，又有一个卡料担挑一担布从田埂上走过，见有人用狗犁田，觉得稀奇，并坐下来同哥哥打赌，只要他用狗犁得三圈，就送这挑布给他。哥哥就兴极了，连忙撵狗犁田，可狗怎样骂、怎样打都不愿走，哥哥急了，上前拉狗，反遭狗咬了一口，卡料担在田埂上大笑。哥哥大怒，从背后取出柴刀，将黄狗砍死了。

见哥哥回到家，没带回黄狗，弟弟便问哥哥。哥哥说，那狗不听话，被我打死了。弟弟跑到田边，见黄狗果然死了，就伤心地哭。哭了一阵，就将狗埋在田边，垒成坟，并在坟上插一根竹竿。第二天，弟弟到狗坟上哭狗，抱着坟上的竹竿越哭越伤心，哭了一会儿，只见竹竿上掉下许多金银财宝来。弟弟抱着金银财宝回家，哥哥见了又问，弟弟又实说。哥哥说，让他第二天去狗坟上哭一下，弟弟同意了。

第二天，哥哥带着几个大口袋来到狗坟上，装着很伤心的样子，扒在坟上哭，边哭边摇竹竿。摇着摇着，只见竹竿上掉下无数的蛇虫来，哥哥又惊又怒，拔刀将竹竿砍了。

哥哥回到家，将情况同弟弟说了。弟弟来到狗坟边，见坟上竹竿果然被砍了，于是伤心地把竹竿扛回家，将它破成篾，编成两个鸡笼。然后一个放在寨头，一个放在寨尾。第二天一早，弟弟去看那两个鸡笼，只见两个笼子装满了鸡蛋。哥哥见了，又借笼子去放一晚。第二天，哥哥去收鸡蛋，但只见两笼满满的鸡屎。哥哥一气之下，把笼子给踩烂了。弟弟又伤心了一阵。他听说用鸡粪种黄瓜好，就用这两笼鸡粪到寨边一块地上种一片黄瓜。

弟弟种的黄瓜长得很好。村寨附近是森林，猴子很多。到出黄瓜的时候，弟弟担心猴子晚上来偷瓜，就到瓜地边睡觉守瓜。守到半夜，一群猴子果然来偷黄瓜。猴群来到瓜地边，见有个人睡在那里，就小心翼翼地拢过来。弟弟想知道猴子到底要干什么，一动不动地躺在那里。猴群见弟弟一动不动，以为他死了。就在瓜地边上，一边啃瓜，一边跳舞，还叮叮当当地敲打响器。猴群正玩得起劲，弟弟突然大呼一声站起来，猴群吓得屁滚尿流，四处逃去。猴群留下的那些响器，原来都是金银器皿。

哥哥知道了，要求晚上去代弟弟守黄瓜。晚上，哥哥来到瓜地边躺下。在习习凉风吹拂之下，不久便呼呼睡着了。当晚，又有猴群过来偷瓜。见有一个人躺在地边睡觉，便小心地过来探看，见他深深地睡着了，便以为真的死了。于是，猴群将哥哥抬去丢。猴群抬哥哥过一处悬崖边上时，哥哥突然放一个响屁，猴群大惊，忙把哥哥丢下悬崖，四散而去。

逃婚

从前，有一户人家，生养有一个姑娘，不但美若天仙，乖巧善良，而且歌唱得特别好。但还没到婚嫁的年龄，舅舅家早就来说定给她那好吃懒做的表哥了。

姑娘长到十六七岁，便经常同伙伴们去玩山，深得“花园”朋友们的喜爱。玩着玩着，就深深爱上了冷水的一个后生。可是，舅家放话来说，若冷水那小伙子过来，就要打断他的腿。姑女嫁舅家是古礼，且她母舅凶恶不讲理，她父母也不敢反对。一天，她到“花园”同冷水小伙商量，决定一同去哀求舅家。他俩来到舅家，向母舅苦苦哀求，可母舅丝毫不松口。他俩便在舅家屋边唱歌哀求，唱了几天几夜。后来，母舅终于松口，说要嫁给冷水小伙可以，但冷水小伙来年春天帮舅家砍一块山并种上小米。出于对姑娘的一片深情爱意，小伙答应了舅家。

第二年开春，砍山的时间到了，寨里家家上山砍山种小米。舅舅将小伙带到一块位于大山深处的山场，面积足足有五山五岭，要他两天之内将树木杂草全部砍下来作小米地。那山场满是合抱大的树木、杂草茂密，有的大树砍一棵就得半天时间。这天晚上，小伙急忙来找姑娘商量。他俩一起来到山场上，见满山树木茂密，兽走鸟飞。莫说两天，就是两个月也不可能砍得完。回到家里，想起根本不可能完成的砍山任务，姑娘焦急地哭了起来。哭着哭着，突然有个老人对姑娘说：“姑娘别着急，我教你办法。”然后在姑娘在耳边如此这般地交代了一番。第二天，姑娘要小伙到山场的四个角各砍一棵树，然后站在高处呼喊“仙人助我”。忽然，狂风大作，不一会儿，整座山场的树木杂草全部哗哗的倒下。小伙回家报告了母舅，母舅又要他在两天内将倒下的树木杂草全部焚烧和将山场清理干净。

刚砍倒青幽幽的树木杂草就要烧掉，谈何容易？小伙又来找姑娘商量办法。姑娘交代他如此这般去做。他来到山场上，在四个角各生一堆火，然后上到高处呼喊“风神助我”。结果，山场四面突然起风，将四堆小火吹大并往中间燃烧。半天工夫，山场上的树木杂草就全部烧净。舅舅见小伙烧完，觉得奇怪，心想是不是有仙人帮助他。第二天，交代小伙去撒播小米。两天时间，五冲五岭，整整播了五斗小米种。播下小米种后，小伙以为完成了任务。于是来到舅家告辞。想不到舅家又变了卦，说撒播的小米种拿错了，必须一颗不少地捡回来重新换上其他的种子。小米如针头大小，撒下去就全掉进泥石缝里去了，要一颗不少地捡回来，比登天还难。小伙傻了眼。姑娘说，不要慌，我自有办法。她交代小伙明天带上五只大箩筐，分别放在五个山头上。第二天，小伙照姑娘交代的做了。不一会儿，姑娘背着一背篼大小不一的树叶来到山场上。她来到山场后，就立即叫上小伙同她一起将大叶子折卷成锥筒状，按一定距离插在山场间，然后登上高处，从背篼里抓起那些小叶子一把一把地往天上撒，那些叶子竟然全部变成无数的小鸟雀，飞到撒种的地里，把小米种衔来放在锥筒里，待锥筒里满后，他们两人便把锥筒倒到箩筐里。半天时间，五斗小米种子全部回收起来了。

母舅见小伙收回了小米种，表面上同意姑娘嫁给冷水小伙。就对小伙说，你回家去准备彩财来“卡舅公”吧。但心里却想，等他回去了，我就马上办酒把外甥女娶过来。

当晚，小伙来找姑娘，说母舅同意了，要他回家去准备银钱来过彩礼和“卡舅公”，我明天就回家准备去了。姑娘说，我舅这人狡猾多变。你要去就要带我一起走，否则夜长梦多。你明着带我去肯定不行，到时候，我化成一朵小黄花落在舅家堂屋里的四方桌上，你想办法把那朵花带走，藏在伞袋里，路上不论有多大的雨都不要打开。第二天清早，冷水小伙在舅家吃简单早饭，然后告别。趁人不注意，他走过堂屋时，顺手将桌上的小黄花拿了，藏在雨伞袋里。小伙离开舅家，舅家就派两人悄悄在后面跟着，意图在路上将他搞掉。小伙急忙往家里赶。走到半路，突然下起雨来，他忘了姑娘的交代，打开雨伞来遮雨，那朵黄花便掉了下来，姑娘就现出原形。在后面悄悄跟着的舅家人见到姑娘同小伙在一起，便大声喊“抓拐夫”，并追了上来，他两人急忙往前跑。跑着跑着，跑到了小江边。天下着大雨，渡口没人渡船，舅家人又越追越近，情况十分危险。正在危急时，河深处突然有两条大鲤鱼朝他俩游过来，直到岸边不动。情急之下，姑娘便喊小伙赶忙骑上鲤鱼背，两条鱼驮着两人离开岸边，朝对岸游去。舅家追来的人见他俩离开岸边，又找不到船继续追，只有回去了。

就这样，姑娘就跟着小伙到冷水那边过着幸福生活去了。

虎穴脱险

相传很早以前，有一只老虎经常到寨子里来偷猪偷牛，村民又气又怕。一天，一位胆大的村民沿着老虎的踪迹，在一处悬崖边上找到了老虎窝。这时，母老虎已外出觅食，窝里只有三只小老虎。村民想起村寨里很多猪牛被老虎吃掉，心里气愤，于是用刀将三只小虎杀死，以除后患。村民刚离开虎窝，便听到老虎回来的声音。他想跑，但已经来不及，于是赶紧爬到附近的一棵松树上。老虎扛一头猪回到窝里，喊虎崽们来吃饭，但没有一只响应。仔细一看，原来都死了。老虎大怒，大声咆哮。村民在树上见状，于是笑出声来。老虎听到树上传来笑声，于是朝树上猛扑，意欲将村民抓下来。但村民所在位置较高，老虎扑不到。老虎便猛咬松树。松树有浆，老虎咬一会儿，牙齿便被树浆粘住。老虎便下到溪边洗牙齿，回来再咬。这样几次下来，松树被老虎咬得差不多了。村民在树上感觉树摇晃得很厉害，心里很害怕。过一会儿，老虎又下到溪边洗牙齿。这时，村民将外衣脱下，挂在树上，然后赶紧从树上下来，转爬到旁边不远的一棵更大的松树上。老虎洗牙回来，看也不看，继续咬树。不一会儿，松树被咬断，朝崖悬下倒去。老虎见树倒下，便朝衣服猛扑过去，结果扑下悬崖摔死了。

蚂蚱斗猴子

从前，在一座山边有一块玉米地，山上的一群猴子每年都来地里偷玉米。这年到玉米成熟的时候，一天早上，露水浓重，猴群来了，但见地里的玉米没往年的好，叶子都快被蚂蚱给吃光了。猴子很气愤，都怪蚂蚱，要和蚂蚱打架。蚂蚱说，现在我们刚睡醒来不久，没精神，要打我们就中午打。猴子说，中午就中午，看我们怎样收拾你们。

中午，烈日当空，猴子和蚂蚱都来到一块草坪上。蚂蚱说，我们个子小，我们先打。猴子说，那你过来。只见一只蚂蚱一跳跳到一只猴子的鼻子上，另一只猴子见了，拿着木棒就朝蚂蚱打去。蚂蚱见木棒打来，赶忙跳开，那猴子的鼻子被打得鲜血直流。蚂蚱离开猴子的鼻子，又飞到另一只猴子头上，另一只猴子又赶紧朝蚂蚱打去，蚂蚱又连忙飞开。就这样，蚂蚱在猴群中飞来飞去，所有猴子都被他们自己打得皮开肉绽，叫声连天，纷纷逃进树林。蚂蚱说，你们还敢再打吧？猴子说，不打了，这块玉米地是你们的。

老虎报恩

从前，寨边有一座杉木皮棚，里面住着两个老人，日子过得很艰难。一天晚上，一只老虎突然来到木棚边呜呜地叫。不一会儿，将两只硕大的前爪伸进木棚的洞隙里来。开始，两个老人十分害怕。过了一会儿，老虎并不撞进来，而是继续呜呜地哼。老爷爷心想，这老虎可能有什么难事需要帮助的，便举着松火大着胆子到棚壁看看伸进来的两只虎脚。不看则已，一看吓一跳。原来老虎两只爪子都扎进了很大的刺，肯定很痛。他便喊老奶奶过来，两人一起把刺给拔了出来。然后，老虎就走了。第二天早晨天刚亮，听到门外传来几声老虎低吼。过了一会儿，两个老人打开门，发现门外放了一头野猪，老虎早已走远了。

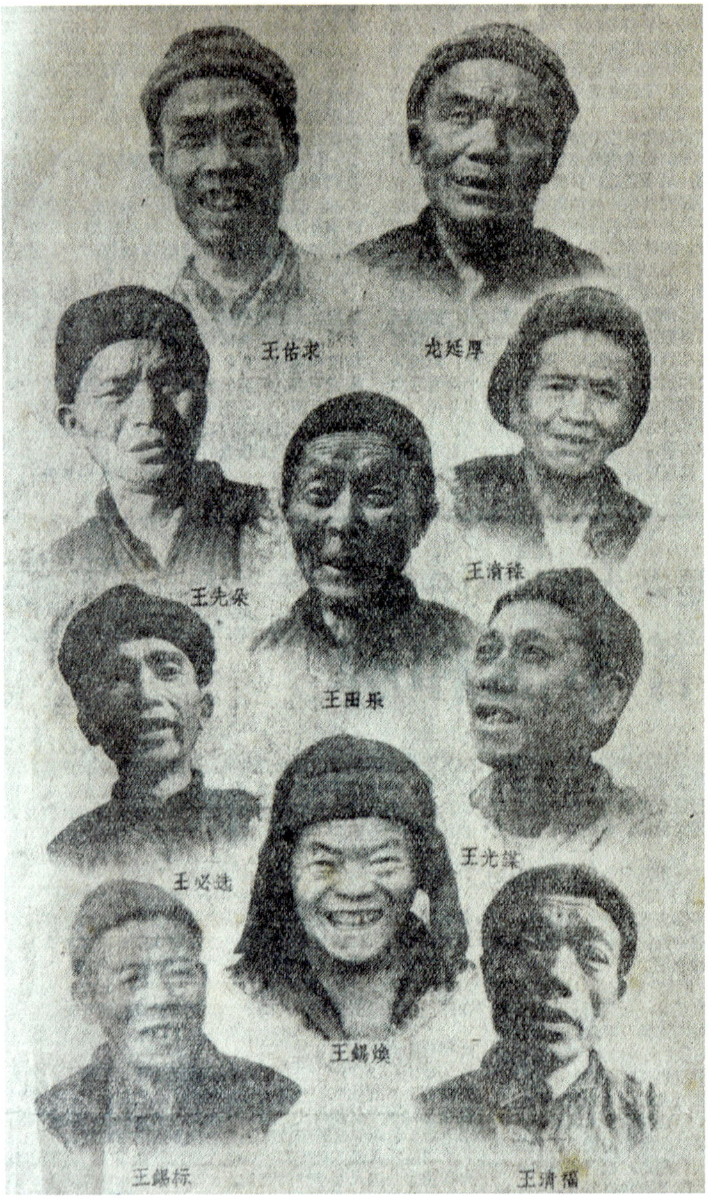

1965 年 12 月 12 日《贵州日报》登载的十大杉木王照片　　王宗勋　提供

大事纪略

在魁胆村的历史上，曾发生许多重大事件。这些事件，是魁胆人从历史走来的脚步，是魁胆村史的简片。但能被记忆留存下来的为数寥寥，大多数都为历史尘埃所湮没了。

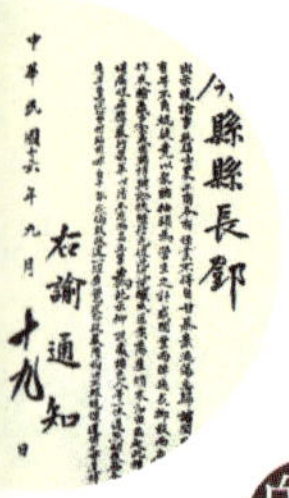

魁胆龙姓外迁

元泰定年间（1324—1328），湖南绥宁东山龙氏族裔龙便寿、龙便超兄弟携家带口从湖南靖州逃荒来到魁胆。时魁胆寨已有周、杨等姓侗家人居住，繁有数十户。周、杨等姓人因龙姓人操苗语，交流困难，遂不准进寨，令其在寨北边益祥坳外侧坡头居住。龙姓人在此处居至第三代，繁衍至七八户。因与周、杨等姓人关系不睦，至正后期，龙便寿之孙龙志雄、志霞、志陇、志基 4 兄弟遂举家从魁胆迁出，到距魁胆寨约 6 千米的今平秋镇高岑村破鼎罐借魁胆款山地居住。在此地居数年，周、杨等姓人仍不容，龙志雄兄弟决定再次外迁。明洪武二年（1369）的一天，众兄弟吃过分别饭，将一只鼎罐破为 4 块，每人持一块作以后联系的凭据，然后分散到清水江两岸谋生。志雄率家人迁至时属魁胆款的今三江镇菜园村下料定居，志霞迁至大官滩（今平略镇高朗村归皎），志陇迁至偶里，志基迁至平略。龙姓兄弟破鼎罐分手之处，遂名为“破鼎罐”。

龙便超之后裔留在魁胆居住。清代中期，因势力孤单，改为王姓，民国后期复改为龙姓。

◉ 清咸丰同治年间兵燹

清咸丰至同治年间（1851—1874），清水江流域地区战乱频仍。先是咸丰四年（1854），广西太平军波及黎平府。稍后，镇远府属天柱姜映芳款军和台拱张秀眉苗民军亦频繁攻击黎平府西北部地区，九寨成为黎平府的西北屏障。黎平府令九寨各寨联合组织款练，每寨派丁勇15名，魁胆寨王见韬等人参加，赴彦洞守犁辕大卡。未出人各户，则出田或出粮资充练饷。

同治元年（1862），姜映芳款军从天柱县汉寨九龙山出发，攻破彦洞犁辕大卡，占据九寨各寨，魁胆寨民房多被焚毁。同治四年，张秀眉率领苗军从今剑河县东部小广一带攻入九寨，势如破竹，直达三江、铜鼓等地，魁胆寨被掳劫。同治五年七月，台拱张秀眉率苗军再度攻破验洞大卡，九寨各寨均为苗军所占据，魁胆寨被强征食粮。十月，苗军以平秋为粮台，以九寨为据点，魁胆寨当年所收粮食悉被强征。同治六年正月，台拱张秀眉率苗军万余攻据九寨各寨，魁胆民众冒雪奔至寨脚格勒洞、按祥一带深涧躲避，寨为其所焚毁。苗军占据九寨长达数月，村民生活极其艰难。同治七年四月，湘军总兵席宝田（民间称“席大人”）率督湘军由王寨一带追逐张秀眉军经魁胆上九寨西去，岑苗坡至便大、桥问至平秋，沿路遗有苗民军尸体和木梳、包袱等。

◉ 清光绪二十八年魁胆十六甲总理被劫杀

清光绪二十八年（1902）九月二十六日，魁胆十六甲总理王凤昌（又名王永臣）偕魁胆保长王永卜奉九寨总甲刘开厚等通知，赴平秋参加九寨地区治安事务会议，永卜顺将新收的魁胆寨当年粮款20吊带至平秋场调换成白银，以备上交（时官府规定只收白银）。当天傍晚，凤昌二人携银返至今桥问村略威寨十二盘时，突遇数名蒙面劫匪抢劫，遂拔刀奋力自卫，然寡不敌众，双双身亡。次日，凶讯传至魁胆，魁胆寨头人王晚照等组织壮丁赶赴现场，并寻迹查至桥问村吴开珠家，发现在该家借住之吴家旺手有新伤，衣存血迹，遂将家旺捆送至平秋。二十九日，九寨总甲刘开厚等备文将吴家旺押送黎平府。经讯问，吴家旺供出吴开珠、王林富等为同伙，后吴家旺等主犯在黎平被依法处斩。

事后，王凤昌、王永卜二人被家族就近安葬在十二盘山上。

◉ 民国时期禁赌

民国初年，清黎平府行政瘫痪，社会秩序混乱，平秋、石引等村寨赌风盛行，赌窝数十，偷盗拐骗案件时有发生。1912 年春月，魁胆寨头人王岩荣派子王炳炉携银五两七钱赴平秋场买耕牛，被以赌博为业的平秋王彦发、平略杨金魁、卦治项老康等设局将其银两抢劫。王岩荣遂向九寨地方头人刘开厚等报告，并寻得地方头人欧阳伟、杨灿标、王品元等的中证支持，向黎平营王寨讯控告，王寨讯邵姓头目随即率兵丁将王彦发、杨金魁、项老康等抓捕拷讯，王彦发等供出背后组织者吴定奎，最后将吴定奎枭首示众，其余王彦发等被责令自新。

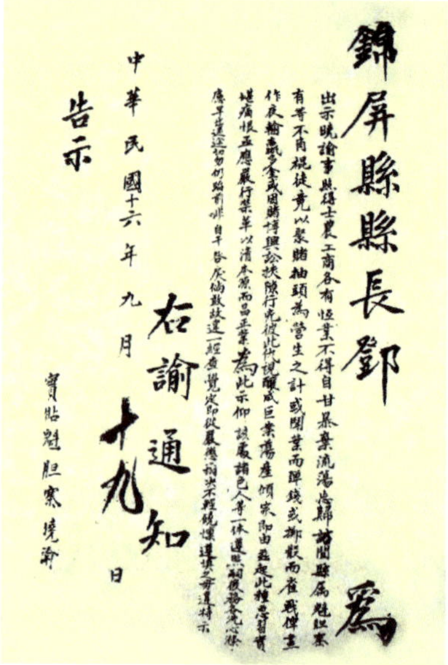
錦屏縣縣長鄧 為
右諭通知
中華民國十六年九月 十九 日
告示
實貼魁胆寨境內

禁赌布告

此后赌风稍敛，但时过不久，又复炽起，各寨皆设有赌窝，有人以之为业。在魁胆寨，因赌博而引起的高利贷盛行，偷摸扒窃事件频发，村民怨声载道，纷纷要求严禁此恶风恶习。1927 年，魁胆王华恩、王邦林等地方头人向县政府报告，要求政府出面禁革此恶风恶习。当年 9 月，锦屏县政府以县长邓卓汉名义专门给魁胆寨下发一张禁赌告示，严令“诸色人等一体遵照。嗣后务各洗心涤虑，早出迷途。切勿仍蹈前非，自干咎戾。”借政府下发告示之机，魁胆村头人及各房族积极配合，开展禁赌。此后，赌风逐渐敛息。

◉ 圭横溪山场木材纠纷

1912 年 12 月，天柱县冷水寨民龙步喜等在圭横溪误砍魁胆寨王通柏等十八家公山内木材 600 余株，被魁胆人阻止并告上黎平府，后经黎平府和天柱县双方人员联合就双方所提供契约进行审断，判令龙步喜等退还所砍伐木材给魁胆人，并书写甘结。

1913 年，魁胆村王通柏等十八家将龙步喜等误砍圭横溪公山上的 600 余株木材转卖给王寨人王恩福运下三江，被天柱县属悠洞村刘昌儒纠结同县高酿村刘耀文等强行阻止，并以“盗砍”罪名将王恩福捆送天柱县衙收押。天柱县因无权管辖，将此案移至黎平府处理。黎平府经调查，判天柱刘昌儒等败诉。

同年秋，天柱县高酿人龙大光等在魁胆村境内圭横溪购买另一块青山，并组织人力砍伐木材放至溪边。此山系魁胆十六甲公山，十六甲众等对出卖此山场木材存在争议，遂将木材封阻，并公推长期充“山客”做木材贸易的村人王康佑、王坤求二人出面应对。时王康佑与王寨木材行户付老乾关系甚密，其所收购木材悉交该行户外销水客。王康佑遂向锦屏县政府状告龙大光等强买混砍民木，并将所争议木材悉敲上自己的山印。次年夏，圭横溪暴发洪水，将此批木材悉数冲走。龙大光等亦向锦屏县控告王康佑等横争强阻，致木材损失。锦屏县衙传王康佑到县应讯，康佑不理并匿迹。秋，龙大光等遂派人至魁胆将王康佑捆至天柱县高酿吊打，强求赔偿损失。经不住折磨，康佑遂传话回家，令售卖田产，筹得大洋 2000 余元，请村两名村人挑至高酿交赎。经此后，王康佑遂破产。

◉ 1925 年王彦科事件

1925 年秋，魁胆寨人王彦科通过赤溪坪族人关系，在盘踞在赤溪坪的锦屏地方强人龙青云处谋得到魁胆十六甲催征契税款的差事。魁胆等九寨地处边远高山，民众所持有的山林土地契约文书，除极少数山林土地有权属纠纷而到官府求验证盖印成为“红契”外，大多为未盖官印的“白契”。加上当年九寨各地发生罕见旱灾，九成以上田土绝收。王彦科带 6 名兵丁到魁胆要求对所有契约文书进行“验证”、科征契税，且声称契税只收大洋。大旱之年，人心惶惶，再交契税，无异雪上加霜，十六甲各寨一派恐慌。王彦科找地方总理王世杰交涉，要世杰通知各寨头人照办。世杰以灾害严重、人民贫穷为由，拒绝彦科。彦科遂令兵丁将世杰捆绑吊打。次日，彦科欲将世杰押下王寨向龙青云交差。走到寨中间溪边，世杰弟世彦将世杰救出，将彦科擒捆，其所带 6 名兵丁放回。王世杰获救后，立即传令魁胆十六甲各寨“齐款”，决定对彦科进行处罚。各甲头人认为，彦科借外人之名到团款内强征苛敛，扰害地方，已构成古款规中严禁的“勾外烂里”条，应该处以极刑——“见家一块柴”烤死。开始，王世杰欲请彦科族人出面担保，免其死罪，但该房族人因平时多受彦科欺压，竟无一人愿意出头签字替他担保，且都在处死彦科的“戒约”上画押。随后，世杰传令，十六甲各寨“见家一块柴”（即每家出一块干柴），集中至魁胆西边的略利坡脚召开“审判大会”，将彦科捆绑在一根木桩上，然后将各家带来的干柴堆在木桩边。在宣布款规和彦科的罪状之后，由身怀武功的平翁寨人龙□□负责纵火，将其活活烤死。烤死彦科后，世杰遂向族人告别，抱着有去无回的心态背被条下到县城，向龙青云陈述事件情况，听其处分。龙青云听世杰陈述后，认为世杰对彦科的处分虽然过重，但系沿承旧规，且彦科有错在先，遂将世杰送回。

王彦科被处以死后，其两个儿子王茂元、王茂生不敢在魁胆继续生活，遂出卖所有山林土地，迁至剑河县南明（一说小广）落脚。不久，王茂元入伍当兵，王茂生亦考入军校。1933 年 6 月中旬，王茂元所在部队驻防锦屏县城。6 月 18 日，王茂元以“公事”为名，带领 8 名军人潜回魁胆寨私报父仇。时王世杰已去世，王茂元遂将世杰长子光泽劫持，并杀害于今魁胆寨南边岑滥路边。王世杰侄子王光求出面以“勾匪劫杀”罪名向县政府控告王茂元及其房族近亲，并组织族人将茂元房族近亲王承广、王通柏等家猪牛等财产悉数抄洗。王茂元杀害王光泽后，即随部队开拔他去。经过一番诉讼，当年 10 月，县政府责令王彦科近族王承广、王通柏等 3 户各出大洋 30 元作为烧埋费，由王光求负责将王光泽安葬。

◉ 1929 年王爱花失火烧毁全寨

1929 年夏，魁胆村田坝边妇女王爱花（王光富母亲）用火不慎引发火灾。时正中午，寨里成年人悉上山劳作。火灾发生后，其慌乱，奔往高捧呼人救火，在西南风的作用下，火随踵其后烧至高捧。一火球忽然飞至寨东边高叩坳上一株大枫树上，将树顶喜鹊窝燃烧。燃烧的鹊窝又被东风吹炸，火花遂返飘飞向寨子，顷刻间，高步、高叩、登冲、冲随、黄甲各处皆为火侵。全村 92 户，仅 1 户幸免，其余悉化为灰烬。下午，村民回家，只听满寨一片哭声。灾后，为重建家园，村民纷纷贱价变卖山林田地。此次事故，导致全村卖掉培力、盘亚马、圭览溪、桥问坝等处水田 100 余亩（培力多卖给平翁，桥问坝多卖约桥问、晓岸、更我等村），山林上千亩，魁胆村整体经济实力下跌一个明显台阶，由九寨中上等村寨降为下等村寨，以后数十年难以恢复。

◉ 1933 年瘟疫

1933 年夏，魁胆寨发生严重的霍乱。患者发病时，腹泻兼呕吐不止，有的继排出血便，用传统药物无效，两三天后即死亡。开始多为小孩，后来传染到成人。有人上午患病下午即死，有人头天抬人上山掩埋，次日即被人抬上山埋，以致后来有的人死后竟无人敢抬上山。平翁等周边村寨亲友不敢进寨探视，送东西只敢送到村口。全村死亡近百人，略利、岑滥等公共坟山遍是新土。有的村民因害怕而举家外逃。经此疫灾，魁胆人口呈负增长。

◉ 1941 年王庚吉被冤杀

1941 年 1 月 22 日（农历庚辰年腊月二十五日），魁胆高捧青年王庚吉从广西富禄挑盐至王寨交给商铺后，当天下午只身去探视嫁在天柱县地良村麻栗坡（今称“松栗”）的姑妈王金爱。麻栗坡为锦屏、天柱两县交界地，亦系两县交通大道所经之处，常有不法分子在此处朦面抢劫行人。此时，两县保安部门正联合在此一带缉捕劫匪。因有内线消息，真正劫匪全部遁迹。庚吉至姑妈家，姑妈即告诉其官府正在抓劫匪，要其吃饭后立即离开。吃饭时，邻家一杨姓人（与庚吉相识）进来，与庚吉寒暄几句便托词出门，向埋伏在附近的锦屏保安人员诬告庚吉为劫匪，保安人员随即将庚吉抓捕。庚吉不谙汉语，有口难辩，遂被押投入锦屏牢中。

次日，王庚吉被抓消息传到魁胆。庚吉家庭贫寒，面临分娩的妻子立即托近亲变卖水田，央求魁胆保长及房族人下城营救。时近年关，县各部门人员多放假，无人受理。当年 2 月 10 日（农历辛巳年正月十五），庚吉被以“劫匪”罪名，在县城小江口沙坝上被枪杀。

◉ 1981 年贵州省林业厅调查组到魁胆调研

1981 年 4 月，根据中共贵州省委主要领导的安排，贵州省林业厅厅长彭百登率由该厅工作人员陆应中、潘光前等组成的调查组到锦屏县开展为期半个月的林业工作调研。调查组重点调查了魁胆大队通过办集体林场、造林获得国家钱粮补助，群众生活得到改善的情况。并在王佑求等的带领下，到拉西林场、水库林场进行实地考察。调查结束后，写成了题为《放宽政策，一年大变》的调查报告，呈报给省委。报告认为，自放宽政策以来，锦屏县委发挥林区优势，走以林养林的道路，林业发展了，群众的生活得到了改善和提高，出现令人鼓舞的局面。

中央顾问委员会委员、林业部顾问雍文涛看到报告后，于同年 8 月 10 日将之转呈中共中央总书记胡耀邦等国家领导人参阅。

◉ 与中山大学“结缘”

经魁胆籍在县工作人员王宗勋引介，2004 年 1 月下旬中山大学人类学系副教授张应强及广州企华教育中心董事长滕萍一行到魁胆村考察，并为魁胆小学捐 1000 元作学生的奖学金。同年 7 月，广州企华教育公司组织赠送 20 台电脑给魁胆小学。同时，派人类学硕士研究生张银锋进驻魁胆村开展为期两个月的田野考察。在两个月间，张银锋走遍了全村所有农户和邻近的平翁、孟寨、高岑等村寨。2005 年 3 月中旬，中山大学副校长陈春声及历史系教授刘志伟等一行到魁胆考察，并到魁胆小学向师生作励志演讲。2010 年 8 月 7 日，中山大学校长黄达人偕夫人汪清在副校长陈春声和教授刘志伟、张应强等陪同下到魁胆村考察，并为魁胆风雨桥题写桥名。魁胆村“两委”组织举行隆重的迎送仪式，并在村民龙本洲家设侗家传统宴席款待。席间，村里歌手真情演唱北侗大歌。2014 年 6 月中旬，中山大学党委书记陈春声、广东联合实业集团董事长陈国华等，

张应强在魁胆小学给学生讲课（2005 年）　　王宗勋　摄

再度到魁胆村就北侗民族文化进行考察。

◉ 引香港资金建魁胆小学校

2005 年 3 月 11 日，香港金城营造教育慈善基金会总干事周金生、中山大学副校长陈春声、教授张应强在王宗勋的引领下到魁胆村及小学考察。应魁胆小学校长王宗安等的请求，周金生、陈春声等答应资助魁胆小学建一幢教学楼。同年 5 月，周金生等专程赴魁胆小学为香港慈善教育基金会援建的魁胆小学综合楼奠基。9 月，由香港金城营造慈善教育基金会投资 16 万元的魁胆小学综合楼竣工。2006 年 7 月 27 日，香港金城营造慈善教育基金会董事长王锦辉偕夫人叶秀莲及孙女王沛芝，在周金生、陈春声等陪同下，到魁胆对其资助修建的魁胆小学综合楼进行验收。魁胆村党支部和村民委员会组织全村民众举行隆重的欢迎仪式。临走时，王锦辉再给魁胆小学追加 5 万元，用于进一步改善学校的设施。

2006 年香港慈善教育基金会董事长王锦辉（左起四）为资助的魁胆小学综合教学楼剪彩　　王宗勋　摄

◉ 2016 年魁胆入选贵州省“魅力侗寨”

2016 年年初，锦屏县民族宗教事务局将魁胆等侗寨向省侗学研究会申报“魅力侗寨”。6 月，贵州省侗学会副会长、贵州大学人武学院副教授姜大谦，黔东南州侗学会副会长、凯里学院教授傅安辉等到魁胆，就申报“贵州省第二批魅力侗寨”进行实地考察调研。同年 10 月，经贵州省侗学研究会评选，魁胆寨以优美的村寨自然环境、浓郁的北侗民族风情，以及良好的社会环境和侗族传统文化传承等条件，入选为贵州省第二批“魅力侗寨”。同年 11 月 30 日，贵州省第二批“魅力侗寨”暨侗族传统村落保护与节庆文化研讨会在黎平县肇兴侗寨举行。魁胆村党支部书记王必玖应邀参加会议，并领回大会授予魁胆的“魅力侗寨”荣誉牌。

“魅力侗寨”荣誉牌　　王宗勋　摄

◉ 主要参考文献

1.〔清〕爱必达 :《黔南职略》,《中国地方志集成・贵州府县志辑》, 第 4 册, 巴蜀书社, 2006 年。

2.〔清〕罗绕典 :《黔南职方纪略》,《中国地方志集成・贵州府县志辑》, 第 4 册, 巴蜀书社, 2006 年。

3. 黎平县县志编纂委员会办公室校注 : 道光《黎平府志》(点校本), 方志出版社, 2014 年。

4.〔清〕俞渭 : 光绪《黎平府志》,《中国地方志集成・贵州府县志辑》, 第 17 册, 巴蜀书社, 2006 年。

5. 贵州省文史研究馆点校 : 民国《贵州通志・前事志》, 贵州人民出版社, 1985 年。

6.《贵州日报》1965 年 12 月 12 日。

7.《贵州日报》1965 年 12 月 13 日。

8. 贵州省林业厅编 :《林海红旗 : 介绍林业先进单位——魁胆大队》, 贵州人民出版社, 1966 年。

9. 贵州编辑组编 :《侗族社会历史调查》, 贵州民族出版社, 1988 年。

10. 贵州省锦屏县志编纂委员会编 :《锦屏县志》, 贵州人民出版社, 1995 年。

11. 锦屏县林业志编纂委员会编 :《锦屏县林业志》, 贵州人民出版社, 2002 年。

12. 张银锋 :《姓氏与宗族 : 魁胆侗寨的人类学研究》, 中山大学硕士研究生毕业论文, 2005 年。

13. 张应强、王宗勋主编 :《清水江文书 (第二辑)》, 广西师范大学出版社出版, 2009 年。

14. 锦屏县地方志编纂委员会编 :《锦屏县志 (1991—2009)》, 方志出版社, 2011 年。

15. 龙泽江、傅安辉、陈洪波编 :《九寨侗族保甲团练档案》, 贵州大学出版社, 2016 年。

◉ 编纂始末

2016年年底，中国地方志指导小组办公室（以下简称中指办）启动“中国名村志文化工程”。根据贵州省、黔东南州地方志办公室的要求，“中国历史文化名村”——锦屏县隆里村被列为首批编纂“名村志”计划的村落。

魁胆村对编纂村志的积极性颇高。早在2006年，村籍退休教师王裕庆即收集资料，编成4万余字的《魁胆村志》初稿，另一退休老师王昌海用毛笔小楷将此稿抄录珍藏。2016年11月，为迎接贵州省档案地方志项目观摩暨工作推进会在锦屏县召开，锦屏史志办公室举办了地方志成果展，由王宗勋将《魁胆村志》稿充实成15万字的“参展本”。同年12月上旬，根据上级编纂“名村志”的要求，经县政府领导批准，县史志办公室将魁胆村列为编纂“中国名村志”的村落，并明确由县史志办公室负责编纂、由王宗勋任主编。

将《魁胆村志》列入“中国名村志”得到魁胆村党支部、村民委员会的积极支持。接着，主编拟定篇目和资料调查提纲，先后三次到魁胆村里调查收集资料。在村干部和广大村民的大力支持下，12月底，资料基本收齐。2017年1月初，开始着手编纂。整个春节期间，主编谢绝亲友应酬，全力突击。2月中旬，30万字的《魁胆村志》稿出炉。随之，以电子文档和打印稿形式将其分发给魁胆村在外在工作人员和部分村干、寨老，请其审阅、修改并补充资料。

2017年3月上旬，根据省地方志办公室要求，锦屏县史志办公室派《隆里村志》主编龙道炽赴上海参加全国“名村志”编纂培训会。据其反馈的信息，贵州省此次拿去交流的首批“名村志”稿仅有《隆里村志》稿。于是，锦屏县史志办负责同志遂毛遂自荐，向带队到上海参加学习的贵州省志地方办公室副主任梁贵钢请求，将《魁胆村志》纳入首批“中国名村志”出版系列，梁副主任随即向与会的中指组秘书长兼中指办主任冀祥德请示，得到同意。于是，《魁胆村志》与《隆里所村志》同时纳入首批“中国名村志”出版系列，编纂工作齐头并进。3 月下旬，《魁胆村志》修改稿分别报送州、省地方志办公室审查。同时，打印分发给魁胆村村干部和寨老以及在县工作人员再审查核实。

根据“名村志”编纂要求，2017 年 4 月 5 日，黔东南州和锦屏县地方志办公室联合在魁胆村召开《魁胆村志》稿州、县两级评审会议，参加会议有州地方志办公室主任吴寿昌、副主任李文明和锦屏县人大常委会副主任王明相，以及县有关部门负责人、魁胆村在外工作人员代表、退休干部代表、村党支部和村民委员会成员、各姓氏房族代表等，计 50 余人。会上，与会者就志稿的修改提出了 50 多条意见和建议。4 月 19 日，本志主编与《隆里村志》主编龙道炽赴省地方志办公室，与省修志专家史继忠、周声浩就两部“名村志”稿的修改进行讨论。根据州、县两级评审会和省志专家的意见建议，对《魁胆村志》进行全面修改。5 月 8 日，本志主编利用到北京参加中国林业学术大会的机会，携两本“名村志”稿到中指办方志处与陈旭、王丹林等进行讨论，根据其指导意见，再次对志稿进行修改，并于 5 月下旬报送中指办请专家评审。7 月上旬，按中指办评审专家反馈的意见，对本志稿进行再次修改，于 7 月中旬报送中指办转方志出版社予出版审查。8 月下旬，根据方志出版社的意见，对志稿进行最后修改。

《魁胆村志》的上限起于元代初年，下限止于 2016 年年底。在编纂方法上，除按照中指组有关“中国名村志”编纂的规范要求外，还借鉴了民族学、人类学等相关学科的观点和方法，重点突出魁胆的“名”“特”和“变”，尽可能地记录魁胆的巨大变化和所保留的传统经济、文化和习俗，既能让人从中感觉到发展进步，又能看到“乡愁”。

魁胆是传统林业名村，人工造林历史悠久。在 1964—1995 年的 30 多年间，魁胆一直是贵州省林业战线上的一面旗帜，村民王佑求因造林成绩突出被誉为“杉木王”、被评为全国劳动模范。魁胆也是传统北部侗族村寨，至今保存有浓郁的北侗风情。长期以来，村民自觉遵守传统习惯法和基于国家政策法律之上制定的村规民约，社会秩序良好，自 1959 年至今未发生刑事治安案件。因此，在《魁胆村志》里重点突出魁胆的林业、侗族风情、村民自治三大特点，所有纲目的设置和内容的取舍上都或明或暗地围绕这三个特点来展开。

魁胆过去以贫穷而出名。1951 年共产党人民政权建立以后，魁胆人民翻身解放。66 年来，在共产党和人民政府的领导下，魁胆人民艰苦奋斗，不断努力，生活水平不断得到提高，魁胆也成为村貌亮丽整洁、村民和谐的社会主义新农村。没有共产党、没有社会主义就没有魁胆村的今天。《魁胆村志》中始终贯穿这一主线，让世人知道没有共产党、没有社会主义就没有魁胆侗寨今天的事实。

“锦屏文书”是贵州的知名文化品牌，已被列入“中国档案文献遗产名录”，受到国内外学界的高度关注。锦屏文书的主要形式是契约文书，其记录和反映了锦屏等清水江下游地区明代至民国时期山林土地买卖和林业以及社会管理经验，是此地区经济和社会发展的真实反映。在魁胆村，村民至今仍保存有数千份此类文书。这些文书是古近代魁胆村经济、文化和社会发展的记录，是最早、最可资信的档案，其中有相当部分已为学术界关注和引用。所以，在《魁胆村志》中，较多地引用契约等文书，以作为魁胆村经济社会发展的佐证。

侗语至今仍是魁胆村人的母语，村里地名绝大多数为侗语地名，歌谣也多用侗语表达。而侗语译成汉语存在较大的难度，很多侗语词汇无法用汉语准确翻译表达。故志中的侗语地名均用读音相同或相近的汉字记其音，然后括号标注侗文。

对编纂《魁胆村志》，中共锦屏县委、锦屏县人民政府予高度重视，魁胆村党支部、村民委员会及全村人民，更是全力予支持。村党支部书记王必玖和现、历任村干部王生友、王必炎、王必焯、王远河，魁胆小学教师王远涛、王振德、王宗安，以及退休干部王昌海、王锦海、王祥宗、王永良等，积极收集、提供资料；魁胆村在县工作的王锦河、王远泽、王宗康和在施秉县政协工作的王宗永、在州民族高中任教的王延乐，对志稿予审改；志书中所有侗文由魁胆小学侗文教师王远涛书写；魁胆村平面示意图由魁胆村在县水务局工作的王必相绘制。志中采用的图片中，有王宗勋、彭泽良、王远涛、单洪根、杨胜屏、王宗安、杨秀廷、姜绍明的摄影作品。此外，王昌海、王灿林、龙立璧、王朝根、龙令业、张银锋、范述波、侯迁烈、王必忠，以及县林业局、农业局、民宗局等均有提供。在此，谨表示衷心的感谢！

《魁胆村志》的编纂均以“倒计时”形式进行，历时8个月，五易其稿。然由于“名村志”编纂是全国修志界的一项新课题，无经验可借鉴，加上时间仓促和编者水平所限，志中缺点错误在所难免，祈望读者批评指正。

编　者

2017年9月18日